Dear Michael,

I am very excited

to be working together

[signature]

30-11-06

Detlef Effert/Wilfried Hanreich (Hrsg.)

Ganzheitliche Beratung bei Banken

Detlef Effert/Wilfried Hanreich (Hrsg.)

Ganzheitliche Beratung bei Banken

Modeerscheinung
oder Erfolgskonzept?

GABLER

Bibliografische Information Der Deutschen Nationalbibliothek
Die Deutsche Nationalbibliothek verzeichnet diese Publikation in der
Deutschen Nationalbibliografie; detaillierte bibliografische Daten sind im Internet über
<http://dnb.d-nb.de> abrufbar.

1. Auflage September 2006

Alle Rechte vorbehalten
© Betriebswirtschaftlicher Verlag Dr. Th. Gabler | GWV Fachverlage GmbH, Wiesbaden 2006

Lektorat: Karin Ruland / Sascha Niemann

Der Gabler Verlag ist ein Unternehmen von Springer Science+Business Media.
www.gabler.de

Umschlaggestaltung: Nina Faber de.sign, Wiesbaden
Druck und buchbinderische Verarbeitung: Wilhelm & Adam, Heusenstamm
Gedruckt auf säurefreiem und chlorfrei gebleichtem Papier
Printed in Germany

ISBN-10 3-8349-0309-4
ISBN-13 978-3-8349-0309-9

Vorwort

Eigentlich gelten Banken und Finanzdienstleister nicht gerade als ein Hort von Philosophen und Visionären. Sagte doch einmal ein bekannter Banker, dass der, der eine Vision hat, einen Arzt brauche.

Und in den letzten Jahrzehnten der Finanzbranche schien es tatsächlich so, dass handfeste und stark betriebswirtschaftlich dominierte Konzepte im Vordergrund der Überlegungen standen.

In den achtziger Jahren waren es die Programme zur Produkt- und Kundenkalkulation, die Besinnung auf die Marktzinsmethode, in den Neunzigern IT und Kostensenkungsprogramme unter dem von vielen Beratungsunternehmern aufgegriffenen Schlagwort des Reeingineering und um die Jahrtausendwende erfasste der Internethype ebenfalls die Banken.

Natürlich gab es da ein paar Exoten, die von Kunden und deren Bedürfnissen sprachen – aber dazu hatte man ja den Vertrieb – der kümmerte sich schon darum, dass die Kunden das bekamen, was sie brauchten.

Kundenorientierung? Welch eine Frage, stand das doch sowieso in den schönen Geschäftsberichten „... im Mittelpunkt all unserer Bemühungen steht der Kunde ...“

Ein Blick auf quantitative kurz- und mittelfristige Zielparameter in den Bankenplanungen verstärkte den Verdacht:

Im Vordergrund betriebswirtschaftliche Kennziffern, ROE, CIR, Risikokosten und Marktanteile. Wenige Banken, die sich Mitte der 90iger Jahre der aufkommenden Balanced Score Card (BSC) bedienten und sich dieser innewohnenden Logik von interdepedenten Zielparameter (Finanz, Kunden und Markt, Prozesse, Mitarbeiter) besonnen.

Und so darf man die Hypothese wagen, dass viele Banken Kunden und Mitarbeiter letztlich als Mittel zur Erfüllung ihrer vordergründigen betriebswirtschaftlichen Ziele verstanden. Wer aber Kunden (und Mitarbeiter) als betriebswirtschaftliche Erfüllungsgehilfen sieht, wird einen ganz anderen Unternehmensfocus haben als ein Unternehmen, das betriebswirtschaftliche Erfolge als Resultat einer echten Kundenorientierung versteht.

Anfang des 21. Jahrhunderts hat nun eine neue Welle die Banken erfasst – die ganzheitliche Beratung.

Vielfältige Konzepte, einfachere und komplexere Modelle stehen zur Diskussion. Werden bewertet und abgewogen, stellen sich im Gegensatz zum produktorientierten Verkauf auf oder werden in Kombination mit diesem umgesetzt.

„Ganzheitliche Beratung bei Banken – Modeerscheinung oder Erfolgskonzept?"

Die Beiträge in diesem Buch bieten eine Fülle von praxisnahen Beispielen, wie einzelne Unternehmen die ganzheitliche Beratung bewerten und umsetzen.

Zudem ist besonderes wichtig die Integration einer Produkt-/Preispolitik in Form einer positiven Preiswahrnehmung durch Kunden: einerseits als eigene Strategie und andererseits als Ergänzung zur Beratungsstrategie.

Sie geben damit einen aktuellen und breiten Statusbericht zu einer Herausforderung, den sich viele Banken in den kommenden Jahren stellen werden.

Spätestens hier kommen wieder die Philosophie und eine weitere Hypothese in das Spiel:

Wenn wir die ganzheitliche Beratung als ein weiteres Modell zur Erfüllung unserer rein betriebswirtschaftlichen Ziele verstehen und nicht als eine (letzte?) Chance, sich tatsächlich den Bedürfnissen unserer Kunden zu widmen, wird die ganzheitliche Beratung als Modeerscheinung genauso verschwinden, wie schon viele andere Ansätze zuvor.

Erst wenn wir das Modell einer ganzheitlichen Beratung als Katalysator und Bestandteil eines komplexen Ansatzes verstehen, der uns Nähe und Vertrauen unserer Kunden sichert, dann wird es zu einem Erfolgskonzept.

Den Autoren des Buches danken wir für ihr Engagement und ihre Fachkompetenz, mit denen sie ihre Beiträge gestaltet haben und so dem Leser einen anregenden und praxisnahen Einblick in eine entscheidende Phase der Entwicklung der Banken geben. Ebenfalls bedanken wir uns ausdrücklich bei Frau Karin Ruland vom Gabler Verlag und Herrn Sascha Niemann, freier Lektor, und bei unseren Mitarbeitern. Ohne deren Unterstützung und Kritik hätte dieses Buch nicht erscheinen können.

Die Herausgeber

Inhalt

Teil II
Doppelstrategien:
Ganzheitliche Beratung und Produkt/Preisstrategie

Teil III
Analysen, Wirtschaftlichkeit, Alternativen

Teil IV
Tipps zur richtigen Umsetzung

Teil I

Konzepte zur ganzheitlichen Beratung

Private Finanzplanung – Neues Schlagwort oder Markt der Zukunft

Rüdiger Szallies

1.   Zum Verständnis der Privaten Finanzplanung

Bereits Ende der 90er Jahre wurde mit dem Begriff „Financial Planning" ein neues Schlagwort in den Finanzmarkt gepusht, dem man zunächst nur ein kurzfristiges Überleben als Modeerscheinung konzedierte – man war es ja gewohnt. Die zunehmende Inflation von neuen Begrifflichkeiten legte die Vermutung nahe, das Thema werde genauso schnell verschwinden wie es hochgekommen war.

So zeigten auch erste, seriös durchgeführte Untersuchungen auf, dass sich, im Gegensatz zu etablierten und für jeden klarverständlichen Finanzprodukten wie dem Sparbuch, einem Investmentfonds oder einer Kapitallebensversicherung, das Financial Planning als ein völlig diffuses, für den normalen Kunden nicht transparentes Konstrukt, darstellte. Im Übrigen hatten auch die meisten Kunden den Eindruck, es handele sich hier um ein Geschäftsfeld, dass vornehmlich auf den Finanzbedarf einer gehobenen Klientel ausgerichtet ist. Da man sich zudem eines anglistischen Begriffs bediente, war es dann auch nicht überraschend, dass das Financial Planning schnell wieder in der Versenkung verschwand.

Es dauerte aber nicht lange und der Begriff tauchte erneut auf. Diesmal auf Deutsch, wobei man sich zunehmend bemühte, dem zunächst sehr schwammigen Inhalt der „Privaten Finanzplanung" eine grundlegende Struktur zu geben. Im Kern geht es nämlich dabei um die Kenntnisse der finanziellen Bedürfnisse, Wünsche und Ziele eines Kunden, die Kenntnisse seiner wirtschaftlichen und persönlichen Rahmenbedingungen sowie der Auswahl geeigneter Produkte zur bedarfsgerechten Problemlösung. Eigentlich klingt das nicht sonderlich sensationell. Warum sollte also gerade in diesem Instrument ein beträchtliches Potenzial liegen?

Mittlerweile ist es dem großen Teil der Bevölkerung klar, dass das Ende der Gemütlichkeit längst erreicht ist. Die Anspruchsgesellschaft der 80er und 90er Jahre wird bald ein Relikt vergangener Tage sein. Die Sorgen der Bundesbürger, wie sie ihre Zukunft absichern können, nehmen zu. Beispielhaft sei hier in Abbildung 1 eine Studie der Continentale Versicherung zitiert, die aufzeigt, welche möglichen Probleme die Deutschen am meisten ängstigen.

Pflegebedürftigkeit, unzureichende Rente, Berufsunfähigkeit und Arbeitslosigkeit sind die zentralen Sorgen der Nation, wobei es überraschend ist, wie hoch die jeweiligen Bevölkerungsanteile sind, die sich durch die aufgeführten Problemsituationen bedroht fühlen. Insofern ist die Private Finanzplanung kein Thema nur für den kleineren Kreis einkommensstärkerer Bevölkerungsschichten, die es sich leisten können, genügend Sachverstand einzukaufen, um ihre finanzielle Zukunft abzusichern. Private Finanzplanung wird ein Gesamtmarktphänomen werden, dass, wenn es von den Anbietern richtig erschlossen wird, sich als die dynamische Komponente in einem gesättigten Privatkundenmarkt darstellen wird.

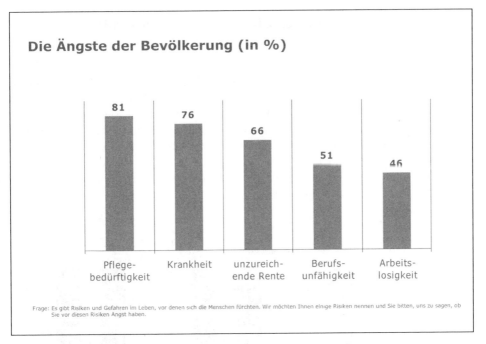

Quelle: Continentale-Studie 2004; N=1.067 Personen ab 25 Jahre (Basis: GKV-Versicherte)
Abbildung 1: *Die Ängste der Bevölkerung (in Prozent).*

Private Finanzplanung ist demnach zu definieren als ein bedürfnisorientierter Beratungsansatz, der die finanziellen Ziele und Wünsche von Privatkunden mit Rücksicht auf ihre gegenwärtige und zukünftige finanzielle Einkommens- und Vermögenssituation in den Mittelpunkt stellt[1].

Zwei Fragen stellen sich zwingend:

- ▣ Wie groß sind die Potenziale für die Private Finanzplanung?

- ▣ Wie stark werden sie bereits heute in Anspruch genommen und wie greifen die Finanzdienstleister diese Herausforderung auf?

Zumindest im Ansatz werden diese Fragen in einer ersten Grundlagenstudie beantwortet, die das Institut für Private Finanzplanung an der Universität Passau und die icon Wirtschafts- und Finanzmarktforschung Nürnberg gemeinsam durchgeführt haben. Erst eine exakte Faktenlage bzw. eine ständige Aktualisierung des zur Verfügung stehenden Datenmaterials erlauben die exakte Einschätzung in welche Richtung sich Angebot und Nachfrage in diesem zentralen Kompetenzfeld der Zukunft bewegen werden.

---

1 Jürgen Steiner und Rüdiger Szallies im Marketing-Journal Heft 7/2006: Private Finanzplanung – Neues Zauberwort oder gesellschaftspolitische Notwendigkeit?

2.   Die Potenziale für die Private Finanzplanung

Die Verunsicherung der privaten Haushalte in Deutschland über ihre finanzielle Zukunft ist – wie aufgeführt – groß. Doch mittlerweile realisieren sie die Notwenigkeit, immer mehr Selbstverantwortung für ihre finanzielle Vorsorge zu übernehmen. Wie stark ausgeprägt diese Erkenntnis bereits heute ist, lässt sich durch die o. a. Studie in bemerkenswerter Weise klären. Auf die Frage, in welchem Maße sich die finanzielle Eigenvorsorge des Haushalts ändern muss, um den jetzigen Lebensstandard auch nach dem Ende des Berufslebens sicherzustellen, antworteten 75 Prozent der Bundesbürger, dass sich die Notwenigkeit zur finanziellen Eigenvorsorge deutlich bzw. leicht erhöhen muss.

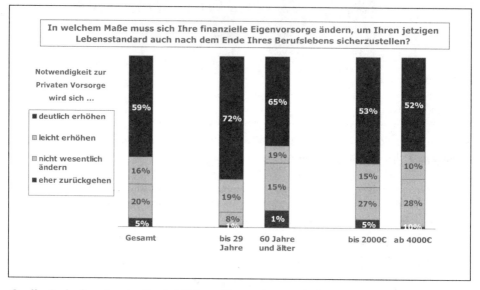

Quelle: Bedarfsanalyse im Bereich Private Finanzplanung, Befragung von 11.000 bundesdeutschen Haushalten im Rahmen einer gemeinsamen Studie des Instituts Private Finanzplanung, Universität Passau und der icon Wirtschafts- und Finanzmarktforschung Nürnberg.
Abbildung 2: *Handlungsbedarf Private Finanzplanung.*

Lediglich fünf Prozent bringen zum Ausdruck, dass das Maß der Eigenvorsorge eher zurückgehen wird. Bemerkenswert ist auch die Tatsache, dass über 90 Prozent der unter 30-jährigen Bundesbürger eine stärkere Notwendigkeit zur finanziellen Eigenvorsorge sieht und speziell auch die weniger gut verdienenden bzw. durchschnittlich verdienenden privaten Haushalte sich diesem Thema offenbar sogar noch mehr öffnen, als die gutverdienenden Bevölkerungsschichten, die es gewohnt sind, im Mittelpunkt der Marketing- und Vertriebsaktivitäten der Finanzbranche zu stehen.

Bisher bestand die Schwierigkeit im Verständnis der Privaten Finanzplanung darin, dass jeder Anbieter sie unterschiedlich definierte und somit kein klares Bild über dieses neue Kompetenzfeld beim Kunden respektive potenziellen Kunden zustande kam. Im eigentlichen Sinne ist die Private Finanzplanung deshalb auch kein neues Finanzprodukt, sondern vereinfacht gesprochen, ein komplexer Ansatz, der die ganzheitliche, lebensplanorientierte Betreuung zum Inhalt hat. Zweifellos hat die Finanzbranche mit der Realisierung dieses Ansatzes gewisse Probleme. Die aktuelle Situation sowohl im Banken- als auch im Versicherungssektor ist dadurch gekennzeichnet, dass der reine Produktverkauf im Vordergrund steht. Eine Reihe von Anbietern im Bankenmarkt reduzieren sogar ihr Leistungssortiment und stellen isoliert Produktangebote – vornehmlich Cashkonto, Ratenkredit und die Baufinanzierung – in den Mittelpunkt ihrer Marketing- bzw. Kommunikationsaktivitäten, die naturgemäß nur Teilaspekte der Bedürfnisse der Kunden befriedigen können.

Zielsetzung der Privaten Finanzplanung muss es sein, vom Produkt- hin zum Konzeptverkauf zu kommen. Wie Abbildung 3 exemplarisch zeigt, sind letztlich die drei komplexen Kompetenzfelder Liquiditätsmanagement, Vermögensmanagement und Vorsorgemanagement in der Privaten Finanzplanung verankert.[2] Dabei sind diese in ihrem jeweiligen Problemlösungsanspruch nicht isoliert zu sehen, sondern sind aufeinander aufgebaut und miteinander verknüpft.

Deutlich lässt sich das am Beispiel der Privaten Altersvorsorge illustrieren. Zunächst schien dies ein alleiniges Kompetenzfeld der Assekuranz zu sein, insbesondere, wenn man an die Produktkategorien Privatrente, fondsgebundene Lebensversicherung oder kapitalbildende Lebensversicherung denkt. Doch zunehmend greifen die Banken mit Passivgeschäftkomponenten bzw. Kombiprodukten dieses Thema auf und auch die Fondsgesellschaften sowie die Bausparkassen (mietfreies Wohnen im Alter) stellen ihr Leistungsangebot immer häufiger unter dem Aspekt der Altersvorsorge dar. Doch gerade aufgrund der komplexen Bedürfnis- und Bedarfssituation im Bereich der finanziellen Eigenvorsorge wird deutlich, dass man den Ansprüchen der Kunden eben nicht mit Einzellösungen, sondern nur mit einem ganzheitlichen Beratungs- und Betreuungsansatz gerecht wird. Hier werden große Herausforderungen auf die Finanzbranche zukommen, denen nur diejenigen Anbieter erfolgreich begegnen werden, die mit weit reichenden Schulungsmaßnahmen ihre Mitarbeiter qualifizieren und gleichzeitig für einen Vertrauensaufbau bei Kunden/potenziellen Kunden sorgen.

---

2 Jürgen Steiner, Meilensteine auf dem Weg zu einem erfolgreichen Financial Planning im Privatkundengeschäft, in: BIT Banking and Information Technology 1/2003.

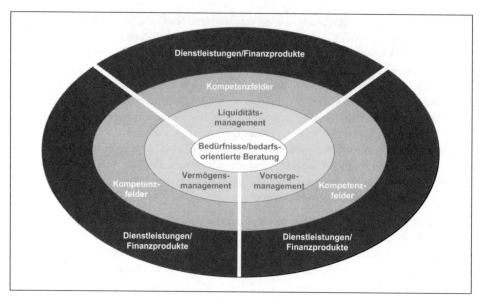

Quelle: *Jürgen Steiner, Meilensteine auf dem Weg zu einem erfolgreichen Financial Planning im Privatkundengeschäft, in: BIT Banking and Information Technology 1/2003.*

Abbildung 3: *Bedürfnisorientiertes Beraten und Verkaufen auf der Grundlage relevanter Kompetenzfelder*

3.   Bekanntheit und Inanspruchnahme der Privaten Finanzplanung

Zunächst erscheint es als eine erfreuliche Tatsache, dass 77 Prozent der Bevölkerung den Begriff „Private Finanzplanung" für eine bedürfnisorientierte, dauerhafte und umfassende Beratung als passend empfinden.[3] D. h. der Begriff hat die Chance zu einer Art „Markenartikel" zu werden, wenn es der Branche gelingt, ihn einheitlich zu definieren oder ein potenter Anbieter in der Lage ist, mit effizientem, kommunikativem Aufwand diesen Begriff für sich allein zu beanspruchen. Da dieses Thema in der Breitenkommunikation bisher nur sporadisch behandelt worden ist, ist hier für die Anbieter, die die Private Finanzplanung am ehesten aufgreifen, eine große Profilierungschance gegeben. Der Protagonist kann sich hier einen strategischen Wettbewerbsvorteil verschaffen.

---

[3] Quelle: Studie: Bedarfsanalyse im Bereich Private Finanzplanung.

Die konkrete Frage, ob man bislang schon eine Private Finanzplanung in Anspruch genommen hat, bejahen 29 Prozent der Bevölkerung. Hierbei ist allerdings kritisch zu hinterfragen, ob diese 29 Prozent auch tatsächlich in dem Sinne die Finanzplanung verstehen, wie es oben beschrieben wurde. In Wahrheit wird wahrscheinlich nur ein Bruchteil dieser Kategorie eine professionelle Finanzplanung realisiert haben.

90 Prozent der Befragten, die noch keine Private Finanzplanung in Anspruch genommen haben, haben auch derzeit kein Interesse mit Hilfe einer fundierten Analyse ihre finanzielle Situation zu durchleuchten, obwohl sie sich absolut darüber im Klaren sind, dass sich das Maß ihrer Eigenvorsorge beträchtlich erhöhen muss. D. h. der Bedarf an Aufklärung ist enorm. Zwar steigt die Einsicht in die Notwendigkeit zur finanziellen Eigenvorsorge, aufgrund mangelnder Bekanntheit und Transparenz erscheint gegenwärtig die Private Finanzplanung in der Breite jedoch kein Instrument zu sein, dem vom Kunden geäußerten Anspruch nach mehr mittel- bzw. langfristiger finanzieller Absicherung auch gerecht zu werden.

Dabei wünscht sich bereits heute jeder neunte Kunde einen Experten als Berater für alle Finanzfragen, der sie im Sinne einer ganzheitlichen Finanzplanung berät und dem sie auch ihre gesamte finanzielle Situation offen legen würden (siehe Abbildung 4). Über die Hälfte der Bevölkerung ist hier noch unentschlossen – vornehmlich deswegen, weil sie keine konkreten Vorstellungen über die Art und Tiefe einer solchen Zusammenarbeit haben. Trotzdem signalisiert dieser Wert, dass hier ein riesiges Potenzial vorhanden ist.

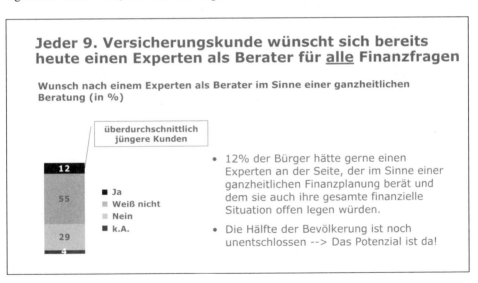

Quelle: ICON Mailpanel 2004; N=10.676.
Abbildung 4: *Jeder 9. Versicherungskunde wünscht sich bereits heute einen Experten als Berater für alle Finanzfragen.*

Lediglich 29 Prozent sind nicht bereit, zur Analyse ihres Finanzstatus einem Außenstehenden ihre finanzielle Situation offen darzulegen. Auch dieser empirische Beleg bringt zum

Ausdruck, dass rund drei Viertel der Bevölkerung dem Thema „Private Finanzplanung" zum Teil konkret, zum Teil latent aufgeschlossen sind.

Die Offenlegung der Einkommens- und Vermögenssituation als Grundvoraussetzung einer sorgfältigen Analyse des Finanzstatus, erfordert einen hohen Vertrauensvorschuss seitens des Kunden. Hier haben gegenwärtig die Banken und Sparkassen eindeutig die Nase vorn. 44 Prozent der Kunden, siehe Abbildung 5, sehen den Partner ihres Vertrauens in Finanzangelegenheiten in einem Berater eines Geldinstitutes. Mit deutlichem Abstand folgen die Berater einer Versicherungsgesellschaft, obwohl sich verschiedene große Versicherungskonzerne schon seit längerem bemühen, auch die Vermögensanlage bzw. Beratung in ihren Kompetenzanspruch mit aufzunehmen.

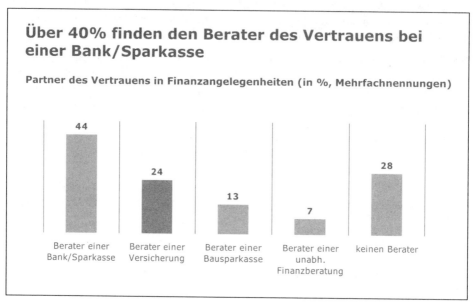

Quelle: ICON Mailpanel 2004; N=10.676.
Abbildung 5: Über 40% finden den Berater des Vertrauens bei einer Bank/Sparkasse.

Immerhin haben bereits sieben Prozent der Kunden das größte Vertrauen zu einem Berater eines unabhängigen Finanzmaklers. Offenbar haben die unabhängigen Finanzvertriebe hier Ihre Chance genutzt, sich in diesem Kompetenzfeld zu profilieren.

Es lässt sich also festhalten: In der Bevölkerung wird verstärkt der Wunsch nach einem Finanzberater geäußert, der sich um alle finanziellen Angelegenheiten kümmert und dem man sich im Sinne einer Partnerschaft komplett anvertrauen würde. Die Frage ist, wie die Finanzbranche dieses Entgegenkommen des Kunden nutzt.

4.   Die Herausforderung für die Finanzbranche

Die Analyse der Bedarfssituation des Kunden hat aufgezeigt, dass das Thema Private Finanzplanung zwar keine große Vergangenheit doch eine große Zukunft hat. Trotz stagnierender Kunden- und Einlagenpotenziale eröffnen sich für die Finanzdienstleister sehr positive Perspektiven. Da aber die Sparbereitschaft der Bundesbürger und damit auch die Sparquote nicht mehr wachsen werden, wird es hier zu großen Umverteilungen zugunsten derjenigen kommen, die in der Lage sind, dieses Thema markt- und markentechnisch als erste für sich zu erschließen. Diese Protagonisten müssen dabei drei strategische Notwendigkeiten berücksichtigen:

1. Wenn statt des Produkt- mehr der Konzeptverkauf in den Vordergrund rückt, müssen gewaltige Anstrengungen zur Verbesserung der Beratungskompetenz der Kundenberater unternommen werden. Bisher verkauft die Branche eindeutig zu produktbezogen.

2. Die Private Finanzplanung muss zum Markenartikel entwickelt und damit in den Vordergrund der Breitenkommunikation gerückt werden und dies unter zwei Zielsetzungen:

   – Was ist unter dem Begriff „Private Finanzplanung" konkret zu verstehen?
   – Und wie geht man als starke Finanzmarke vor um Vertrauenskapital aufzubauen, das notwendig ist, damit der Kunde eine offene und langfristige Partnerschaft mit dem Finanzdienstleister eingeht?

3. Nach wie vor verkauft die Finanzbranche zu wenig initiativ. Die Kunden reklamieren geradezu eine aktivere Ansprache. Bis auf die unabhängigen Finanzmakler ging bisher die Inanspruchnahme einer Privaten Finanzplanung überwiegend von der Initiative der Kunden aus. Das Thema *Verbesserung der Verkaufskultur* wird damit zu einer marktstrategischen Herausforderung für einen optimalen Umgang mit dem Kunden.

Erst wenn es also gelingt, die Private Finanzplanung inhaltlich zu konkretisieren, sie mit einer effizienten Kommunikation im Markt bekannter zu machen und sie gleichzeitig aktiver als bisher mit einer starken Marke im Rücken an den Kunden heranzutragen, wird sie einer positiven Marktentwicklung entgegensehen.

Ganzheitliche Beratung – ein Marketing-Gag oder innere Überzeugung?

Werner Schediwy

1. Präambel

Dieser Beitrag möchte den thematischen Bogen der „Ganzheitlichen Beratung" von den theoretischen Grundlagen (siehe weitere Beiträge) in Verbindung mit Customer Relationship Management (CRM), über integrierte Kommunikation bis zu einer durchgängigen Markenphilosophie spannen, um am Beispiel einer aktuellen Fallstudie ein erfolgreiches Beispiel zur Außenkommunikation der Ganzheitlichen Beratung zu geben.

Genau hier wollen wir allen ähnlich denkenden Unternehmen einen Gedankenanstoß liefern um nicht die Aussage des deutschen Dichters und Schriftstellers Erich Limpach zu untermauern: *„Die meisten Theorien sterben in der Praxis".*

2. Die Marktsituation im Regionalmarkt Wien

Bevor wir uns die Frage stellen, ob „Ganzheitliche Beratung" nur ein Modewort des 21. Jahrhunderts geworden oder es einfach chic ist, diese außerordentliche Dienstleistung offensiv anzubieten, müssen wir uns ein wenig mit der Marktsituation unseres Bankinstituts beschäftigen. So können Sie sofort entscheiden, ob dieser Beitrag für Sie bzw. für Ihr Finanzunternehmen relevant ist.

Wir werden allerdings im weiteren Verlauf in diesem Artikel die Meinung vertreten, dass die Notwendigkeit und der Weg zu einer „Ganzheitlichen Beratung" keinesfalls marktabhängig ist (sofern wir uns geografisch und kulturell nicht aus dem europäischen Raum bewegen), sondern vielmehr die Art und Weise, wie dieser USP (und glauben Sie uns, es ist Einer!) nach Innen und Außen kommuniziert und gelebt werden kann.

Dies fängt bereits beim Branding an. „Logisch", werden Sie jetzt sofort denken, „wenn ich bei meinen Kunden oder meinen Mitarbeitern etwas nachhaltig implementieren möchte, dann führen wir halt ein neues Logo ein". „Falsch", sagen wir dazu. Gerade im Bankensektor werden oft und mit großer Hingabe Firmen gegründet und neue Logos entwickelt. Leider ist es damit aber nicht getan. Das Management übersieht häufig, die notwendigen Budgetmittel für Bekanntheit bzw. Brand-Awareness zur Verfügung zu stellen. Warum wir jetzt darauf eingegangen sind?

Wir sprechen hier von einer regionalen Bank, der Raiffeisenlandesbank NÖ-Wien AG. Als eine der acht österreichischen Landesbanken sind wir in dem starken Verbund der „Raiffeisen-Familie" in den Bundesländern Wien und Niederösterreich tätig. Kurze Probe: Können Sie sich noch an den exakten Wortlaut unserer Bank drei Zeilen oberhalb erinnern? Nein?

Darum treten wir in Wien seit 2004 nur mehr unter der Bezeichnung „Raiffeisen in Wien. Meine BeraterBank." auf.

Die Marktsituationen könnten in den beiden Bundesländern Wien und Niederösterreich unterschiedlicher nicht sein: Während sich die Raiffeisenbanken in NÖ mit 47 Prozent Kundenanteil gegen die Mitbewerber behaupten und strategisch eher verteidigen müssen, war Raiffeisen in Wien im Jahr 2003 mit einem Kundenanteil von sieben Prozent klar in einer Angriffsposition. In Folge werden wir uns in diesem Beitrag auch auf Wien konzentrieren. Und wir können uns bereits ein kleinwenig auf die eigene Schulter klopfen. Unser Marktanteil stieg bis 2005 kontinuierlich und signifikant jeweils um einen Prozent-Punkt auf heute neun Prozent in Wien. Wieder ein Grund, diesen Beitrag zu Ende zu lesen. Mit einer Bilanzsumme von EUR 14,4 Mrd. und ca. 1.000 Mitarbeitern stehen wir in Wien an vierter Stelle (gemessen an den Kundenanteilen). Hier ist die Bank mit 65 Standorten vertreten.

Die Serviceleitungen von *Raiffeisen in Wien. Meine BeraterBank* umfassen die gesamte Palette an Finanzprodukten und betreuen sämtliche Zielgruppen, von Jugendlichen bis Senioren, von Privatkunden bis Private Banking, von Kleingewerbetreibenden bis Kommerzkunden. Der Marktplatz Wien ist dabei ein competitiver Markt, der eine deutliche und vor allem durchgängige Positionierung, speziell in der Rolle des Angreifers, notwendig macht.

Die Aufgabe für das Marketing war es daher (und ist es bis heute), die Bekanntheit und Sympathie der Marke Raiffeisen primär in Wien weiter zu stärken. Diese beiden Grundpfeiler im Markenaufbau zeigen bei Kundenbefragungen unter der Wiener Bevölkerung mit einem Bekanntheitswert von ca. 40 Prozent und einer Sympathie von ca. 10 Prozent noch Entwicklungspotenzial auf. Ganz im Gegensatz zur hohen Bekanntheit der Marke Raiffeisen generell. Aber nur relativ wenige WienerInnen vermuten bzw. kennen *Raiffeisen in Wien. Meine BeraterBank* auch in Wien.

Womit wir schon bei der ersten Kernthese wären: Eine Logoveränderung per se bewirkt überhaupt nichts. Vielmehr kann es nur die logische Konsequenz einer intensiven Konzentration aller Handlungen im Unternehmensprozess sein, die immer und immer wieder versuchen, die Beratung in den Mittelpunkt zu stellen. Nur wenn es gelingt, das gesamte Unternehmen auf diesen qualitativen Ansatz einzuschwören, und es möglich ist, dass auch interne Mitarbeiter *ihre* Beratung gegenüber ihren Kunden (sprich Vertriebsmitarbeiter) neu überdenken und wenn darüber hinaus auch Sponsorenvereinbarungen nur dann abgeschlossen werden, wenn diese eine Beratungsleistung möglich machen, dann ist der Grundstein für ein integriertes Kommunikationsmodell (vgl. Bruhn 2001) gelegt.

Ergänzend zu dem bekannten theoretischen Modell ist dem Raiffeisensektor die Beratung praktisch in die (Marken-)Wiege gelegt worden. Im genetischen Code (vgl. IMT, Manfred Schmidt) der Marke Raiffeisen ist die Beratung ein wichtiger, gelernter Baustein, der im positiven Vorurteil des Kunden gegenüber seiner Bankdienstleistung bei Raiffeisen zu erfüllen ist. Nur dann wird auch zusätzliche Markenenergie beim Konsumenten erzeugt.

Als weiterer Faktor muss an dieser Stelle noch auf ein effizientes Customer Relationship Management (CRM) hingewiesen werden. Die konsequente Orientierung aller involvierten

Bereiche zum Kunden schafft auf lange Sicht gesehen den Nährboden für die beste Kundenberatung. Ganzheitliche Beratung verstehen wir daher zusammengefasst nicht nur als einen
Begriff, der den Berater an der Kundenfront zu interessieren hat. Er dient unserem Unternehmen zur Schärfung der eigenen Positionierung in der Kür, nachdem man in der Pflicht die
Bekanntheit und Sympathie auf ein marktadäquates Niveau gehoben hat.

3.   Der strategische Ansatz

Umgeben von mehrheitlich österreichweit agierenden und teilweise mit hohem Auslandsinte-
resse ausgestatteten Finanzunternehmen hat *Raiffeisen in Wien. Meine BeraterBank* den Ziel-
focus auf die *regionale Bank* gelegt. Zusätzlich hilft uns auch der Umstand, dass wir in der
Genossenschaftsstruktur nicht unmittelbar auf Gewinnmaximierung im unternehmerischen
Denken ausgelegt sind.

Beide Faktoren sind entscheidend, wenn es um eine authentische Darstellung der Beratung
und des Ganzheitlichen Beratungsansatzes geht. Die Basis war neben den oben bereits erwähnten Faktoren eine stabile Vertriebsstruktur, die bereits Anfang des 21. Jahrhunderts mit
Blick auf die verbesserte Kundenorientierung eingeführt wurde. Gefördert wurde damit auch
das unternehmerische Handeln der einzelnen Vertriebseinheiten und der internen Lieferanten
(z. B. Produktabteilung, Marketing, Vertriebsunterstützung, ...). Als Kernthese lässt sich
daraus ableiten, dass es eine mehrjährige Vorarbeit benötigt, verbunden mit einem strategischen Weitblick und vor allem einer Konsequenz in der Umsetzung. Hier ist eine Unterneh-
mensform, wie die einer Genossenschaft im Vorteil, wo mittelfristiger geplant werden kann
und diese Pläne auch nicht gleich umgestoßen werden (müssen), wenn zur Verbesserung des
Shareholder Values unterjährig Budgets reduziert und Verkaufsziele erhöht werden sollen.

Das sind auch gleich die Killer einer Ganzheitlichen Beratung. Denn diese kosten Zeit, erfor-
dern eine fundierte (auch kommunikative) Ausbildung des Beraters und vor allem keinen
Druck, ganz bestimmte Produkte in einem vorgegebenen Zeitraum verkaufen zu müssen.

Wir sehen die Ganzheitliche Beratung als unser eigentliches Produkt. Es gehört entwickelt, es
muss vom Kundenbetreuer trainiert werden, und last but not least, es wird wie ein Produkt
dem Controlling unterzogen. Die stabile Vertriebs- und Unternehmensstruktur hatte zur Auswirkung, dass unsere Mitarbeiterzufriedenheitswerte seit 2001 progressiv gestiegen sind und
wir nicht nur ein „alltime high" verzeichnet haben, sondern auch im Vergleich zu anderen
Großunternehmen geradezu euphorische Werte aufweisen.

Wie bei jeder strategischen Kernpositionierung ist es wichtig, dass es innerhalb eines Unternehmens eine Durchgängigkeit im Verständnis und in der Motivation gibt. Jeder Mitarbeiter
muss genau verstehen, welchen Beitrag er/sie zur „BestenBeraterBank" Wiens beitragen

kann. Es ist daher unabdingbar, dass die strategische Positionierung als „BesteBeraterBank" in Wien nicht nur von allen vier Vorstandsmitgliedern bei jeder Gelegenheit betont, sondern vorbildlich auch gelebt werden muss. Damit verankert sich diese innere Einstellung und Kundenorientierung in sämtlichen Ebenen des Unternehmens. Dies entwickelt die Kultur, die sich auf Vertrauen und Verantwortung (vgl. Rupert Lay, Ethik für Managment 1989) stützt und bildet den Nährboden, auf dem Ganzheitliche Beratung wachsen und gedeihen kann.

Wir sind damit mitten in der Polarität angelangt, die im Titel dieses Beitrags so einfach bezeichnet wurde als: „Marketing-Gag oder doch eher eine innere Überzeugung". Es wird Ihnen als interessierten Leser (sonst wären Sie nicht bis hierher gekommen) wohl nicht entgangen sein, dass wir hier ein klare Meinung haben, die sich auch in der Strategie unseres Hauses niederschlägt. Egal welche Positionierung man für sein Unternehmen definiert hat. Wenn diese nicht über mehrere Jahre konsequent und gegen sämtliche internen Angriffe und Zweifler erhaben verfolgt und umgesetzt wird, ist sie nicht einmal das Papier wert auf dem sie geschrieben steht. Noch fataler wäre es allerdings, ständige Kurskorrekturen durchzuführen. Ihre Mannschaft wird Sie nach dem zweiten (sicher aber nach dem dritten) Kurswechsel in kurzer Zeit nicht mehr verstehen und Ihnen daher auch nicht folgen. Im nächsten Kapitel gehen wir daher stärker auf die konsequente Umsetzung der Ganzheitlichen Beratung ein. Und glauben Sie uns: Wir stecken selbst noch mitten drin, sehen aber schon sicheres Land vor uns.

4. Die Verbindung von (externem) Marketing und (interner) Vertriebsphilosophie

Unternehmen und deren Manager stehen heutzutage unter einem enormen Erfolgsdruck. Gute Ideen werden spontan umgesetzt, Veränderungen müssen unmittelbare (Finanz-)Ergebnisse zeigen. Oft lässt man sich von den kurzfristigen Erfolgen durch Finanzkosmetik verführen als vielmehr den beschwerlichen Weg eines nachhaltigen und kontinuierlichen Prozesses zu gehen. Schlussendlich ist es eben auch eine Frage der Attraktivität und des Motivationsgrads der Führungskräfte und der Mitarbeiter.

Bevor unser Finanzunternehmen im Januar 2005 mit der ersten außenwirksamen Kampagne gestartet ist, gab es mit einer Vorlaufzeit von zwei Jahren eine intensive, interne Lern- und Trainingsphase mit allen Vertriebsmitarbeitern. Ziel war die konsequente *Kundenorientierung* aller Handlungen. Natürlich wussten unsere Kundenbetreuer bereits davor wie und was sie mit ihren Kunden zu sprechen hatten. Aber die gesamte Wertschöpfungskette im Vertrieb wurde neu überdacht, Abläufe hinterfragt, Ausbildungen verstärkt. Dies begann bereits bei den Erstschulungen der neuen Mitarbeiter. Standen bei diesen bis dato eher die Aneignung von Produktwissen im Vordergrund, so werden neuerdings unsere Greenhorns in den Beratercamps zu Kommunikationsexperten mit starker Außenorientierung ausgebildet. Eine offene pro-aktive Art auf Menschen zuzugehen ist uns dabei wesentlich wichtiger, als das reine pauken von Produkt Vor- und Nachteilen. Jeder Absolvent des Beratercamps kennt genau den Aufbau und das Zusammenwirken des genetischen Codes der Marke Raiffeisen, war bereits mehrmals auf der Straße um mit Passanten über Raiffeisen zu sprechen und ist in der Lage, Bedürfnisse und Lebensmomente des Kunden zu erkennen.

Diese neue Einstellung und Kundenorientierung überträgt sich einerseits auf die bestehenden Mitarbeiter in den Filialen und wird andererseits durch interaktive interne Motivationsveranstaltungen auch vom Management gefördert. Außenorientierung ist für unser Unternehmen ein wichtiger Bestandteil im Changeprozess!

Egal wie wertvoll und bekannt die Marke des Finanzunternehmens ist, es ist der Mitarbeiter der diese Marke mit Leben erfüllt und auch weiterentwickelt. Daher stehen speziell die Vertriebsmitarbeiter im Mittelpunkt unserer internen und externen Bemühungen.

Jetzt ist wahrscheinlich der Zeitpunkt gekommen an dem Sie sich denken: „Okay, dass die Kunden im Mittelpunkt stehen und dass die eigenen Mitarbeiter wichtig sind ist eigentlich ein alter Hut. Ist das nicht überall so? Das behauptet doch jedes Dienstleistungsunternehmen." Und Sie haben so recht damit!

Wir behaupten jedoch an dieser Stelle: Der Unterschied zwischen einem guten und einem erfolgreichen Unternehmen ist der *eigenständige* Weg, der unbeirrt von Mitbewerbern einzuschlagen und konsequent zu verfolgen ist. Diese Strategie hat nur dann Erfolg, wenn sie sich auf eine kurze und klare Botschaft reduzieren lässt. Halbseitige Dossiers erzeugen keine Emotionen bei Ihren Mitarbeitern, reduzieren Sie Ihre Botschaft zur Strategie auf einen Satz.

Welche Konsequenz hat es für *die Raiffeisen in Wien. Meine BeraterBank*? Nach Jahren der Vorbereitung und der Arbeit an der inneren Einstellung, sowie der gesteigerten Wertschätzung für unsere Vertriebsmitarbeiter begannen wir, die inneren Werte in die Außenkommunikation zu übertragen. Aber wir waren nicht alleine in diesem Finanz-Universum: Kaum eine Bank, die nicht von umfassender oder ganzheitlicher Beratung in ihren Foldern oder auf der Homepage schrieb.

Doch was bedeutet Beratung in letzter Konsequenz? Wie schaffen wir eine emotionale Bindung zu dem damit verbundenen Changeprozess? Welche Maßnahmen helfen uns bei Kunden und bei Mitarbeitern, um „Ganzheitliche Beratung" noch besser zu etablieren? Diese und viele weitere Fragen haben uns im Sommer 2004 im Management der Bank beschäftigt. Es hat sich immer konkreter gezeigt, dass alle bisher beschriebenen Maßnahmen zwar wesentlich zu einem neuen Verständnis beigetragen haben, aber der Schlüssel in der Berater-Kunden-Beziehung liegen muss. Überzeugt davon, und durch Studien belegt, bietet Raiffeisen in Wien die beste Beratung in der Stadt. Darüber freuen sich zwar unsere Kunden zu Recht, aber alle Noch-Nichtkunden wissen leider kaum etwas davon.

Und so entstand folgende Idee einer „Try-us"-Kampagne die auf zwei Fundamente aufgebaut ist:

- Im Mittelpunkt der Kampagne stehen unsere KundenbetreuerInnen

- Noch-Nichtkunden erhalten die Legitimation de jure und nicht nur de facto, die Beratungsqualität (und damit auch den ganzheitlichen Beratungsansatz) zu prüfen und einzufordern

Die Beratungsinitiative war dabei mehrstufig konzipiert, weit mehr als eine einfache Werbekampagne wie wir sie zu Themen wie Vorsorge oder Finanzierung kennen. Bereits Monate davor wurden alle Mitarbeiter informiert und auf das Leistungsversprechen vorbereitet. Denn erstmals haben wir alle Kunden und Noch-Nichtkunden zu Mystery Shoppern gemacht. Sollten sie nicht von der umfassenden Beratungsqualität überzeugt sein, dann erhalten sie ohne Wenn und Aber eine Gutschrift über EUR 60,- auf ein Girokonto oder Sparbuch refundiert. Dieser Betrag entspricht immerhin einer Jahresgebühr des beliebtesten Girokonto-Pakets unserer Bank. Dabei war es aus strategischer Sicht besonders wichtig, nicht in eine Preisdumping-Schiene zu gelangen.

Der Focus von Raiffeisen in Wien ist die „Ganzheitliche Beratung" und damit auch ein qualitativer Kurs, den wir eingeschlagen haben. Es wurde daher die Einladung ausgesprochen, unsere Mitarbeiter zu testen. Auf den Werbemitteln war zu lesen: „Testen Sie uns. Profitieren Sie von unserer Beratung oder Sie zahlen ein Jahr nichts für Ihr Konto."

Das Bankgeschäft ist bekanntlich ein sehr detailliertes und prozessgetriebenes Geschäft. Abläufe werden exakt formuliert, Standards sind penibel einzuhalten. Speziell im Hinblick auf das Leistungsversprechen musste daher ein praktikables Mittelmaß gefunden werden, das einerseits für den Kunden leicht verständlich ist andererseits unseren Kundenberatern klare Anhaltspunkte liefert. Oder anders gesagt: Wie genau kann ich die Beurteilung der Beratungsleistung standardisieren, damit der Mitarbeiter ein verwertbares Feedback erhält, und dem nur auf raschen-Vorteil-bedachten-Kunden eine (kleine) psychologische Hemmschwelle eingebaut hat. Gerade in diesem Punkt haben wir zwei Monate mit Rechtsanwälten, Arbeiterkammer und Kundenbetreuern diskutiert, um einen möglichst werbefreundlichen Kompromiss zu erlangen.

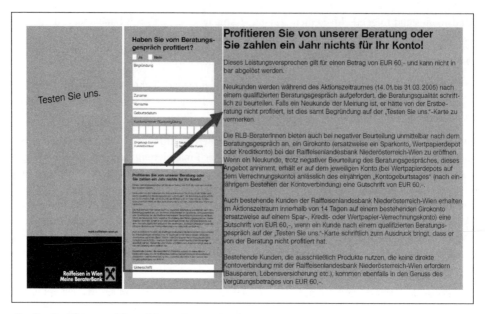

Quelle: Raiffeisen in Wien. Meine BeraterBank.
Abbildung 1: *Karte mit dem Leistungsversprechen.*

Als weiterer strategischen Eckpfeiler haben wir unsere KundenbetreuerInnen in dieser Beratungsinitiative erkannt. Denn als mehr oder weniger anonymes Finanzdienstleistungsunternehmen wäre die Einladung zum Testen zwar eine nette Aussage, würde aber keinesfalls den Gedanken des Beziehungsmanagements zu Ende denken. Deshalb haben wir investiert, individualisiert und der Bank viele Gesichter gegeben.

5.   Eine sehr persönliche Kampagne

Die tragenden Elemente einer konsequenten „Ganzheitlichen Beratung" sind –das haben wir festgestellt – die KundenbetreuerInnen. Also müssen genau jene Mitarbeiter unterstützt werden. Gibt es dazu keine fundierte und ernst gemeinte Vorbereitung – allen voran das Management – werden die angesprochenen Mitarbeiter die Bewerbung ihrer Person eher als Last und Ausnützung empfinden. Ganz das Gegenteil sollte aber der Fall sein. Nur wenn sie ernst genommen werden, wenn der Vorstand der Bank selbst nicht im Rampenlicht steht, empfinden KundenbetreuerInnen die Möglichkeit „vor den Vorhang" zu kommen als Wertschätzung.

Dem Leistungsversprechen gibt diese Adaption eine besonders verbindliche Note, sowohl bei Kunden als auch bei Mitarbeitern.

Quelle: Raiffeisen in Wien. Meine BeraterBank.
Abbildung 2: *Werbeplakat mit dem neutralen Leistungsversprechen.*

Quelle: Raiffeisen in Wien. Meine BeraterBank.
Abbildung 3: *Werbeplakat mit dem personalisierten Leistungsversprechen.*

Die Einbindung von eigenen Mitarbeitern anstelle von professionellen Models in eine außenwirksame Kampagne birgt auch Risken. Nicht jeder Mitarbeiter glaubt fotogen zu sein, nicht jeder möchte von einem Plakat herunterlachen. Hier Bedarf es einer intensiven Einbindung der Mitarbeiter bereits im Vorfeld und eine ebenso intensive Auseinandersetzung mit der dahinter liegenden Strategie.

Umso wichtiger ist es, dass die betroffenen KundenbetreuerInnen die logische Konsequenz und ihren persönlichen Vorteil daraus erkennen.

Ein Tipp: Machen Sie das Fotoshooting zu einem Erlebnis! Anstatt schnell beim Fotografen vorbei zu hetzen, wurden unsere KollegInnen für zwei Stunden regelrecht verwöhnt. Beruhigende Atmosphäre, eine Kleinigkeit essen, 20 Minuten Shiatsu-Massage und im Anschluss zur Visagistin. Mit lockeren und sich wohl fühlenden „Models" war es danach für den Fotografen überraschend leicht, authentische Bilder mit einem hohen Persönlichkeitsfaktor zu produzieren. Auch das verstehen wir unter der „BestenBeraterBank"!

Es wird Ihnen beim Lesen dieser Zeilen klar, welchen Stellenwert unsere Mitarbeiter im Unternehmen genießen. Das Ergebnis: Überzeugte KundenbetreuerInnen, die auf Großflächenplakaten, Citylights und auf Postern in den Filialen das Leistungsversprechen geben und sogar unterschreiben.

Natürlich hat es vereinzelt Mitarbeiter gegeben, die Anfangs etwas skeptisch dieser offensiven Beratungskampagne gegenüber standen. Je näher wir zum Start der Kampagne im Januar 2005 kamen, je intensiver alle sich mit der Umsetzung beschäftigten, umso kreativer wurde an zusätzlichen, regionalen Aktivitäten gearbeitet. Plötzlich wurde die *Beratung* wirklich zu einem Produkt und jeder wollte möglichst viele Kunden und Noch-Nichtkunden davon überzeugen, dass wir unser Leistungsversprechen halten werden. Die Soft Skills der „Ganzheitlichen Beratung" wurden so mit den Hard Facts in der Außenkommunikation verbunden!

6.   Die Wirkung nach Innen und Außen

Eine Marketingaktion in einer Großstadt wie Wien erfordert einen umfangreichen Einsatz unterschiedlicher Werbemittel und Below-the-line Aktivitäten. Neben den klassischen Werbemitteln wie Großflächenplakate, Anzeigen, Citylights, Rolling-Boards sowie Straßenbahn- und Autobus-Plakate, wurden flächendeckend Wildplakate affichiert und die Filialen dekoriert.

Quelle: Raiffeisen in Wien. Meine BeraterBank.
Abbildung 4: *Wildplakate und Hausprojektionen*

Zusätzliche Promotion-Aktivitäten erzielten enormes Echo bei den Konsumenten. So wurde bei Street-Promotions in der Teaserphase gelbes Obst verteilt. Die KundenbetreuerInnen stellten sich zu einem späteren Zeitpunkt direkt vor ihr eigenes Plakat zu Haltestellen und luden die Fahrgäste zu Beratungsgesprächen ein. Die Verblüffung und Überraschung der Fahrgäste war natürlich groß.

Quelle: Raiffeisen in Wien. Meine BeraterBank.
Abbildung 5: *Gelbe Verteilaktionen und Give-aways*

Die größte logistische Herausforderung war jedoch die genaue Platzierung der personalisierten Großflächenplakate im direkten Einzugsgebiet der jeweiligen Filiale. Doch die Kunden-
reaktionen gaben uns auch hier Recht. Stellvertretend für viele verschiedene Erlebnisse er-
zählte uns ein Kunde: „Wenn ich nach dem Aufstehen aus dem Fenster schaue lacht mir seit
einigen Wochen immer Frau XY von meiner Raiffeisenfiliale vom Plakat entgegen. Da beginnt der Tag immer freundlich und ich denke gleich an ihre Bank."

Die Bestrebungen, die umfassende Beratung in den Mittelpunkt zu stellen, konnte in diesen
zwei Monaten der eigentlichen Kampagne wesentlich auch nach Außen als Akquise-Element
genutzt werden. In über 7.000 geführten Beratungsgesprächen bei denen auch das Leistungsversprechen ausgefüllt und unterschrieben wurde, hatten lediglich 14 Konsumenten nach
einem Jahr eine mangelhafte Beratungsleistung zu vermerken. An diese Personen wurden
sofort die vereinbarten EUR 60,- ausbezahlt. Alle anderen Kunden und damals Noch-
Nichtkunden wurden von der „Ganzheitlichen Beratung" persönlich überzeugt.

Dieses Beispiel einer Umsetzung hat uns eindeutig gezeigt, dass „Ganzheitliche Beratung"
ein Teil einer unfassenden, zur *brandpositioning* beitragenden Kampagne sein kann. Aber
dies ist eben nur ein Teil mit klar abgegrenzten Aufgaben und Erfolgen. Nach Ablauf der
Kampagne dürfen die Unternehmensprozesse nicht wieder einen Gang zurück bzw. in den
Modus „Produktverkauf" schalten. Es ist die innere Einstellung und die unternehmensweite
Orientierung, die den Focus auf die eigentlichen Kundenbedürfnisse schärft. Systemtools wie
beispielsweise Marketing Manager oder andere Vertriebsinformations-Systeme und intelli-
gente Datamining-Anwendungen sind nun die nächsten Schritte zu einer optimierten und
umfassenden Beratung.

Wir werden aber als modernes Finanzdienstleistungsunternehmen nur dann erfolgreich sein,
wenn auch diese aktuelle Phase als logische Konsequenz in unserer Kundenorientierung
gelebt wird und unsere KundenbetreuerInnen mit Begeisterung und Enthusiasmus dabei sind.

Vertriebsintensivierung – Privatkundenstrategie 2012

Bernd Färber / Wilfried Hopfner

1.   Ausgangssituation

Die Marktsituation der Raiffeisenbankengruppe Vorarlberg (RBG-V) ist nicht zuletzt durch ihre besondere geografische Lage als westlichstes Bundesland Österreichs im Drei-Ländereck mit den Nachbarn Deutschland, Schweiz und Liechtenstein geprägt. Dieses Umfeld und ein sehr starker Wettbewerb unter den Banken im Bundesland selbst, haben schon vor vielen Jahren zu einem kontinuierlichen Rückgang der Zinsspanne geführt. Dies hatte zur Folge, dass es schon sehr früh und zu einer viel stärkeren Orientierung in Richtung aktives Holgeschäft kam, als in anderen Regionen.

Die RBG-V besteht aus der Raiffeisenlandesbank (RLB) und den 24 Primärbanken mit ihren 102 Bankstellen und ist mit einer Bilanzsumme von EUR 9,6 Mrd. Marktführer und flächendeckend in Vorarlberg vertreten. Diese sehr starke Kundennähe und Präsenz vor Ort stellen einen wesentlichen Erfolgsfaktor im Vertrieb der RBG-V dar.

Die heutige Privatkundenstrategie 2012 baut auf den Überlegungen und dem Fundament der 1998 ausgearbeiteten Strategie 2007 auf. Diese Strategie beinhaltete damals folgende Kernelemente:

■ eine kundenorientierte Aufbauorganisation,

■ ein Effizienzsteigerungsprogramm und

■ ein Vertriebsintensivierungsprogramm.

Die kundenorientierte Aufbauorganisation basierte auf den Bereichen der Service- und Privatbank einerseits und der Kommerzbank andererseits. Jeder der beiden Bereiche wird von einem Geschäftsleiter (in Deutschland Vorstand) geführt. Somit sind beide Geschäftsleiter unmittelbar verantwortlich für eine Vertriebseinheit der Bank, während sie gemeinsam nach wie vor die strategische und wirtschaftliche Verantwortung für die Gesamtbank tragen. Das Bankstellennetz wurde intensiv unter die Lupe genommen. Die daraus resultierende Bankstellentypisierung führte vereinzelt zu Schließungen bzw. zu Optimierungen, d. h. je nach Bankstellentypus sind nicht in allen Bankstellen sämtliche Qualifikationsstufen von Mitarbeitern zu jeder Zeit verfügbar, sondern es gibt graduelle Abstufungen je nach Typus. Hier wurde, nicht wie in anderen Bankensektoren, der Rotstift nur aufgrund der betriebswirtschaftlichen Zahlen angesetzt, sondern auch das Thema der Potenziale und der regionalen Verbundenheit mit den Kunden und den Genossenschaftsmitglieder der Raiffeisenbanken Rechnung getragen. Somit kam es nicht zu massiven Schließungen von Bankstellen, sondern zu einer Optimierung des Ressourceneinsatzes und damit zu einer stärkeren Forcierung des Vertriebes.

Das Effizienzsteigerungsprogramm hatte die Optimierung der Service- und Abwicklungsprozesse im Fokus. Abläufe und Prozesse wurden hinterfragt und analysiert und konnten in vielen Fällen verbessert bzw. auch verkürzt werden, um einen wesentlichen Beitrag für die stärkere Kundenorientierung liefern zu können.

Im Vertriebsintensivierungsprogramm ging es darum, möglichst viele qualifizierte Ressourcen für den Vertrieb frei zu spielen und diese durch gezielte Vertriebsaktivitäten und -kampagnen möglichst effizient einzusetzen. Dies gelang mit Unterstützung ausgeklügelter Instrumente im Bereich der Vertriebsaktivitätenplanung, des Kampagnenmanagements und des Vertriebscontrollings. Diese Vertriebsunterstützung wurde durch die Raiffeisenlandesbank, insbesondere durch die Abteilung Marketing/Vertrieb, aufgebaut, gemeinsam mit den Raiffeisenbanken vor Ort abgestimmt und anschließend in der RBG-V erfolgreich zum Einsatz gebracht. Die sehr intensive und umfassende Aufbauarbeit, die bereits im Jahre 1995 begonnen hat, führte in den letzten Jahren zu einem nicht unwesentlichen Vertriebserfolg der RBG-V, insbesondere auch was den Bereich der Dienstleistungserträge anbelangt.

Diese Vertriebsunterstützung beginnt einerseits bei der Definition und Selektion interessanter Zielgruppen in unserem CRM-Tool, dem Marketing Manager, und wird andererseits durch die Bereitstellung von Gesprächsleitfäden, Musterbriefen und Mailings unterstützt. Als Hilfestellung für die Banken und deren Berater kann unser hauseigenes Telefon-Service-Center für die Vereinbarung von Terminen eingesetzt und beauftragt werden. Die Beratungsgespräche selbst werden durch EDV-gestützte Beratungsprogramme, wie den Raiffeisen Finanz Check oder den Raiffeisen Pensionsplaner, unterstützt. Im Anschluss an das Beratungsgespräch werden die wichtigsten Gesprächsinhalte sowie die Verkaufsergebnisse in unserem CRM-Tool festgehalten und dokumentiert. Die Inhalte und Ergebnisse können dann über die Erfolgsbilanz im Sinne eines exakten Vertriebscontrollings ausgewertet und tagaktuell analysiert werden.

Dieser Kreislauf der Vertriebsunterstützung gilt mittlerweile für einige andere Bundesländer im Raiffeisensektor als Vorbild. Durch die Instrumente der Vertriebsunterstützung sind zum einen eine fundierte Vertriebs- und Ressourcenplanung und zum anderen ein lückenloses Controlling gewährleistet. Es fehlt der RBG-V nicht an unterstützenden Instrumentarien oder Programmen, die für die Planung und Steuerung des Vertriebes notwendig sind. Dies wird uns auch von unseren Primärbanken immer wieder bestätigt.

Trotz dieser sehr guten Rahmenbedingungen ist es der RBG-V jedoch nicht in allen Bereichen gelungen, die hoch gesteckten Vertriebsziele in vollem Umfang zu erreichen. Zwar gibt es viele Führungskräfte und Mitarbeiter, die sich dieser Instrumente bedient haben und damit sehr gute Erfolge erzielen konnten, es soll jedoch nicht verhehlt werden, dass es nach wie vor eine Anzahl von Mitarbeitern und Führungskräften gibt, die trotz dieser Unterstützungsmöglichkeiten nur Teile der in sie gesetzten Ziele und Erwartungen erreicht haben. Dieser Umstand und das bevorstehende Jahr 2007 haben dazu geführt, dass im Jahre 2005 mit einem Strategiereview unter dem Motto „Vertriebsintensivierung – Privatkundenstrategie 2012" begonnen wurde. Die im Folgenden dargestellten Überlegungen zur Strategie 2012 basieren auf der intensiven Erarbeitung der Fachgruppe Vertriebsintensivierung. Diese besteht aus sechs Geschäftsleitern der Primärbanken, die von ihren Kollegen in dieses Gremium entsandt wurden, und Vertriebsexperten der RLB. Wichtig erscheint, dass diese Fachgruppe und die Erarbeitung der Strategie ohne externe Beraterbegleitung durchgeführt und moderiert wurden. Im Gegensatz zum Strategieprojekt 2007 waren und sind in der RBG-V genügend Erfahrungswerte vorhanden, um daraus notwendige und sinnvolle Rückschlüsse zu ziehen. Somit handelt es sich bei der Privatkundenstrategie 2012 um eine Fortführung der Überlegungen, die im Jahre 1998 begonnen wurden.

2.   Leistungsversprechen

Im Zentrum der Privatkundenstrategie 2012 stehen die Umsetzung von Leistungsversprechen und der klare Fokus in Richtung Qualität. Diese Vision lässt sich folgendermaßen umschreiben:

- Wir positionieren Raiffeisen als Qualitätsanbieter. Wir wollen unsere Kunden begeistern!

- Der Kunde nimmt Raiffeisen als *ein* Unternehmen wahr. Nur wenn definierte Qualitätsstandards in der Raiffeisenbank und im Verbund von allen gelebt werden, wird die Raiffeisenqualität als Alleinstellungsmerkmal spürbar.

- Wir wollen die hohe Technologisierung nutzen, um unsere Servicequalität ständig zu erhöhen. Qualität wird wahrnehmbar durch das Handeln jedes Mitarbeiters.

Dies erfordert auch intern eine laufende Orientierung an höchster Qualität und die Etablierung einer Qualitätskultur.

Diese klare Orientierung in Richtung Qualität und Einhaltung von Leistungsversprechen kam auch aufgrund von Ergebnissen einer Kundenbefragung zu Stande. Will man diese Befragung kurz zusammenfassen bzw. mit einem Satz auf den Punkt bringen, so wird Raiffeisen mit allen anderen Banken in einen Topf geworfen und nicht gesondert wahrgenommen. Dieses zum Teil ernüchternde Ergebnis ist in die Strategieerarbeitungen und insbesondere in die Definition der Leistungsversprechen eingeflossen. Daher gilt es in den nächsten Jahren intensive Anstrengungen innerhalb der RBG-V zu unternehmen, damit sich aufgrund der gesetzten Maßnahmen und Qualitätsstandards die Wahrnehmung bei den Kunden nachhaltig verändert und die gesetzten Leistungsversprechen 'auch bei unseren Kunden und in der Bevölkerung angenommen und spürbar werden.

Die Leistungsversprechen und Qualitätsstandards lassen sich auf vier Kernaussagen reduzieren, die wie folgt definiert sind:

Ich fühle mich sicher und wohl!

- Wir schaffen eine Wohlfühlatmosphäre.
- Wir informieren aktiv: Vordenken für den Kunden statt Nachdenken mit dem Kunden.
- Wir versetzen uns spürbar in die Kundensituation hinein.

Meine Bank ist in allen Lebensphasen Partner für meine Finanzangelegenheiten

- Wir leben unsere Rolle als Gastgeber für die Kunden.
- Wir bauen eine langfristige Kundenbeziehung auf.
- Wir besprechen mit dem Kunden jene Dinge, die in seiner derzeitigen Lebensphase wichtig sind.

Ich bin Mitglied!

- Wir organisieren Mehrwerte für Mitglieder.
- Wir schaffen Möglichkeiten, wo Mitglieder mitgestalten können.

Meine Bank zeigt hohe Verantwortung für die Region!

- Miteinander in der und für die Region.
- Wir sind die Drehscheibe der Region.

Zu jedem dieser einzelnen Themenfelder gibt es dementsprechend detaillierter Ausarbeitungen und Konzepte im Hintergrund. Es erscheint bei der Umsetzung aber wichtig zu sein, auch darauf zu achten, dass jede Bank individuell genügend Spielraum hat, um die vier Themenfelder individuell weiter detaillieren und somit mit Leben *füllen* zu können.

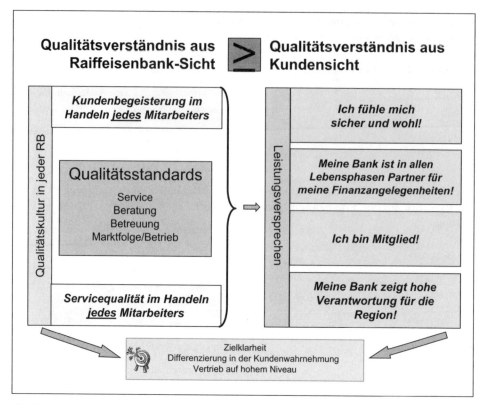

Quelle: Raiffeisen Meine Bank.
Abbildung 1: *Qualitätsverständnis aus Sicht des Kunden und aus Sicht der Bank.*

3.   Handlungsfelder

Um die definierten Leistungsversprechen und Qualitätsstandards erfüllen zu können, wurden entsprechende Maßnahmen und Handlungsfelder identifiziert, deren Durchführung bzw. Umsetzung essenziell für die erfolgreiche Strategie 2012 ist. Die identifizierten strategischen Handlungsfelder sind in Abbildung 2 ersichtlich.

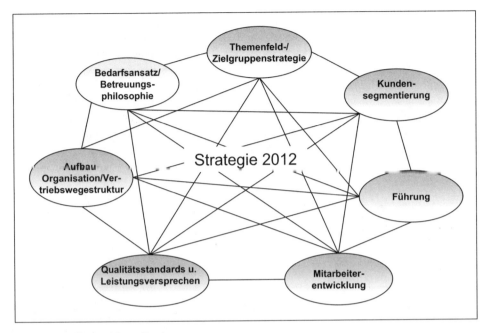

Quelle: Raiffeisen Meine Bank.
Abbildung 2: *Strategische Handlungsfelder*

Mit der gewählten Darstellungsform und der Verbindung (im Sinne der Verwobenheit) der einzelnen Themen, soll Folgendes zum Ausdruck gebracht werden:

Nur die Bearbeitung bzw. Umsetzung sämtlicher Themenfelder ist Erfolg versprechend und das „Herauspicken" lediglich eines oder einzelner Themenfelder und deren Bearbeitung wäre für den Gesamtzusammenhang unzureichend, da die Themen zu eng miteinander verbunden sind. Einzelbetrachtungen und -bearbeitungen von Feldern würden daher nur zu einem eingeschränkten Erfolg führen.

Im Folgenden werden die einzelnen Handlungsfelder beschrieben und dargestellt.

3.1   Bedarfsansatz und Betreuungsphilosophie

Zentrales Element bei den Qualitätsstandards stellt die deutlich intensivere Orientierung am Gesamt- bzw. Teilbedarfsansatz dar. In diesem Zusammenhang wurden für die Bearbeitung der Vertriebsschwerpunkte sechs ausgewählte Bedarfsfelder definiert. Mit diesen Bedarfsfeldern können sämtliche Bedürfnisse im Leben eines Kunden, die in Zusammenhang mit dem Finanzdienstleistungsgeschäft stehen, abgedeckt werden. Neben diesen Bedarfsfeldern wur-

den ausgewählte Ereignisse im Leben des Kunden identifiziert, wie in Abbildung 3 dargestellt wird. Abgerundet wird die (lebenslange) Begleitung unserer Kunden durch die vier
Lebensphasen „Leben lernen", „Leben aufbauen", „Leben konsolidieren" und „Leben!". Ziel
dieser Orientierung an den Bedarfsfeldern, den Lebensphasen und den ausgewählten Kun-
denereignissen ist es, dass sich die Mitarbeiter intensiv mit den einzelnen Situationen der
Kunden auseinandersetzen und sich somit in jede Lebensphase hineinversetzen können. Nur
so kann es gelingen, dass nicht „nur" Produkte, sondern abgestimmt auf die jeweilige Situation, passgenaue Lösungen angeboten werden. Denn als Kunde will ich keine Produkte kaufen,
sondern Lösungen für meine Problemstellungen geboten bekommen.

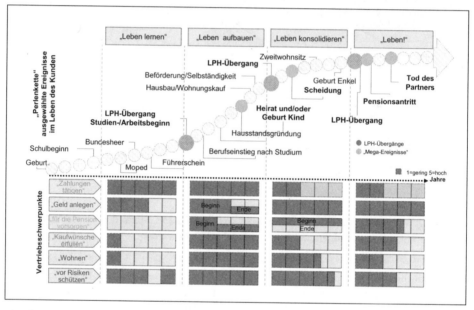

Quelle: Raiffeisen Meine Bank.
Abbildung 3: „Perlenkette" der Lebensphasen und Vertriebsschwerpunkte.

Die Leistungsversprechen und die Qualitätsstandards basieren ganz klar auf dem Bedarfsansatz. Es gilt aber hervorzuheben, dass es bei der Diskussion bezüglich Bedarfs- versus Pro-
duktansatz nicht zu einem „entweder – oder" kommen sollte, sondern es gilt ein „sowohl –
als auch". Gemeint ist damit, dass es bei den Jahresgesprächen mit unseren Kunden unbestrit-
ten ist, dass sich diese an dem Gesamt- bzw. Teilbedarfsansatz orientieren. Jedoch kann es,
wenn die Ziele und Wünsche der Kunden bereits bekannt sind, sehr wohl als dienlich erscheinen, wenn die Kunden auf ein interessantes Produkt angesprochen werden. Dieser Ansatzpunkt wird dann als Aufhänger für ein Gespräch genutzt, in dem neben den interessanten
Produkten auch das Umfeld des Kunden ausgeleuchtet wird. Somit wird ein Cross Selling
initiiert.

Um den Bedarfsansatz wirklich zum Leben erwecken zu können, erfordert es tief greifende strukturelle Veränderungen, wie z. B. die Reduzierung und Vereinfachung der Produktpalette. In diesem Prozess ist auch die Einbeziehung der Produkttöchter (Bausparkasse, Versicherung, Leasing und Kapitalanlagegesellschaft) unbedingt notwendig, um die veränderte Philosophie nachhaltig und konsequent umzusetzen.

Dieser Weg der Bedarfsorientierung wird durch abgestimmte Zielvereinbarungen mit den Mitarbeitern unterstützt. Das heißt, die Zielvereinbarungen beinhalten Kontaktziele sowie Cross Selling-Quoten, jedoch keine heruntergebrochenen Einzelproduktziele. Um keine Missverständnisse aufkommen zu lassen: Selbstverständlich werden auf Bank- und Teamebene Produktionsziele geplant, vereinbart und gemessen. Jedoch wäre ein weiteres Hinunterbrechen von Einzelproduktzielen auf die Mitarbeiter kontraproduktiv und würde bei diesen vielfach zu Verwirrung führen. Dies konnte öfters in der Vergangenheit festgestellt werden, wenn einerseits vom Bedarfsansatz gesprochen wurde, auf der anderen Seite aber insbesondere gegen Jahresende Einzelproduktziele und deren Erfüllung bzw. Erbringung vom Mitarbeiter erwartet wurde.

Mit der Definition der (Vertriebs-)Ziele zeigt sich, ob man wirklich an den Bedarfsansatz und dessen betriebswirtschaftlich erfolgreichen Weg glaubt, oder ob man den Bedarfsansatz – weil es gerade Mode ist – im Sinne einer Feigenblattfunktion den Überlegungen voransetzt, in Wirklichkeit aber an den reinen Einzelprodukten und deren Zielerreichung interessiert ist. Es gibt zum Glück bei einigen Raiffeisenbanken im Lande Vorarlberg sehr positive Erfahrungen und Beispiele, dass die konsequente Umsetzung des Bedarfsansatzes betriebswirtschaftlich äußerst erfolgreich ist und dass es nicht, wie von manchen Geschäftsleiterkollegen befürchtet, zu kurzfristigen Einbrüchen in der GuV kommt, sondern dass der Bedarfsansatz nachhaltig und ganz wesentlich zu einer erfolgreichen betriebswirtschaftlichen Entwicklung vom ersten Jahr weg beiträgt und dies ohne „Investitionskosten".

Die Beratungsgespräche, die entweder EDV-gestützt in einem entsprechenden Beratungsprogramm oder auch auf Papier durchgeführt werden können, beinhalten grob die Phasen wie sie in Abbildung 4 dargestellt sind. Wichtig ist dabei zu unterscheiden, ob es sich um ein Erstgespräch handelt, d. h. der Kunde erfährt erstmalig von den Vorzügen und Möglichkeiten der Betreuungsphilosophie, oder ob es sich bereits um kontinuierliche Jahresgespräche handelt. Diese Unterscheidung ist der Abbildung entsprechend farblich gekennzeichnet und somit unterscheidbar.

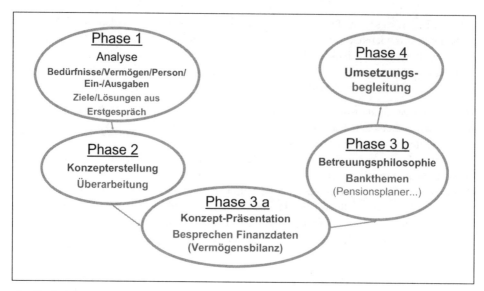

Quelle: Raiffeisen Meine Bank.
Abbildung 4: *Beratungsablauf – Erst-/Jahresgespräch.*

Die Betreuungsphilosophie wird über folgende quantitative Zielsetzungen bei den gehobenen Privatkunden (PK+ Kunden) definiert und gemessen:

Mit 95 Prozent aller zugeordneten Kunden ist pro Jahr mindestens ein persönliches Betreuungsgespräch zu führen. Mit 60 Prozent dieser Kunden gilt es, einen zweiten Gesprächskontakt pro Jahr zu haben. Ein Cross Selling-Wert von Zwei gilt als Ziel. Das heißt, bei erfolgreichen Gesprächen gilt es, mindestens zwei Produkte zu verkaufen. Weiters ist eine Erfolgsquote von 50 Prozent vereinbart, was bedeutet, dass mindestens 50 Prozent der Ansprachen auch erfolgreich sind und somit mit einem Produktabschluss enden. Jeder Kunde erhält im Jahr zusätzlich mindestens zwei Informationen – seien es Einladungen zu Veranstaltungen oder ausgewählte Produktinformationen usw. Zusätzlich gilt es, pro Jahr und Kundenbetreuer fünf neue PK+ Kunden zu gewinnen. Wobei dabei „Umstellungen" aus anderen bereits bestehenden Kundensegmenten nicht zählen bzw. gewertet werden.

Um den dargestellten qualitativen Zielsetzungen der Erst- bzw. Jahresgespräche entsprechen zu können und damit sich die Mitarbeiter verstärkt zu Beziehungsmanagern ihrer Kunden entwickeln, gilt es, neben einer fundierten Ausbildung verstärkt auf eine kontinuierliche Weiterbildung Wert zu legen. Aus diesem Grund wird intensiv in die verkäuferische und persönliche Entwicklung der Mitarbeiter investiert, um so die soziale Kompetenz nachhaltig auszubauen. Dies soll mit drei bis fünf Trainingstagen sowie drei bis fünf Coachingeinheiten pro Jahr und Mitarbeiter erfolgen. Dafür wurden entsprechend ausgewählte Weiterbildungsmaßnahmen zusammengestellt und es stehen erfahrene Trainer und Coaches zur Unterstützung zur Verfügung.

3.2   Kundensegmentierung

Bei der Kundensegmentierung wird zwischen drei SGFs (Strategischen Geschäftsfeldern) unterschieden:

■ PK (Privatkunden)

■ PK+ (gehobene Privatkunden)

■ FK (Firmenkunden)

In den jeweiligen SGFs wird zusätzlich je nach Kundenattraktivität zwischen A-, B- oder C-Kunden unterschieden. Als weitere Dimension gibt es ein eigenes Kennzeichen hinsichtlich der Betreuungsintensität. Das heißt, es ist in der Kundencodierung ersichtlich, ob ein Kunde betreut wird und in welcher Intensität bzw. mit welcher Betreuungsphilosophie. Zu den einzelnen Segmenten gibt es selbstverständlich entsprechend detaillierte Kriterien, die sich an bekannten Größen, wie Familiennettoeinkommen oder Finanzanlagevermögen im Privatbereich, orientieren. Abbildung 5 vermittelt einen groben Überblick über die einzelnen Segmente und deren Kriterien im Privatkundenbereich.

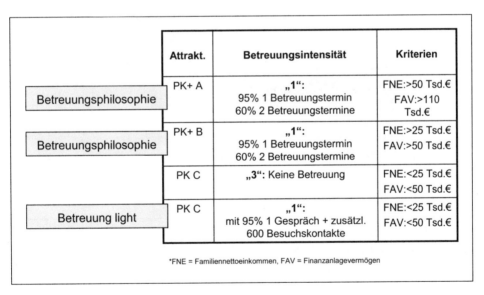

Attrakt.	Betreuungsintensität	Kriterien
PK+ A	„1": 95% 1 Betreuungstermin 60% 2 Betreuungstermine	FNE:>50 Tsd.€ FAV:>110 Tsd.€
PK+ B	„1": 95% 1 Betreuungstermin 60% 2 Betreuungstermine	FNE:>25 Tsd.€ FAV:>50 Tsd.€
PK C	„3": Keine Betreuung	FNE:<25 Tsd.€ FAV:<50 Tsd.€
PK C	„1": mit 95% 1 Gespräch + zusätzl. 600 Besuchskontakte	FNE:<25 Tsd.€ FAV:<50 Tsd.€

*FNE = Familiennettoeinkommen, FAV = Finanzanlagevermögen

Quelle: Raiffeisen Meine Bank.

Abbildung 5: *Betreuungsintensitäten auf Basis neuer Kundensegmentierung.*

Wesentlichste Neuerung in Zusammenhang mit der Kundensegmentierung ist die Identifizierung eines eigenen C1-Segmentes im SGF-PK, sprich im Mengengeschäftssegment. Ziel ist es, dass interessante PK Kunden mit Potenzial für die Zukunft erkannt und über eine

„Betreuung light" bearbeitet werden. Diese „Betreuung light" entspricht den dargestellten Grundzügen der Betreuungsphilosophie, zeichnet sich aber durch eine deutlich höhere Standardisierung als im PK+ Bereich aus, folgt aber auch den Grundsätzen des Bedarfsansatzes.

3.3   Themenfelder- und Zielgruppenstrategie

Für die folgenden Zielgruppen und Themenschwerpunkte bzw. Sparten existieren detaillierte strategische Konzepte mit entsprechenden Zielgrößen für 2012. Jedes dieser Themen wird von einem Spezialisten in der RLB und von einem Verantwortlichen bei der Raiffeisenbank vor Ort betreut und vertreten. Dadurch wird die kontinuierliche Weiterentwicklung in diesen Themenfeldern und die Kommunikation zu den Banken sowie die Schulung der Berater und Betreuer vor Ort erleichtert und sichergestellt.

Quelle: Raiffeisen Meine Bank.
Abbildung 6: *Privatbankstrategie 2012.*

3.4   Mitarbeiterentwicklung

Im Vertrieb und im Kontakt mit Privatkunden wird es zukünftig drei definierte Stellen geben, deren grundsätzliche Ausrichtung und Beschreibung in der folgenden Tabelle ersichtlich sind:

	ServiceberaterIn	PK BerteuerIn	PK+ BertreuerIn
Hauptaufgaben	• Schneller, bequemer Service für Firmen- und Privatkunden • Kurzberatung zur ZV-Optimierung • Signalerkennung und -weiterleitung	• Beratung der C3-Kunden • Betreuung light für C1-Kunden	• (bankstellen-unabhängige) Betreuung der A-/B-Kunden
Anforderungsprofil	• Serviceleidenschaft	• Kenntnisse in Standardprodukten • Beziehungsgestalter	• Spezialkenntnisse • Beziehungsgestalter
Schwerpunkte in Ausbildung	• Service (Giro, ZV, Spar ...) • Signalerkennung und -weiterleitung	• Verkauf • Beziehungsmanagement • Standardprodukte • Betreuung light	• Verkauf • Beziehungsmanagement • Individualgeschäft • Betreuung
Mögliche Themenverantwortung	Giro/ZV/ELBA/Karten	• Jugend, Spar, Internet, Pension, Vereine, Mitglieder	• Wohncenter, Versicherung, Leasing, Wertpapier, Devisenausländer, Pension, Mitglieder

Quelle: Raiffeisen Meine Bank.
Tabelle 1: *Berufsbilder der Marktmitarbeiter.*

Für diese drei erwähnten Stellen gibt es detaillierte Stellenbeschreibungen sowie Anforderungsprofile. Um die Leistungsversprechen zu erreichen, ist eine integrierte Personalentwicklung von entscheidender Bedeutung. Diese beginnt bei einer fundierten Personalrekrutierung, welche auch ein umfassendes Verkäufer Assessment-Center beinhaltet. Durch dieses Assessment-Center kann allerdings keine 100-Prozentige Garantie für die Qualität der Mitarbeiter übernommen werden. Unsere jahrelangen Erfahrungswerte zeigen jedoch, dass sich Kandidaten mit einem positiven Ergebnis mit hoher Wahrscheinlichkeit zu qualifizierten und leistungsorientierten Verkäufern in den Banken entwickeln.

Was derzeit leider noch vielfach vernachlässigt wird, ist die genaue Beobachtung und Führung der neuen Mitarbeiter unmittelbar nach der Einstellung. Sei dies im Rahmen des Probemonats oder während der sechsmonatigen Befristung. In diesen ersten Monaten können durch intensive Begleitung der Mitarbeiter die wesentlichen Stärken und Schwächen erkannt werden, sodass dementsprechend darauf reagiert werden kann. Ein weiteres Element der Personalentwicklung stellt das strukturierte Mitarbeitergespräch dar, das ebenfalls seit einigen Jahren erfolgreich in der RBG-V ein- und umgesetzt wird. Ein solches Mitarbeitergespräch beinhaltet idealerweise neben der Beurteilung der Leistung des Mitarbeiters auch Komponenten einer leistungsorientierten Bezahlung, welche vielfach Bestandteil einer erfolgreichen Vertriebskultur einer Bank geworden ist.

3.5   Führung

Wie schon erwähnt, stellt das Thema Führung DAS zentrale Erfolgskriterium dar. Nachdem ja bekanntlich Banker sehr zahlenorientierte und rationale Menschen sind, galt der Fokus in der Vergangenheit zu diesem Thema sehr stark den Führungsinstrumenten, deren Entwicklung und Einsatz. Solche Instrumente sind zwar unbedingt notwendig und stellen eine Basisanforderung dar, jedoch gilt es für die Zukunft, das Hauptaugenmerk neben dieser Sachebene viel stärker auf die Beziehungs- und Sinnebene zu legen. Dies, um mit einer Führung, die alle drei Ebenen anspricht, die anstehenden Veränderungen erfolgreich gestalten zu können. Welche Themen hier angesprochen sind, soll exemplarisch mit Abbildung 7 dargestellt werden.

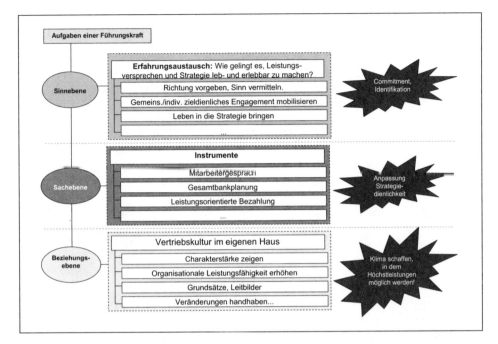

Quelle: Raiffeisen Meine Bank.

Abbildung 7: *Aufgaben einer Führungskraft.*

Um den Führungskräften eine Hilfestellung in die Hand zu geben, wird ein „Führungskalender" ausgearbeitet, der – wie schematisch in Abbildung 8 dargestellt – die wesentlichsten Instrumente der Führung (Mitarbeitergespräch, Teamsitzungen, Einzelgespräche, Zielvereinbarung, Vertriebscontrolling, Planungsrunden, Coachingeinheiten usw.) in einer zeitlich verteilten Jahresarbeit aufzeigt, deren Inhalte beschreibt und Anleitungen zu deren Einsatz gibt. Somit sollen Führungsaufgaben aufgezeigt und besprechbar gemacht werden.

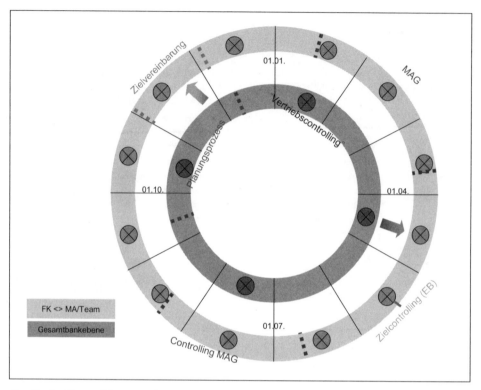

Quelle: Raiffeisen Meine Bank.
Abbildung 8: *„Führungskalender".*

3.6   Aufbauorganisation/Vertriebswegestruktur

Die Erfahrungen aus der Umsetzung des letzten Strategieprojektes 2007 haben gezeigt, dass
es keine idealtypische Aufbauorganisation gibt, mit der der langfristige Erfolg sichergestellt
werden kann. Oder anders ausgedrückt gibt es in der RBG-V sehr erfolgreiche Beispiele, die
sich einerseits an einer Teamstruktur oder Kundengruppenverantwortung orientiert haben, es
gibt aber andererseits auch erfolgreiche Umsetzungen insbesondere bei Raiffeisenbanken, die
eher in ländlichen Gebieten tätig sind, die auf eine Gebietsverantwortung oder auf eine klassische Bankstellensteuerung umgestellt haben. Aufgrund dieser unterschiedlichen aber erfolgreichen Umsetzungen mit beiden Organisationsmöglichkeiten sind beide Varianten denkbar
und möglich. Wesentlich ist jedoch, dass die dringenden Fragen, die mit dem Einsatz der
einen oder der anderen Organisationsvariante verbunden sind, angesprochen und geklärt
werden. Die wichtigsten Auswirkungen dieser Varianten sind in Abbildung 9 ersichtlich.

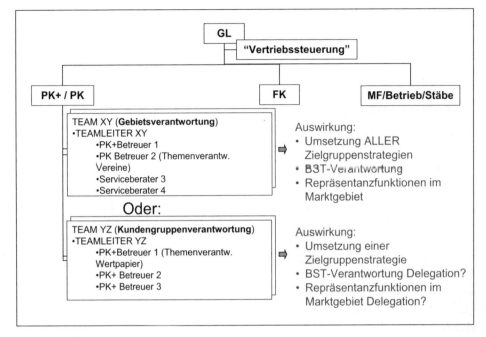

Quelle: Raiffeisen Meine Bank.
Abbildung 9: *Modelle Aufbauorganisation.*

4.   Umsetzungskreislauf

Aus dieser klaren Qualitätsoffensive wurden in der Fachgruppe Vertriebsintensivierung Strategien, Instrumente und Konzepte zu deren Umsetzung ausgearbeitet, die von allen Geschäftsleitern der Vorarlberger Raiffeisenbanken gut geheißen wurden. Damit es gelingt, von der Konzeption in eine erfolgreiche Umsetzung zu kommen, ist es von entscheidender Bedeutung, dass es eine klare Standortbestimmung je Bank gibt. Mittels dieser Diagnose wird festgestellt, welche Maßnahmen bzw. Handlungen gesetzt werden sollten, um die Erfüllung und Erreichung der Leistungsversprechen/Qualitätsgarantie zu gewährleisten. In diesem Zusammenhang kommt dem Thema Führen eine ganz zentrale Rolle zu. Daher steht dieses Thema im Zentrum der Abbildung, die den Kreislauf von der Konzeption zur Umsetzung darstellt.

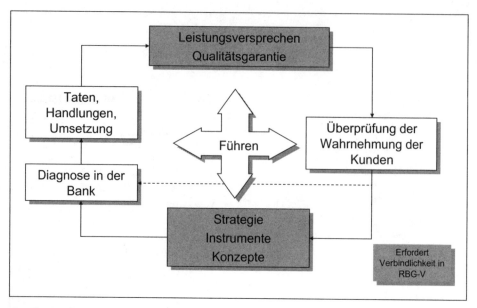

Quelle: Raiffeisen Meine Bank.
Abbildung 10: *Von der Konzeption in die Umsetzung...*

Es wurde bereits ausführlich zum Thema Leistungsversprechen und Qualitätsgarantie Stellung bezogen. Die daraus abgeleiteten Strategien, Konzepte und Handlungsfelder wurden im letzten Kapitel beschrieben. Abbildung 10 bringt aber zwei weitere ganz entscheidende Elemente für eine erfolgreiche Umsetzung zum Ausdruck. Das ist einerseits die Diagnose in der Bank selbst, d. h. jede Bank wird in ihrer heutigen spezifischen Situation analysiert und abgeholt. Somit ist das Ziel für alle Banken das gleiche, jedoch gibt es je nach Ausgangssituation individuelle unterschiedliche Wege, wie die Bank dieses Ziel erreichen kann bzw. wird. Dieses individuelle Abholen wird durch ein umfassendes Orientierungsgespräch sichergestellt, bei dem alle Themen in Zusammenhang mit der Strategieumsetzung ausgeleuchtet und besprochen werden. Es wird auch aufbauend auf dieses Gespräch und die daraus resultierende Ist-Situation der Bank ein passgenaues individuelles Beratungs- und Begleitungsangebot für die Bank erstellt. So ist sichergestellt, dass alle Banken das gleiche Ziel erreichen, aber eben ihre spezifischen Situationen und Rahmenbedingungen berücksichtigt werden.

Zweiter entscheidender Punkt ist, dass die Schritte der Umsetzung und die Einhaltung der Qualitätsstandards durch eine flächendeckende, landesweite Kunden- und Mitgliederbefragung gemessen und somit genau eruiert werden. Diese Befragung erfolgt primär auf Internetbasis, wird jedoch durch Telefonbefragungen bei den Zielgruppen, die noch keinen repräsentativen Zugang zum Internet haben, abgerundet. Hier gibt es im Jahre 2006 eine erste Nullmessung, bei der zum einen die vier Leistungsversprechen genau hinterfragt werden und zum anderen Rückschlüsse auf die Kundenzufriedenheit und -loyalität gezogen werden können. Wichtig erscheint es, neben den absoluten Ergebnissen dieser Nullmessung in den Folgejahren eine kontinuierliche Verbesserung in den abgefragten Kriterien bzw. somit in den Leistungsversprechen und Qualitätsstandards zu erzielen. Folglich kann der Strategieprozess und dessen Umsetzung über die einzelnen Jahre mit Hilfe dieser kontinuierlichen Befragung einem zielorientierten Monitoring und Controlling zugeführt werden.

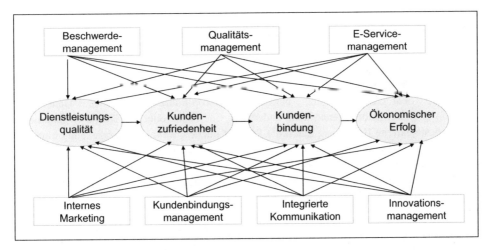

Quelle: Raiffeisen Meine Bank.
Abbildung 11: *„Denken" in der Erfolgskette.*

Mit dieser Befragung wollen wir Rückschlüsse auf die verschiedensten Elemente des Marketings, wie sie in Abbildung 11 dargestellt sind, ziehen und entsprechende Maßnahmen daraus ableiten.

Durch diese Befragung werden wir eine Aussage zur Kundenperspektive erhalten, da wir durch die Messung des Leistungsversprechens und der dargestellten Indizes zur Kundenzufriedenheit und -loyalität ein aussagekräftiges Kundenfeedback erhalten. Durch die Potenzial- oder Mitarbeiterperspektive entsteht eine interessante interne Sichtweise, da es in einem zweiten Schritt zur Befragung der Mitarbeiter und Führungskräfte kommt. Die interne Befragung läuft darauf hinaus, dass die Mitarbeiter einschätzen sollen, wie das Leistungsversprechen und die Qualitätsstandards aus Kundensicht gesehen werden.

Die Befragungsergebnisse sowie die Kennzahlen aus dem betriebswirtschaftlichen und dem verkäuferischen Controlling bilden gemeinsam die Basis für ein strategisches Controlling, das zukünftig jährlich aufbereitet und mit den Geschäftsleitern aller Banken diskutiert werden wird.

5.   Praxisbeispiele bzw. Erfolgsfaktoren in der Umsetzung

Im Folgenden sollen die wesentlichsten Erfolgsfaktoren der Banken, die bereits mit der Umsetzung des Strategieprojektes begonnen haben, dargestellt werden:

■ *Überzeugte Geschäftsleiter bzw. Vorstände:*
Absolute Basisvoraussetzung für den Erfolg stellt die tiefe innere Überzeugung hinsichtlich der Richtigkeit der Strategie bei den beiden Top-Führungskräften jedes Hauses dar. Denn „nur wer selber brennt, kann andere für eine Sache oder ein Thema entflammen". Die beste externe Begleitung durch die RLB ist nutzlos, wenn die Überzeugung hinsichtlich der Richtigkeit der gesetzten Maßnahmen in entscheidenden bzw. kritischen Phasen des Strategieprozesses die Top-Führungskräfte verlässt. Denn sie sind es, die vor ihre Mannschaft treten und durch die Art und Weise, wie sie die Inhalte zum Ausdruck bringen, maßgeblich für den Erfolg entscheidend sind.

■ *Einbindung der Mitarbeiter:*
Für eine erfolgreiche Umsetzung ist es erforderlich, dass die Mitarbeiter in diesen Prozess eingebunden werden, beginnend bei der ersten und zweiten Führungsebene bis zu jedem einzelnen Mitarbeiter. Während es auf den ersten beiden Führungsebenen in der Regel Präsentationen und Diskussionen sein werden, empfiehlt es sich, bei den betroffenen Mitarbeitern zusätzlich Vier-Augen-Gespräche zu führen. Das Thema Befürchtungen und sogar Ängste sollte nämlich nicht unterschätzt werden.

■ *Das Ganze ist mehr als die Summe seiner Teile:*
Damit soll zum Ausdruck gebracht werden, dass die dargestellten Handlungsfelder miteinander auf intensivste Weise verknüpft bzw. verbunden sind. Das Herausgreifen einzelner Themen stellt – wenn überhaupt – nur einen unzureichenden Erfolg sicher. Ausschließlich die Umsetzung sämtlicher Themenfelder sichert nachhaltig den Umsetzungserfolg der Gesamtstrategie.

■ *Zeit:*
Bei vielen Umsetzungen wird der Fehler gemacht, dass man zu rasch mit einzelnen Schritten und Umsetzungen beginnt, ohne dass im Vorfeld über grundsätzliche Themen gesprochen und diese klar entschieden wurden. Daher sollte in die Situationsanalyse und den Gesamtprozess sowie in die Klarstellung entscheidender Rahmenbedingungen im Vorfeld genügend Zeit investiert werden. Diese Zeit kann später durch ein fundiertes Prozessmanagement wieder eingeholt werden. Es gibt genügend negative Beispiele, bei denen Projekte ins Stocken geraten sind bzw. gänzlich abgesetzt werden mussten, weil über grundsätzliche Themen zu Beginn keine oder nur eine vermeintliche Klarheit bestand.

■ *Führung:*

Auch wenn es logisch erscheint, soll an dieser Stelle nochmals unmissverständlich klargestellt werden, dass über Erfolg und Misserfolg primär das Thema Führung auf den verschiedenen Ebenen entscheidet. Daher kann diesem Thema kaum eine zu große Bedeutung im Rahmen dieser Strategieumsetzung beigemessen werden.

■ *Vertriebscontrolling:*

Die Mitarbeiter sollen spüren, dass sie über die in der Zielvereinbarung festgelegten Vertriebskennzahlen auch unterjährig geführt werden. Dies erfordert eine zeitnahe und enge Führung der Vertriebsmannschaften. Aus den Erfahrungswerten lässt sich ableiten, dass mindestens im monatlichen Abstand entsprechende Gespräche stattzufinden haben. Es gibt auch einige sehr positive Beispiele, bei denen die Führung der Vertriebsmitarbeiter auf wöchentlicher Basis erfolgt.

> *„Nicht weil es so schwierig ist, tun wir es nicht,*
> *sondern weil wir es nicht tun, ist es so schwierig!"*

Vertriebssparkasse – der Weg zu noch mehr Kundennähe

Bernhard Steck

Die Sparkasse Heilbronn hat Ende 2004 das Projekt „Vertriebssparkasse" auf den Weg gebracht. Zielsetzung war, durch systematische Vertriebs- und Führungsprozesse die ganzheitliche Betreuung der Kunden und die Verbesserung der Zusammenarbeit zwischen Betriebs-
bzw. Stabsbereichen und dem Markt eine noch bessere Vertriebsleistung zu erreichen. Alle
Mitarbeiterinnen, Mitarbeiter und Führungskräfte in Markt-, Stabs- und Betriebseinheiten
stehen mit der Umsetzung der Prozesse und Abläufe vor einer großen Herausforderung. Der
eingeschlagene Weg kann jedoch nur dann erfolgreich und richtungweisend sein, wenn ihn
alle gemeinsam und konsequent in die gleiche Richtung gehen.

1.   Sparkasse Heilbronn: Marktführer in der Region

Die Sparkasse Heilbronn ist die große regionale Universalbank im Stadt- und Landkreis
Heilbronn, einer aufstrebenden und wirtschaftlich gesunden Region an der geographischen
„Grenze" zwischen Schwaben, Baden und Franken mit 450.000 Einwohnern. Die Sparkasse
hält bei Privatkunden seit Jahren einen hohen Marktanteil von über 40 Prozent. Sie führt für
ihre Kunden 240.000 Girokonten, fast 350.000 Sparkonten und betreut einschließlich Deka-
Bank-Depots knapp 50.000 Kundendepots. Mit EUR 7 Mrd. Bilanzsumme, fast 1.600 Mitarbeitern und rund 100 Filialen (einschließlich Selbstbedienungsfilialen) im Stadt- und Landkreis Heilbronn liegt sie auf Platz 17 im bundesdeutschen Sparkassen-Ranking. Sie ist eine
der leistungsfähigsten und ertragsreichsten deutschen Großsparkassen.

Unter dem Motto „Sparkasse 21 – unser gemeinsamer Weg in die Zukunft" hat das Institut in
der zweiten Hälfte der 90er Jahre eine moderne und zukunftsfähige, konsequent nach Kundengruppen ausgerichtete Vertriebsstruktur geschaffen. Das Haus ist durchgängig – vom
Vorstand bis zur einzelnen Filiale – nach den vier Hauptkundengruppen Privatkunden, Individualkunden, Gewerbekunden und Firmenkunden strukturiert. In den fünf Regionaldirektionen gibt es eine Doppelführung – jeweils ein Verantwortlicher für Privat- und Individualkunden sowie einer für das Firmen- und Gewerbegeschäft. Die klassische Allround-Filiale mit
umfassender Produkt- und Kundengruppenzuständigkeit gehört der Vergangenheit an. Sie
wurde abgelöst durch ein klar nach Kundengruppen gegliedertes Netz aus Privatkundenfilia-
len und so genannten Kompetenzzentren, Filialen mit Individualkundenbetreuung und Filialen mit Gewerbekundenbetreuung. Firmenkunden werden ausschließlich am Sitz der fünf
Regionaldirektionen betreut. Spezialisten in den Bereichen Immobilien, Wertpapiere, Vermögensmanagement und Ausland ergänzen das Betreuungskonzept und runden es zum Univer-
salbankangebot hin ab.

2.   Verändertes Markt- und Wettbewerbsumfeld

Das Markt- und Wettbewerbsumfeld der Sparkasse Heilbronn hat sich in den letzten Jahren stark verändert. Neue in- und ausländische Wettbewerber, vor allem Direktbanken und Strukturvertriebe versuchen massiv, Marktanteile aus unserem Kundenbestand zu gewinnen. Sinkende Zinsspannen und wachsender Kostendruck kennzeichnen die wirtschaftliche Situation der Kreditinstitute. Die Anforderungen im klassischen Privatkundengeschäft verändern sich: Das Preisbewusstsein unserer Kunden nimmt zu und Ansprüche an Qualität, Verfügbarkeit und Schnelligkeit wachsen – Bankentreue wird für viele zum Fremdwort. Steigende Selbstbedienungs- und Online-Quoten sowie die abnehmende Nachfrage nach personenbedingten Serviceleistungen führen zu einer tendenziell zurückgehenden Kundenfrequenz in den Filialen. Von diesen veränderten Wettbewerbsbedingungen sind insbesondere Flächenbanken wie die Sparkassen betroffen. Es geht also für die Sparkasse Heilbronn vor allem darum, aus dem „Teufelskreis" der Flächenbanken auszubrechen: Preiskritische Kunden verlassen Filialbanken; der Preiswettbewerb sowie hohe Fixkosten drücken auf die Margen. Die Rentabilität des Filialsystems sinkt, Kapazitätsanpassungen im Filialsystem werden nötig und die Kundennähe in Filialbanken geht verloren. Wer gewinnt dagegen die Marktanteile in der Fläche? Dies sind der Versicherungsaußendienst, freie Finanzmakler und Strukturvertriebe, die über eine 100-prozentige Vertriebskapazität und volle Flexibilität vor Ort verfügen.

Um unseren Unternehmenserfolg nachhaltig und langfristig zu sichern, mussten wir uns deshalb vorrangig dem Thema Vertriebsintensivierung widmen.

3.   Das Projekt „Vertriebssparkasse"

Mit unserer Führungsmannschaft haben wir im Rahmen unserer regelmäßigen Gesprächskreise zunächst die drei für uns wichtigsten strategischen Vertriebsthemen der nächsten fünf Jahre definiert: Neben der Kundenbindung bzw. dem Beziehungsmanagement waren dies die Intensivierung der Bestandskundenbeziehungen und bei weitem an erster Stelle die Steigerung der Vertriebskraft und dadurch auch der Erträge. In einem zweiten Schritt haben wir uns im Oktober 2004 intensiv mit dem Thema auseinandergesetzt, wie wir unsere Vertriebsergebnisse im Privat-, Individual- sowie im Firmen- und Gewerbekundengeschäft deutlich steigern können. Unser Haus ist zwar gut aufgestellt, ertragsstark und wir haben unsere Kosten im Griff. Allerdings wurde in der Vergangenheit unserer Meinung nach das Vertriebspotenzial, das in unserer Sparkasse steckt, noch nicht ausreichend genutzt. Deshalb haben wir das Projekt „Vertriebssparkasse" auf den Weg gebracht, das uns auf den Weg zu noch mehr Kundennähe bringt. Ein Projektteam hat Vertriebs- und Führungsprozesse für die einzelne Kundengruppen, die ganzheitliche Betreuung unserer Kunden und die Verbesserung der Zusammenarbeit zwischen Betriebs- bzw. Stabsbereichen und dem Markt erarbeitet. Fünf Arbeitsgruppen erstellten die unterschiedlichen Prozesse in einem Basisworkshop. Die einzelnen Teilnehmer in diesen Arbeitsgruppen erprobten dann diese Ergebnisse und nahmen sie in zwei folgende Workshops mit, um für den entsprechenden Feinschliff zu sorgen. Dabei haben sie das sprichwörtliche Rad nicht neu erfunden, sondern Bewährtes und neue Erkenntnisse und Erfahrungen zu einer sehr Erfolg versprechenden Strategie zusammengeführt.

Unsere Ziele stellten sich nach Abschluss des vorbereitenden Projektes folgendermaßen dar:

■ Für die jeweiligen Kundengruppen besteht ein einheitlicher Vertriebs- und Führungsprozess in der Sparkasse Heilbronn.

■ Alle Mitarbeiter im Vertrieb kennen die einzelnen Vertriebsprozessschritte und sind in der Lage, diese erfolgreich umzusetzen.

■ Wir haben einen strukturierten Führungsprozess im Vertrieb etabliert, der es den Führungskräften ermöglicht, alle Mitarbeiter nach deren individuellen Stärken und Schwächen noch besser als bisher zu führen.

■ Den begleiteten Mitarbeitern gelingt es, strukturierter im Vertrieb vorzugehen und das Kundenpotenzial optimal auszuschöpfen.

■ Die Vertriebsleistung und damit das Vertriebsergebnis ist deutlich und messbar gestiegen.

■ Die Führungskräfte sind in der Lage, ihre Mitarbeiter noch zielgerichteter zu coachen, um dadurch die Ertragsteigerung für unsere Sparkasse nachhaltig zu verbessern.

■ Führungskräfte und Mitarbeiter der Stabs-, Betriebs- und Marktfolgebereiche unterstützen den Vertrieb aktiv und kundenorientiert.

4.   Standardisierung von Vertriebs- und Führungsprozessen

Wichtige Erfolgsfaktoren vertriebsstarker Banken sind unter anderem die Prozesse. Auch bei unserer Sparkasse war eine Veränderung von Prozessen und Abläufen unerlässlich, denn, um es mit einem Zitat von Albert Einstein auszudrücken, *„Es ist verrückt, die Dinge immer gleich zu machen, und dabei auf andere Ergebnisse zu hoffen"*. Alle wesentlichen Informationen, die für den Führungs- und/oder Vertriebsprozess wichtig sind, stellen wir in einem kleinen Handbuch für Mitarbeiter und Führungskräfte im Vertrieb zur Verfügung. Diese Dokumentation mit dem Titel „Wo ist Norden?[1] Mein Erfolgsplan im Vertrieb." wurde in den fünf Arbeitsgruppen eigenständig erstellt und liefert einen umfassenden Überblick zu allen Prozessen. Sie soll Hilfestellungen geben, Ideenspeicher sein und unterstützen, den Prozess für den einzelnen Mitarbeiter und damit für die Sparkasse erfolgreich umzusetzen.

Wir hätten es einfach Mitarbeiter-Handbuch im Vertrieb nennen können. Gemessen an der Bedeutung unserer neuen Vertriebsprozesse erschien uns dieser nüchterne Titel jedoch nicht ausreichend. Eine Arbeitsgruppe hatte die „zündende" Idee. „Wo ist Norden" – abgekürzt „WIN". WIN steht dabei für die gemeinsame Ausrichtung aller Kräfte auf den Markt, aber auch als Synonym für Erfolg, Gewinn(en), sich behaupten. Dies gilt für alle Beteiligten – Führungskraft, Mitarbeiter, Kunde – gleichermaßen. Als Standard für alle Mitarbeiter im Vertrieb enthält WIN alle Vertriebs- und Führungsprozesse in kompakter Form als Nachschlagewerk und Arbeitsgrundlage für die tägliche Praxis. Darüber hinaus sind weitere interessante Unterlagen, zum Beispiel die Unternehmensleitlinien der Sparkasse Heilbronn, enthalten. Das WIN dient als Grundlage für alle Gespräche, die zwischen Führungskräften und Mitarbeitern stattfinden. Die dargestellten Prozesse sind verbindlich, Führungskräfte und Mitarbeiter können und müssen sich darauf berufen. WIN soll helfen, dass die grundlegenden Strukturen nie verloren gehen und dient daher sowohl im Führungs- als auch im Vertriebsprozess zur Vorbereitung, Hilfestellung und Reflektion von Führungs- und Beratungsgesprächen. Wir haben WIN bewusst als Ringbuch gestaltet. Es ist Ideenspeicher und Sammelwerk für persönliche Ergänzungen, Informationen oder interessante Presseartikel.

In der Mitarbeiterzeitschrift „Kontaktlinse" hat das Thema „Vertriebssparkasse" seinen festen Platz. In jeder Ausgabe gibt es eine so genannte WIN-Story. Bei der WIN-Story wird präsentiert, was Mitarbeiter im WIN-Prozess erfolgreich gemacht haben, wo sie Ideen weiterentwickelt haben und welche neuen Ideen entstanden sind. Die Leser unserer Mitarbeiterzeitschrift können davon profitieren, wenn sie sich mit diesen Ideen identifizieren, wenn sie Lust haben, diese Ideen auszuprobieren oder sie mit ihren Teams weiterzuentwickeln. Die WIN-Story ist auch immer zum Einheften für das WIN-Handbuch gedacht.

4.1   Systematischer Vertriebsprozess

Die systematischen Vertriebsprozesse für Privatkunden, Individualkunden sowie Firmen- und Gewerbekunden sind identisch wie in Abbildung 1 dargestellt.

---

[1] Siehe Exkurs „Wo ist Norden".

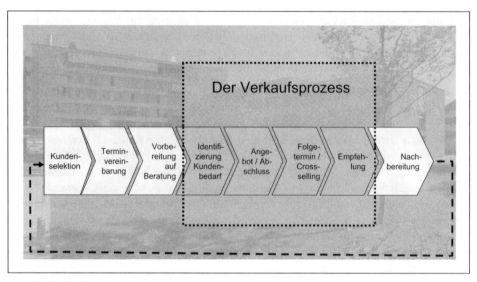

Quelle: Sparkasse Heilbronn.
Abbildung 1: *Der Vertriebsprozess*

An erster Stelle steht die Kundenselektion. Durch eine gezielte Kundenauswahl kann der Berater den Vertriebserfolg konkret planen und steuern. Danach folgt die Terminvereinbarung. Durch eine gut vorbereitete Kontaktaufnahme zum Kunden gelingt es, nicht nur mehr, sondern auch Erfolg versprechende Termine zu generieren. Eine gute Vorbereitung sichert darüber hinaus den Erfolg des Kundengesprächs. Mit der Vorstellung des ganzheitlichen Beratungsansatzes vermitteln die Berater dem Kunden unsere Kompetenz. So wird er für das Beratungsthema sensibilisiert und die Bereitschaft für ein Gespräch anhand des Sparkassen-Finanz-Checks erhöht. Der Finanz-Check bei Privatkunden und die Finanzanalyse bei Individualkunden sind zentrale Bausteine der Vertriebssparkasse. Beide Beratungsbogen stellen das Leistungsspektrum der Sparkasse Heilbronn vor, ermitteln den Primär-, aber auch den Sekundärbedarf des Kunden und fragen alle erforderlichen Informationen für eine individuelle Finanz- und Vermögensplanung ab. Nach der Bedarfsermittlung folgt dann ein Angebot bzw. der Abschluss und die Vereinbarung eines Folgetermins, um weitere Bedarfe des Kunden abdecken zu können. Nicht zu vergessen ist das Empfehlungsgeschäft. Der Berater hat dabei zwei Optionen. Entweder er gibt dem Kunden zwei Visitenkarten mit und bittet um die Weitergabe bzw. die Empfehlung oder er fragt nach einer konkreten Kundenadresse. Eine hohe Qualität der weichen Kundendaten wird mit der vollständigen Dokumentation des Kundengesprächs erreicht – auch der effektivste Weg, Folgetermine bestmöglich vorzubereiten. Das ist die Basis für weitere Abschlüsse und eine Festigung der Kundenbeziehung. Ganz nach dem Motto von Sepp Herberger *„Nach dem Spiel ist vor dem Spiel."*

4.2 Systematischer Führungsprozess

Beim systematischen Führungsprozess Privat- und Individualkunden (siehe Abbildung 2) werden zunächst die Jahresziele für die Berater bzw. die Teams festgelegt.

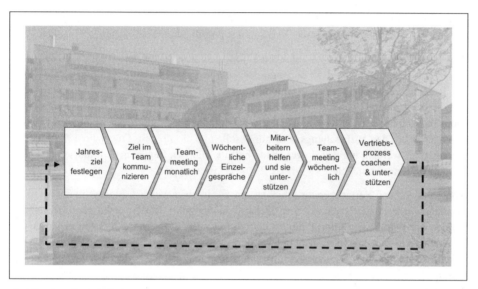

Quelle: Sparkasse Heilbronn.
Abbildung 2: *Der Führungsprozess*

Durch die Analyse und Bewertung der Vertriebsergebnisse des Vorjahres erkennt die Führungskraft Stärken, Verbesserungsmöglichkeiten und nicht ausgeschöpfte Potenziale. Eine überzeugende Vorstellung der Vertriebsziele und Maßnahmen im Team hat Einfluss auf die Identifikation der Ziele durch die Mitarbeiter. In monatlichen Teammeetings können Ziele und Maßnahmen im Team, auch mit den Auszubildenden, besprochen und auch weitere Möglichkeiten zur Zielerreichung erarbeitet werden. Gleichzeitig besteht die Gelegenheit, Auskunft über die wichtigen Themen der Sparkasse Heilbronn zu geben. Bei den wöchentlichen Einzelgesprächen kann die Führungskraft im persönlichen Gespräch mit dem Mitarbeiter wöchentliche Vertriebsschwerpunkte und Ziele vereinbaren – und gibt dadurch Orientierung im täglichen Vertrieb. Um dem Mitarbeiter zu helfen und ihn zu unterstützen (coachen) überprüft die Führungskraft halbjährlich die Veränderungen ihrer Mitarbeiter in den einzelnen Prozessschritten und unterstützt ihre Ideen zur Zielerreichung mit der Erfolgsfaktorenanalyse. Das Team – mit den Auszubildenden – wird wöchentlich über die aktuelle Zielerreichung informiert.

4.3   Zielgerichtete Personalentwicklung der Mitarbeiter

Maßnahmen zur Zielerreichung sind Inhalt von Schulungen. Diese Schulungen sollen unterstützen, konkrete Hilfestellungen geben und mit „Training am Arbeitsplatz" vernetzt werden. Damit erlangen die Mitarbeiter für ihre tägliche Praxis im Vertrieb und in der Führung eine strukturierte und konkrete Unterstützung, die ihnen hilft, in ihrer Aufgabe erfolgreicher zu werden. Ganzheitliches Beraten und Verkaufen soll schließlich noch mehr Spaß machen.

Alle Führungskräfte im Vertrieb erhielten ein zweitägiges Vertriebsprozesstraining und wurden in einem weiteren Tag dazu befähigt, den Führungsprozess erfolgreich umzusetzen. Dieses Training wurde durch einen externen Trainer durchgeführt. Nach einer Praxisphase wurden die gewonnenen Erkenntnisse der Führungskräfte in zwei eintägigen Auffrischungsworkshops ausgetauscht. Diese zwei weiteren Module wurden durch einen internen Trainer durchgeführt. Die Auffrischungsworkshops sollen auch in den Folgejahren verbindlich durchgeführt werden, um den Prozess dauerhaft ins Haus zu tragen, neue Impulse aufzugreifen und weiterzuentwickeln.

Alle Kunden- und Serviceberater erhielten ein zweitägiges Vertriebsprozesstraining. Dieses Training wurde ebenfalls von externen Trainern durchgeführt. Bei der praktischen Umsetzung wurden die Berater von ihren Führungskräften begleitet. Zwischen den Beratern wurde ein kontinuierlich stattfindender Austausch initiiert. Nach einer Praxisphase wurden die gewonnenen Erkenntnisse der Berater ebenfalls in einem eintägigen Auffrischungsworkshop ausgetauscht. Dieses zweite Modul wurde für den Privatkundenbereich durch die internen Trainer der Abteilung Personalentwicklung durchgeführt, für die Bereiche Individualkunden, Firmen- und Gewerbekunden zunächst durch externe Trainer.

In allen Schulungen anwesend waren auch Kolleginnen und Kollegen aus den Stabs- und Betriebsbereichen, die als Multiplikatoren die erhaltenen Informationen und gewonnenen Erkenntnisse in ihre Bereiche trugen.

Sowohl im Führungsprozess als auch im Vertriebsprozess ist vorgesehen, neben den Auffrischungsworkshops laufende Schulungen für neue Mitarbeiter, Auszubildende und Mitarbeiter, die aus Stabs- oder Betriebsbereichen in den Markt wechseln, als verpflichtende Personalentwicklungsmaßnahme durchzuführen. Denn das Denken und Handeln mit absoluter Kundenorientierung wird zu unserer Daueraufgabe werden müssen.

5. Verbesserung der Zusammenarbeit zwischen Betriebs- bzw. Stabsbereichen und dem Markt

Unser Weg zu noch mehr Kundennähe betrifft jedoch nicht nur den Vertrieb, sondern unsere gesamte Sparkasse. Dass sich alle Mitarbeiterinnen und Mitarbeiter in Stab, Betrieb und Vertrieb auf den Markt und unsere Kunden einstellen, ist Voraussetzung für die erfolgreiche Umsetzung unserer neuen Vertriebsprozesse. Alle Stabs- und Betriebsbereiche haben verbindliche Serviceziele formuliert, die unsere direkt im Kundenkontakt tätigen Kollegen nachhaltig unterstützen. Jedem soll in seiner täglichen Arbeit bewusst sein, dass hinter jeder Tätigkeit, die wir erbringen, ein interner oder externer Kunde steht. Das Servicebewusstsein hat enorm hohe Bedeutung, trägt es doch dazu bei, unsere Sparkasse im täglichen Wettbewerb zu stärken und letztendlich erfolgreicher zu machen.

Allgemeine Serviceziele definieren, dass in allen Bereichen eine telefonische Erreichbarkeit von 8.30 bis 18.00 Uhr sichergestellt ist – die einzelnen Filialen sind generell von 9.00 bis 12.30 Uhr und von 14.00 bis 17.30 Uhr, donnerstags bis 18.00 Uhr geöffnet. Die Aussage „Ich bin nicht zuständig" wird ersetzt durch die Frage „Wie kann ich Ihnen helfen?". Auch die Formulierung „Ich leite weiter" wird nicht mehr verwendet. Stattdessen antworten wir am Telefon „Ich veranlasse einen Rückruf innerhalb der nächsten 15 Minuten." Die von den einzelnen Stabs- und Betriebsbereichen formulierten Serviceziele lauten z. B. „Wir optimieren die Vertriebsorientierung bei der Gewinnung von Auszubildenden" im Bereich Personal, „Vertriebsreports versenden wir bis zum 20. eines Folgemonats" im Bereich Rechnungswesen und Controlling, „Bei technischen Ausfällen geben wir den Anwendern innerhalb einer Stunde eine konkrete Aussage über die Ursache der Störung und Wiederherstellung der Funktionsfähigkeit" im Bereich Organisation oder kürzere Durchlaufzeiten, schnellere Zusageerteilung und schnellere Genehmigung im Bereich Kredit. Die ServiceLine Outbound, die unsere Kunden aktiv telefonisch anspricht, sichert über ihre Serviceversprechen den Beratern die Terminvereinbarung von 15 Adressen pro Woche zu. Jeder Mitarbeiter erhielt die „Serviceversprechen Stab und Betrieb" in Form eines Flyers für das WIN-Handbuch – ebenso waren diese Thema bei den einzelnen Mitarbeiterbesprechungen.

6. Erste Ergebnisse der neuen Vertriebsphilosophie

Wir haben uns auf den Weg gemacht, auf den Weg nach Norden. Ein Weg, der neue Erfahrungen bringt, der neue Perspektiven aufzeigt und auf dem sich neue Ideen entwickeln. Im Umgang mit Veränderungen reagieren Menschen aber immer sehr unterschiedlich. Wie auch in anderen Situationen treffen wir in unserer Sparkasse Kolleginnen und Kollegen an, die unseren neuen Weg zur Vertriebssparkasse voller Begeisterung mitgehen, die kreativ sind, die weitere Ideen haben. Andere benötigen Hilfestellung, setzen sich mit dem Neuen auseinander, erkennen dann ihren Nutzen und gehen den neuen Weg mit. Und – das soll auch nicht verschwiegen werden – ab und zu treffen wir auch Mitarbeiter an, die den neuen Weg nicht mitgehen wollen oder können.

Was tun? Mit der Einführung ganzheitlicher Beratungsansätze haben wir in der Vergangenheit die Erfahrung gemacht, dass nach einer anfänglichen Euphorie schnell der Alltagstrott einkehrte und das Neue sich wieder verlor. Und da Mitarbeiter das wichtigste Kapital unseres Unternehmens sind, wollen wir auch in sie investieren. Wir haben – zunächst auf drei Jahre angelegt – unsere Vertriebstrainerstellen von 2,5 auf 5,5 ausgebaut. Schwerpunktmäßig betreuen die Trainer, unterschieden nach Kundensegmenten, die Führungskräfte und Kundenberater durch Coaching und Training am Arbeitsplatz. Das Zusammenarbeiten der Trainer mit unseren beiden vertriebsunterstützenden Bereichen – Vertriebsmanagement Privat- und Individualkunden sowie Firmen- und Gewerbekunden – ist dabei ein wichtiges Netzwerk. So waren die ersten intensiven Unterstützungen bei Vertriebskampagnen ein großer Erfolg.

Coaching und Training werden in Intervallen durchgeführt, um dauerhaft und erfolgsorientiert begleiten zu können. Im Durchschnitt setzen wir pro Führungskraft und Berater zwei Tage pro Jahr – verteilt auf vier halbtägige Sequenzen. Priorität eins haben dabei die Kolleginnen und Kollegen, die aus dem Nachwuchspool kommen, große Potenziale haben, die sie aber noch besser abrufen müssen. Nach spätestens drei Jahren sollen die geschulten und trainierten Prozesse im Handeln und Tun unserer Mitarbeiter verankert sein.

Erste Erfolge können sich sehen lassen: Wir erhalten deutlich mehr Informationen über unsere Kunden und haben damit dauerhaft viel mehr Möglichkeiten der aktiven Ansprache. Durch gezielte Ansprache erhalten wir fällige Fremdanlagen und stellen im Servicebereich durch geschicktes Überleiten und Erkennen von Beratungsbedarf eine höhere Motivation fest. Die Kunden erkennen den Nutzen für sich; erste aktive Weiterempfehlungen machen sich bemerkbar und das Cross Selling gewinnt eine höhere Bedeutung. Vertriebseinheiten, die den Nutzen schnell erkannt und umgesetzt haben, erreichen ihre Ziele schneller und haben Lust am Erfolg. Für die bislang nicht berücksichtigten Mitarbeiterinnen und Mitarbeiter in den Immobilien-Centern wurde ebenfalls ein Vertriebsprozess definiert – hier bestand bereits ein strukturierter Führungsprozess. Die Mitarbeiter werden deutlich strukturierter und intensiver geführt, Wertschätzung und Motivation nehmen zu. Es gibt einen durchgängigen Kommunikationsprozess vom Vorstand bis zum Mitarbeiter über alle Hierarchien hinweg.

Nicht zuletzt wird die Personalentwicklung gezielter vorgenommen. Uns ist bewusst, dass wir dennoch erst am Anfang des Prozesses stehen und dass es ein langer Weg ist, noch erfolgreicher als bisher zu werden. Wir sind aber sicher, dass es der richtige Weg ist. Nur so können wir es schaffen, langfristig am Markt zu bestehen. Für unsere Kunden und unsere Region.

7. Exkurs: Die Geschichte von „Wo ist Norden"

Wenn Sie heute jemand fragt „Wo ist Norden", dann werden Sie in etwa wissen, welche Richtung Sie ihm anzeigen. Sie haben dafür verschiedene Anhaltspunkte, häufig machen Sie es an der auf- oder untergehenden Sonne fest. Perfektionistische Menschen tragen Ihren persönlichen Kompass bei sich und können es ganz genau sagen. Stellen Sie sich jetzt vor, was es bedeutet, wenn mehrere Personen blind zeigen sollen, wo Norden ist. Jeder hat so ungefähr eine Richtung, aber die Abweichungen sind teilweise erheblich. Wichtig ist aber für denjenigen, der nicht weiß, wo Norden ist, dass ihm alle mit der gleichen Ausrichtung den Weg zeigen. Sonst wird der Fragende daran verzweifeln, wohin er denn jetzt gehen muss. Mit diesem kleinen Beispiel haben wir unsere Mitarbeiter an unser Projekt „Vertriebssparkasse" herangeführt. Denn genauso verhält es sich mit der Ausrichtung unserer Sparkasse. Wichtig ist, dass alle, wirklich alle Mitarbeiter die Richtung kennen, in die sie gehen müssen, um die Sparkasse noch erfolgreicher als bisher voran zu bringen. Jeder Einzelne geht eine vorgegebene Richtung nach Norden auf seine eigene Art und Weise, mit seiner Schrittfrequenz und seiner Blickrichtung. Aber der Weg ist identisch. Es ist der Weg zum Kunden. Und für die Führungskräfte ist es der Weg zum Mitarbeiter. Auf diesem Weg geht Ihnen der Kunde nicht mehr verloren. Wenn er von X nach Y wechselt, wenn er vom Privatkunden zum Individualkunden wird oder es andere Veränderungen gibt, die Strukturen bleiben die gleichen, der Weg nach Norden ändert sich nicht. Der Kunde erlebt grundsätzlich den gleichen Beratungsprozess wie an einer anderen Stelle.

Bedarfsansatz versus Produktverkauf: Was sagen die Praktiker?

Markus Ott

1.   Die Fragen

Die bedarfsorientierte Beratung ist in aller Munde. Die Internet-Suchmaschine Google liefert in Sekundenbruchteilen rund 23.900 Suchergebnisse zu den Stichworten „Bedarfsorientierte Beratung + Bank". Eine stichprobenartige Überprüfung zeigt, dass es sich auch tatsächlich um relevante Einträge handelt (eine vollständige Überprüfung war aus wohl verständlichen Gründen nicht möglich). Auch die Fachliteratur ist voll von Artikeln und Beiträgen, die den Bedarfsansatz propagieren und gleichzeitig den Produktverkauf in Frage stellen. Einige Beiträge geben praktische Erfahrungen einzelner Banken und Experten wieder, viele aber behandeln das Thema auf einer eher theoretischen Basis.

Ex-US-Präsident Jimmy Carter meinte einmal in einem launigen Kommentar, dass *„die Theorie eine Vermutung mit Hochschulbildung sei".* Auch wenn man dem Wesen von Theorien nicht so skeptisch gegenüberstehen mag – viele von ihnen haben ihre Berechtigung – so lohnt es sich doch, die Praktiker zu Wort kommen zu lassen. Was denken jene Menschen, die in den Banken für den Geschäftserfolg verantwortlich sind über Produktverkauf und Bedarfsansatz? Was wird wie in der Praxis gelebt?

Der Autor dieses Beitrags hat Antworten auf diese Fragen gesucht und Geschäftsleiter und Führungskräfte von zehn besonders vertriebsstarken Raiffeisenbanken aus allen Bundesländern Österreichs vertraulich befragt. Darunter sind insbesondere solche Banken, die bei landes- oder bundesweiten Verkaufswettbewerben prämiert wurden. Natürlich kann eine Befragung von zehn Experten eines Bankensektors keinen Anspruch auf statistische Repräsentativität erheben. Dennoch ergibt sich ein abgerundetes Bild, dass mit einer gewissen Wahrscheinlichkeit auch das Meinungsspektrum insgesamt wiedergeben dürfte. Hier die Fragen, die der Autor dieses Beitrags den Bankmanagern gestellt hat:

- *Welche grundsätzliche Vertriebsphilosophie hat Ihre Bank: Wird eher/überwiegend der Ansatz der bedarfsorientierten Beratung praktiziert oder eher/überwiegend ein Ansatz, der den Produktverkauf in den Vordergrund stellt?*

- *Was sind aus Ihrer Sicht die Vorteile und Nachteile der bedarfsorientierten Beratung?*

- *Und die Vorteile und Nachteile des Produktverkaufs?*

- *Es gibt die Meinung, dass bei Anwendung des Bedarfsansatzes der Verkauf zu kurz kommt und die Produktion tendenziell zurückgeht. Schließen Sie sich dieser Meinung eher an oder schließen Sie sich dieser Meinung eher nicht an?*

- *Es gibt weiters die Meinung, dass die Anwendung des Bedarfsansatzes bei Kunden mit hohem Produktbesitz bzw. Potenzial zielführend ist ("A- und B-Kunden", PK+), bei anderen Kunden ("C-Kunden") der Produktverkauf aber zielführender sei. Wie ist da Ihre Meinung?*

■ *Manche meinen auch, dass für die erfolgbringende Anwendung des Bedarfsansatzes die Qualifikation der Mitarbeiterinnen und Mitarbeiter auszubauen wäre, sowohl was das Fachwissen anbelangt, als auch die Verkaufstechnik. Wie sehen Sie das?*

■ *Was ist aus Ihrer persönlichen Sicht ein ideales Vertriebsmodell für die Raiffeisenbanken? Wo bzw. in welchem Ausmaß sollte ein Bedarfsansatz angewendet werden, wo in welchem Ausmaß Produktverkauf? Bitte skizzieren Sie kurz Ihr persönliches Idealmodell, unabhängig davon, was in Ihrer Bank derzeit praktiziert wird.*

2. Die Antworten

2.1 Aktuelle Vertriebsphilosophie in der Bank

Frage: Welche grundsätzliche Vertriebsphilosophie hat Ihre Bank: Wird eher/überwiegend der Ansatz der bedarfsorientierten Beratung praktiziert oder eher/überwiegend ein Ansatz, der den Produktverkauf in den Vordergrund stellt?

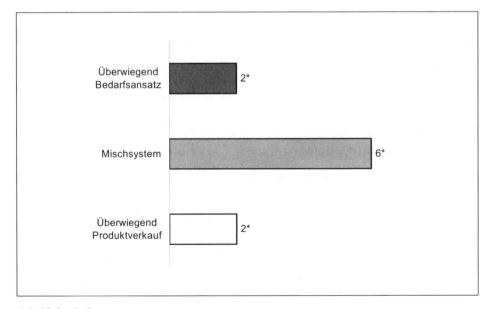

* Zahl der Befragten

Der Status quo: Die Mehrheit der Banken praktiziert ein Mischsystem aus Bedarfsansatz und Produktverkauf.

■ Häufig besteht die Mischung darin, dass A- und B-Kunden bzw. PK+ Kunden (angenommenes überdurchschnittliches Einkommen/Vermögen) bedarfsorientiert beraten werden, während der C-Kunden-Markt mittels Produktverkauf bearbeitet wird. Diese Strukturierung wirkt auf den ersten Blick nachvollziehbar und logisch, hat aber auch Schattenseiten (siehe auch 2.4).

■ Es gibt aber auch alternative Mischsysteme: Eine der befragten Banken integriert Produktkampagnen in eine bedarfsorientierte Kundenbetreuung. Im Beratungsgespräch wird vordergründig das Aktionsprodukt angeboten. Im Gesprächsverlauf kommen aber auch weitere Produkte aufs Tapet, die zur Lebenssituation des Kunden passen. Fazit: Das Aktionsprodukt dient als Aufhänger und Anspracheanlass. Der tatsächliche Verkauf orientiert sich aber am Bedarf des Kunden.

■ Eine der befragten Banken stellt die Fähigkeiten des Beraters in den Mittelpunkt und richtet sich danach aus. Beim ersten Hinhören wirkt dieser Zugang erstaunlich, dahinter steckt aber eine durchdachte Strategie: „Der Kunde würde grundsätzlich immer eine bedarfsorientierte Beratung wünschen. Viele Berater, vor allem die jungen, brauchen aber den Produktverkauf, um z. B. zum ersten Mal *Wertpapier-Luft* zu schnuppern", so der befragte Bankmanager. Fazit: Erfahrene Mitarbeiter beraten überwiegend bedarfsorientiert, junge bzw. weniger erfahrene Berater arbeiten vor allem im Rahmen von Produktkampagnen.

Dem Team-Gedanken kommt damit eine immer größere Bedeutung zu: Der für den jeweiligen Fachbereich kompetenteste Berater muss zum Kunden. Erfahrenere Berater müssen ihr Wissen mit jüngeren Kollegen teilen. Es ist leicht vorstellbar, dass dies nicht überall eine Selbstverständlichkeit ist.

Während sich die Mehrheit explizit zu Mischsystemen bekennt, meinen zwei der zehn Banken, dass sie überwiegend nach dem Bedarfsansatz arbeiten. Dabei gibt es folgende, mehr oder weniger gewollte, Einschränkungen:

■ Teilbedarfsansatz: Die Beratungsgespräche beziehen sich meist auf ein oder mehrere spezifische Bedarfsfelder (Geld anlegen, Vorsorge, Kaufwünsche erfüllen, ...).

■ Produktset: Dem Kunden werden nicht alle prinzipiell verfügbaren Produkte angeboten, sondern nur ausgewählte, die aus Sicht der Bank zurzeit besonders empfehlenswert sind (Standard-Produkte). Andere Produkte werden nur auf Wunsch und Initiative des Kunden angeboten.

■ Und: Gegen Jahresende werden immer wieder einzelne Produkte forciert, nämlich solche, wo die jeweiligen Verkaufsziele noch nicht erreicht wurden. Dann sei, so einer der Befragten ironisch, gerade dieses Produkt für den Kunden das Beste.

2.2   Vor- und Nachteile beider Modelle

Fragen: Was sind aus Ihrer Sicht die Vorteile und Nachteile der bedarfsorientierten Beratung? Und die Vorteile und Nachteile des Produktverkaufs?

	Vorteile	**Nachteile**
Bedarfsansatz	■ Kundenorientierung ■ Kundenbindung ■ Cross Selling Chancen ■ Langfristiger Erfolg	■ Zeit-, arbeits-, kostenintensiv ■ Weniger Verkaufsdruck ■ Geringere Vertriebs-Effizienz ■ Hohe Qualitätsanforderungen
Produktverkauf	■ Verkaufsdruck ■ Motivation/Aktivierung Mitarbeiter ■ Messbarkeit ■ Kurzfristige Wirkung	■ Geringere Kundenzufriedenheit ■ Geringere Kundenbindung ■ Geringere Cross Selling-Chancen ■ Wenig nachhaltig

Die Vor- und Nachteile auf einen simplen Nenner gebracht: Der Produktverkauf bringt schnelles Geld, schafft aber kein langfristiges Erfolgspotenzial. Der Bedarfsansatz verlangt Investitionen und Geduld, schafft aber eine langfristig gewinnbringende Basis. Vorschnelle Schlussfolgerungen sind aber oft trügerisch, weshalb dazu einige differenzierende Bemerkungen angebracht sind, die sich wiederum auf Aussagen der Befragten stützen:

■ Die langfristige Perspektive des Bedarfsansatzes – die grundsätzlich zu begrüßen ist – birgt die Gefahr in sich, das immer und immer wieder auf die Zukunft vertröstet wird. Das Ausbleiben kurzfristiger Erfolge kann mit der langfristigen Orientierung des Konzepts jederzeit argumentiert werden. Einer der Befragten monierte deshalb, dass die Erfolge des Bedarfsansatzes „schon erlebbar" sein müssten.

■ Eine differenzierte Sicht des Produktverkaufs ergibt sich wiederum, wenn man diesen unter dem Aspekt der Personalentwicklung sieht: Junge Mitarbeiter können – so ein Befragter – realistischerweise keine bedarfsorientierte Beratung praktizieren, ihnen fehlt die Erfahrung. Sie können sich aber durch Produktaktionen entwickeln und so Stück für Stück die Kompetenz zu einer umfassenden Beratung aufbauen. Zitat: „Beratung will gelernt sein." Ein weiterer mitarbeiterbezogener Vorteil des Produktverkaufs sei, dass durch Aktionen und Produktkampagnen Leerläufe beim Vertrieb vermieden werden und dieser "nicht aus der Übung" komme.

- Der Bedarfsansatz setzt stark auf Vertrauen, insbesondere auch als Basis für die Kundenbindung. Die Kundenbindung kann aber auch faktisch, über den Besitz vieler Produkte erzielt werden. Diese Methode klingt zwar etwas brachial, könnte aber ebenso effektvoll sein.

- Das Für und Wider zu Bedarfsansatz bzw. Produktverkauf stellt sich oft auch als Gewissenskonflikt dar. Einer der Befragten, der an sich stark zum Bedarfsansatz tendiert, meinte dazu mit Selbstironie, dass er sich und seine Bank oft als „Weißer Ritter" im Dienste des Kunden sehe, bis er plötzlich wieder an die Produktionszahlen denken würde. Dann sei einem oft das Hemd näher als der Rock und der Verkaufsgedanke tritt wieder in den Vordergrund.

2.3   Rückgang der Produktion durch Anwendung des Bedarfsansatzes?

Frage: Es gibt die Meinung, dass bei Anwendung des Bedarfsansatzes der Verkauf zu kurz kommt und die Produktion tendenziell zurückgeht. Schließen Sie sich dieser Meinung eher an oder schließen Sie sich dieser Meinung eher nicht an?

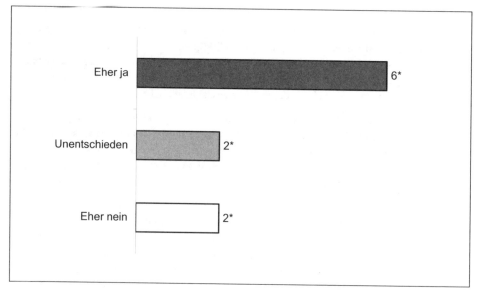

* Zahl der Befragten

Eine Mehrheit sieht die Gefahr, dass bei Anwendung des Bedarfsansatzes die Produktion kurzfristig zurückgeht. Wie schon angesprochen, gilt der Produktverkauf nach wie vor als relativ sicherer Weg, kurzfristig die Absatzzahlen nach oben zu drücken. Auch wenn man davon ausgeht, dass der Bedarfsansatz mit einer gewissen Vorlaufzeit ebenso zum Erfolg führt, kann ein kurzfristiger Aussetzer bei den Produktionszahlen zum Problem werden. Zitat: „Wer hält das hausintern schon aus, wenn die Absätze ein, zwei Jahre kontinuierlich bergab gehen?"

Ein wesentlicher Vorteil des Produktverkaufs sei, da sind sich die meisten Befragten einig, dass die Motivation der Mitarbeiter über Abschlussziele relativ einfach ist und nach wie vor gut funktioniert. Beim Bedarfsansatz müssen daher analoge Mechanismen geschaffen werden, die in der Bank die Verkaufsstimmung fördern. Hier meinen die Befürworter, dass der Bedarfsansatz ebenso gut inszenierbar sei, z. B. durch Beratungsschwerpunkte. Dies ließe sich allerdings im Rahmen eines Teilbedarfsansatzes leichter realisieren, da die Ansprache über ein bestimmtes Thema und Bedarfsfeld erfolgen kann (Wohnen, Kaufwünsche erfüllen usw.).

Ziel des Bedarfsansatzes müsse auch sein, dass beim Kunden der "Hunger nach mehr Beratung" geweckt wird. Dafür stehen die Chancen insofern gut, als die meisten Kunden von den Beratungsgesprächen angenehm überrascht seien. Denn Gespräche dieser Art würden von Banken nicht erwartet und hinterlassen oft einen positiven „Aha-Effekt". Allerdings: Viele Kunden würden von sich aus nach Produkten fragen und selbst nicht in bedarfsorientierten Kategorien denken. Der Bedarfsansatz erfordert also nicht nur einen Wandel in der Bank, sondern auch beim Kunden.

Fazit: Es wäre verkürzt zu sagen, dass der Bedarfsansatz den Verkaufserfolg mindert. Im Gegenteil: Wenn alle Rahmenbedingungen stimmen (Einstellung der Berater, Qualifikation, technische Voraussetzungen usw.), bietet der Bedarfsansatz gute Chancen für Cross Selling und Mehrverkauf. Der springende Punkt liegt allerdings im Wörtchen "wenn". Wenn diese Rahmenbedingungen nicht stimmen, und das dürfte in der Praxis zumindest teilweise der Fall sein, dann kann es zu Einbußen bei den Verkaufszahlen kommen.

2.4 Segmentspezifischer Einsatz von Bedarfsansatz und Produktverkauf

Frage: Es gibt weiters die Meinung, dass die Anwendung des Bedarfsansatzes bei Kunden mit hohem Produktbesitz bzw. Potenzial zielführend ist ("A- und B-Kunden", PK+), bei anderen Kunden ("C-Kunden") der Produktverkauf aber zielführender sei. Wie ist da Ihre Meinung?

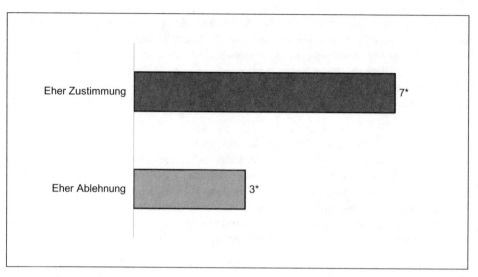

Zahl der Befragten

Eine klare Mehrheit stimmt dieser Strategie zu, häufig wird sie in der Bank auch bereits praktiziert. Jene Befragten, die sie eher ablehnen, meinen, dass eine "Zweiklassen-Gesellschaft" unter den Kunden geschaffen würde. Sie vertreten diese Meinung vor allem, da die Zuordnung zu Kundensegmenten wie A, B und C Risken in sich birgt:

■ Gegenwartsbezogen: Die Zuordnung erfolgt üblicherweise anhand von *angenommenen* Einkommens- und Vermögenswerten. Die Praxis zeigt, dass es hier nicht selten zu Überraschungen kommt und sich so mancher C-Kunde unvermutet als High Potenzial erweist. Die Hoffnung, dass in einem dezentral organisierten Bankensektor diese Fehler der Datenanalyse durch umso bessere Lokalkenntnisse wettgemacht werden, entspricht häufig nicht mehr der Realität.

■ Zukunftsbezogen: Die Einkommens- und Vermögenssituation von Kunden entwickelt sich, insbesondere bei jüngeren Menschen. Die meisten Menschen beginnen als C-Kunden, entwickeln sich aber nach abgeschlossener Ausbildung oder den ersten Karrierestufen weiter. Hier besteht die Befürchtung, dass diese Kunden abwanderungsgefährdet sind, wenn sie durch eine "zweitklassige Beratung" latent unzufrieden sind. Eine besondere Gefahr aus Sicht der Banken ginge hier von den Strukturvertrieben aus, zu denen gerade diese Zielgruppen eine hohe Affinität hätten.

Die Befürworter der Segmentierungs-Strategie stellen diese Probleme gar nicht in Abrede. Sie sehen sich aber zu einer solchen Vorgangsweise gezwungen, da die Kapazitäten für eine flächendeckende Beratung einfach nicht gegeben sind.

Eine interessante Auflösung bietet wiederum jene Sichtweise, die den Entwicklungszyklus der Berater in den Vordergrund stellt: Die Berater entwickeln sich mit ihren Kunden mit. Ein junger Berater hat in der Regel auch überdurchschnittlich viele junge Kunden, diese sind wiederum häufig im C-Segment; hier wird viel mit Produktverkauf gearbeitet. Die Kunden werden älter und entwickeln sich teilweise zu A- und B-Kunden. Gleichzeitig entwickelt sich der Berater und er hat mehr und mehr die Kompetenz, seine Kunden bedarfsorientiert zu betreuen.

2.5 Ist die Qualifikation der Mitarbeiter für den Bedarfsansatz ausreichend?

Frage: Manche meinen auch, dass für die erfolgbringende Anwendung des Bedarfsansatzes die Qualifikation der MitarbeiterInnen auszubauen wäre, sowohl was das Fachwissen anbelangt, als auch die Verkaufstechnik. Wie sehen Sie das?

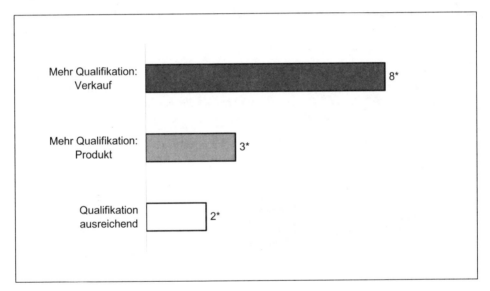

* Zahl der Antworten (Mehrfachnennungen möglich).

Die Mitarbeiter-Qualifikation ist einer der Schlüssel für eine erfolgreiche Anwendung des Bedarfsansatzes und hier scheint es noch einigen Aufholbedarf zu geben. So sehen es zumindest die Befragten. Während die Ausbildungssituation beim produkttechnischen noch relativ zufrieden stellend sein dürfte, werden bei den Verkaufsfähigkeiten und, dahinter stehend, auch bei der Persönlichkeitsentwicklung Defizite gesehen.

Bemerkenswert ist, dass im Verkauf erfolgreiche Banken nach Eigenangaben erst "30 bis 40 Prozent" des Qualifikations- und Trainingsbedarfs abgedeckt sehen. Neben formaler Ausbildung spielt hier vor allem auch der Erfahrungsaustausch zwischen Beratern bzw. Banken eine wichtige Rolle. Für die Erhöhung der Beratungs- und Verkaufskompetenz sollte gegenseitiges Lernen gefördert werden.

Eine spezielle Rolle in diesem Zusammenhang spielen die Serviceberater, die in einer auf den Bedarfsansatz ausgerichteten Bank Signale wie z. B. die Veränderung von Lebenssituationen der Kunden frühzeitig erkennen müssen. Einige Befragte meinen, dass es gerade hier an den Voraussetzungen mangle bzw. auch – und das ist ein weiterer zentraler Punkt – am notwendigen Teamdenken in der gesamten Bank. Denn: Bedarfsorientierung setzt voraus, dass der Kunde die jeweils kompetenteste Beratung bekommt. Es ist nicht davon auszugehen, dass der dem Kunden zugeordnete Berater in allen Bereichen Spezialist ist. Dass vor diesem Hintergrund Teamarbeit immer wichtiger wird, klingt einfach und plausibel. In der Praxis hat dies aber weit reichende Konsequenzen für die Organisation und andere wichtige Rahmenbedingungen wie z. B. Provisions- und Anreizsysteme.

2.6   Wie sieht das ideale Vertriebsmodell aus?

Frage: Was ist aus Ihrer persönlichen Sicht ein ideales Vertriebsmodell für die Raiffeisenbanken? Wo bzw. in welchem Ausmaß sollte ein Bedarfsansatz angewendet werden, wo in welchem Ausmaß Produktverkauf? Bitte skizzieren Sie kurz Ihr persönliches Idealmodell, unabhängig davon, was in Ihrer Bank derzeit praktiziert wird.

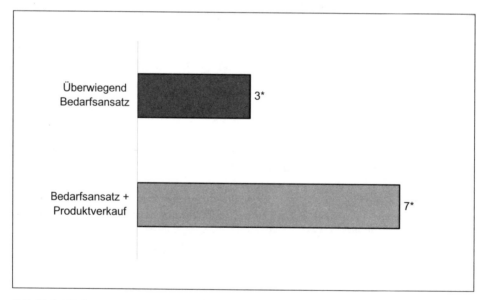

* Zahl der Befragten

Keiner der Befragten sieht die Zukunft in einem rein auf den Produktverkauf gestützten Vertriebssystem. Die bedarfsorientierte Beratung ist als Grundkonzeption notwendig, da diese immer mehr von den Kunden erwartet und auch vom Mitbewerber praktiziert wird. Eine klare Mehrheit meint aber auch, dass auf Elemente des Produktverkaufs auch in Zukunft nicht verzichtet werden kann und daher ein Mischsystem am besten wäre. Einer der befragten Experten hat dies folgendermaßen beschrieben: "Der Bedarfsansatz bildet den Rahmen. Das Bild darin wird aber nach wie vor stark durch produktbezogene Aktivitäten bestimmt."

Wie könnte nun ein "ideales Vertriebsmodell" aussehen? Diese Bezeichnung steht bewusst unter Anführungszeichen, da es anmaßend wäre, hier im Rahmen dieses kurzen Beitrags ein Patentrezept anbieten zu wollen. Einige interessante Hinweise ergeben sich aber sehr wohl aus den Antworten der Befragten:

- Die bedarfsorientierte Beratung sollte im Rahmen eines Teilbedarfsansatzes erfolgen. Der Gesamtbedarfsansatz erscheint den meisten Befragten zu komplex und würde sowohl Mitarbeiter als auch Kunden überfordern.

- Ansprecheanlässe müssen genutzt und auch gezielt geschaffen werden. Zumindest einmal im Jahr sollte ein bedarfsbezogenes Betreuungsgespräch stattfinden, das einer der Befragten mit dem "Pickerltermin" bei Autos verglich. Dazwischen sind produktbezogene Gespräche sinnvoll, auch im Rahmen von Kampagnen oder Aktionen. Wichtig ist, dass diese Kontakte aus Sicht des Kunden im Rahmen eines abgestimmten und strukturierten Gesamtsystems stattfinden. Dazu gehört beispielsweise, dass alle Gesprächsinhalte dokumentiert werden und bei einem Folgegespräch daran angeknüpft wird.

- Die Früherkennung von wichtigen, auch einschneidenden Ereignissen im Leben der Kunden ist eine der zentralen Herausforderungen für den Vertrieb (Magic Moments). Voraussetzungen dafür: Intensiver und regelmäßiger Kontakt zu den Kunden, sowohl in formellen Gesprächen, als auch auf informeller Basis; ein ausgefeiltes Management der Kundendaten und sonstiger Informationen, die Hinweise auf solche möglichen Veränderungen liefern.

- Der Teamgedanke sollte weiter verstärkt werden. Nur Teams können dem Kunden eine für jede Lebenslage und für alle Bedürfnisse kompetente Betreuung bieten. Die Betreuung durch Teams könnte auch ein Wettbewerbsvorteil der traditionellen Retailbanken gegenüber Finanzberatern und Strukturvertrieben sein, die sich in den meisten Fällen als "Einzelkämpfer" verstehen. Für die Stärkung der Teams gilt es Voraussetzungen zu schaffen, beispielsweise im organisatorischen Bereich, aber auch bei Provisions- und Anreizsystemen.

- Das in diesem Beitrag schon mehrfach beschriebene "Junior-Senior-System" ist eine ebenso interessante Strategie: Jüngere Berater lernen im Rahmen von Produktaktionen und gehen dann mehr und mehr zu einer bedarfsorientierten Beratung über. Ihre Kunden, zunächst häufig im "C-Segment" anzutreffen, entwickeln sich mit ihnen mit. Qualifikation der Mitarbeiter, Kundenstruktur, Vertriebsstrategie und Vertriebseffizienz stehen so in bestmöglichem Einklang.

■ Die Autonomie des Beraters sollte nicht zu weit eingeschränkt werden. Die Methoden des Verkaufs und der Kundenbetreuung müssen zum Stil und der Persönlichkeit des jeweiligen Beraters passen. Alles, was aufgesetzt wirkt, ist in der Regel kontraproduktiv.

■ Bei den Zielsystemen sollten sowohl Gesprächsziele, als auch Produktziele vereinbart und kontrolliert werden. Ein gänzlicher Verzicht auf Produktziele erscheint fast allen Befragten zu riskant hinsichtlich möglicher Verluste bei der Produktion. Eine "doppelte Erfolgsmessung" kann dazu beitragen, dass sowohl umfassend beraten, als auch effektiv verkauft wird.

3.   Die Schlussfolgerungen

Bedarfsansatz und Produktverkauf sind die siamesischen Zwillinge des Bankvertriebs und sollten nicht getrennt werden (denn eine Trennung wäre – um bei diesem Bild zu bleiben – mit hohem Einsatz und Risiko verbunden). Beide Methoden erfüllen eine wichtige Funktion, um zu einer aktiveren Bearbeitung des Marktes zu kommen. Und das ist es, worum es im Endeffekt für die traditionellen Retailbanken geht: Das Bringgeschäft geht zurück, die Zukunft liegt im Holgeschäft. Dafür müssen die Banken fit gemacht und die Voraussetzungen geschaffen werden.

In diesem Kontext hat der Produktverkauf nach wie vor – oder man könnte auch sagen: jetzt erst recht – seine Berechtigung: Er liefert Anspracheanlässe wie zum Beispiel bei ablaufenden Versicherungen oder Bausparverträgen, die eine gute Basis sind, um die Bedarfssituation des Kunden zu durchleuchten. Und er leistet einen, oft unterschätzten, Beitrag zur Kundenbindung, da ein Kunde mit umfassender Produktausstattung weniger wechselbereit ist, als ein Kunde mit dünnem Portefeuille.

Ohne Zweifel muss aber auch die Beratungskompetenz der Banken weiter verbessert werden. Darauf deuten mehrere Untersuchungen hin wie zum Beispiel eine Studie des deutschen M&Oh Instituts, das die Beratungsqualität von Banken, Versicherern und Finanzberatern testete.[1] So ist auch folgender Satz zu verstehen, der einer ehemaligen MLP Führungskraft zugeschrieben und in einschlägigen Präsentationen und Referaten gerne zitiert wird: "Hätten die Banken nicht eine Beratungslücke entstehen lassen, wären die Finanzvertriebe nicht entstanden oder nicht so erfolgreich."

Eine Studie der Universität Regensburg sieht die klassischen Retailbanken deshalb in einem Dilemma: "Kosten- und preissensitive Kunden entscheiden sich zunehmend für attraktive

---

[1] "Beratertest Österreich", M & Oh Research Services, www.mundoh.de, Hamburg, Oktober 2005; publiziert in "Trend" März 2006.

Produkte der Direktbanken, während in Situationen oder Bedarfsfeldern mit hohem Beratungsaufwand viele Kunden von Finanzdienstleistern ... gewonnen werden."[2] Aus Sicht der Banken klingt diese Perspektive wenig verlockend und erinnert fast ein wenig an die Lage von Odysseus, der sich zwischen den Seeungeheuern Skyla und Charybdis seinen Weg suchen musste.

Die Retailbanken müssen daher eine Zweifronten-Strategie entwickeln und sowohl den Direktbanken, als auch den Finanzberatern und Strukturvertrieben Paroli bieten; den einen mit leicht vermarktbaren Massenprodukten, den anderen mit bedarfsgerechter und umfassender Beratung. Dafür braucht es einen Maßnahmenmix, der auf ein Nebeneinander und eine sinnvolle Kombination von Produktverkauf und Bedarfsansatz hinausläuft.

Für die Entwicklung von Strategien werden die Banken gut beraten sein, wenn sie auf jene hören, die für das Geschäft in der Praxis verantwortlich sind. Denn, so Johann Wolfgang von Goethe: *„Wir behalten von unseren Studien doch nur das, was wir praktisch anwenden."* Die Antworten und Meinungen der hier Befragten können dazu einen guten Beitrag liefern.

---

2 "Vertriebsstrategien im Retail Banking", ibi Research an der Universität Regensburg, www.ibi.de, Januar 2004.

Ganzheitliche Beratung in der VR-Bank Schwalm-Eder – Ein Erfahrungsbericht

Sabine Hildebrand

Wenn es einen Weg gibt, etwas besser zu machen, finde ihn.

Thomas Alva Edison

In der VR-Bank Schwalm-Eder erleben unsere Kunden seit 2002 die ganzheitliche Beratung. Sie erhalten in der folgenden Ausführung einen Überblick über:

- Die Einbindung in unser Vertriebskonzept

- Das Beratungskonzept selbst

- Die wichtigsten Rahmenbedingungen und deren Zusammenspiel

- Die ganzheitliche Beratung in Zahlen

Dabei werde ich mich beim Schreiben auf die Ergebnisse und die Erkenntnisse, die wir aus dem Prozess gewonnen haben beziehen. Die Herausforderungen und der Entwicklungsprozesse mit seinen Höhen und Tiefe werde ich im Fazit des Textes beschreiben.

1. Einbindung der ganzheitlichen Beratung in unser Vertriebskonzept

Die Entscheidung in 2002 für die Investition in die Beraterausbildung zu diesem Konzept wurde abgestimmt auf das Vertriebskonzept der Bank getroffen.

Welchen Platz nimmt die ganzheitliche Beratung in unserem Vertriebskonzept ein?

Um diese Frage zu beantworten, ist es wichtig einen Blick auf unsere Zielsetzung in der Marktbearbeitung zu richten. Dazu ist in unserem Unternehmensleitbild folgendes geschrieben:

Unsere Kunden

Unsere Kunden stehen für uns an erster Stelle.

Wir beraten unsere Kunden zuverlässig, kompetent und aufmerksam, abgestimmt auf ihre persönlichen Wünsche und Vorstellungen.

Unser Ziel sind zufriedene Kunden.

Wir gehen aktiv auf unsere Kunden zu, um sie über finanzielle Themen und Möglichkeiten zu informieren.

> Wir legen Wert auf ein Vertrauensverhältnis als Basis für eine langfristige und intensive Kundenbeziehung.
>
> Unser Ziel ist, dass der Kunde aus seiner Geschäftsbeziehung zu uns den optimalen Nutzen für sich ziehen kann.

Zwei Fragen galt es zu beantworten:

1. Halten oder steigern wir durch die Investition in die ganzheitliche Beratung unsere Erträge?

und

2. Wie können unsere Kunden die Aussage aus dem Unternehmensleitbild erleben?

Nur dadurch, dass man solche „heeren" Worte formuliert, gibt es kein Kundenerlebnis und somit nicht den von uns erwarteten Erfolg.

Nachdem die erste Frage mit einem ja zu Gunsten der ganzheitlichen Beratung ausfiel ging es im weiteren darum, dass zu uns passende Beratungskonzept zu finden um auch eine Antwort auf die zweite Frage zu finden.

Welche Anforderungen stellten wir an das Konzept?

- von allen Beratern einsetzbar

- wir bauen eine langfristige Kundenbeziehung auf und wehren andere Anbieter dadurch ab

- wir können „NochNichtkunden" von unserer Leistung überzeugen

- wir sichern mittel- und langfristig den Erfolg der Bank

Mehrere Konzepte standen zur Auswahl. Anhand unseres Anforderungskataloges bewerteten wir die Leistungen der einzelnen Konzepte für unser Haus und haben uns dann für das Konzept von Herrn Roland Wallenfang entschieden.

Was waren die Gründe für die Entscheidung?

- sein Konzept erfüllte am besten unsere Anforderungen

- es geht in erster Linie um die Weiterentwicklung der Kommunikation der Berater

- verkaufspsychologischem Wissen ist die Basis des Konzeptes

- kontinuierliche Begleitung (bis heute) des Konzeptes durch Herrn Wallenfang

2.   Das Beratungskonzept

Ich werde Ihnen zuerst einen Überblick über die Hintergründe unserer ganzheitlichen Beratung geben, anschließend kurz die Gesprächsstruktur vorstellen, um darauf aufbauend die Vorteile und Voraussetzungen für die ganzheitliche Beratung des Konzeptes von Herrn Wallenfang aufzeigen.

2.1   Hintergründe

Im Vordergrund steht der Kunde mit seinen Ideen, Zielen und Wünschen. Es geht nicht darum, mit du musst oder du sollst zu arbeiten. Wir möchten mit unseren Kunden eine partnerschaftliche Geschäftsbeziehung eingehen und stellen dabei den Nutzen für den Kunden dar und klären die Rahmenbedingungen unserer Partnerschaft ab. Was machen wir miteinander? Warum machen wir das so? Wie leben und erleben wir dieses Miteinander?

Die Analyse der Kundendaten wird nicht als Voraussetzung für die Gesprächsführung durchgeführt. Sondern entsprechend der Kundenwünsche zum jeweiligen Thema mit in den Beratungsprozess eingebunden.

Unsere Berater führen den Kunden durch seine Gedanken und Ideen, helfen zu strukturieren und zu sortieren. Sie sind bedarfsorientierte Lösungsmanager. Das Produkt wird durch diese Vorgehensweise „Mittel zum Zweck" und ist nicht mehr unser „Verkaufszweck". Durch diese Vorgehensweise kommt der Berater in die Rolle eines moderierenden Beraters. Was verstehen wir unter moderierenden Beratern? Der Berater hat nicht im Kopf *das Produkt muss ich jetzt verkaufen,* sondern erfährt durch intensives Zuhören den Bedarf des Kunden und moderiert den Lösungsweg gemeinsam mit dem Kunden. Der Kunde wird in die Lage gesetzt seine Kaufentscheidung zu treffen. Dieser Ansatz muss sich n der Zielvereinbarung mit dem Berater spiegeln. Er widerspricht nicht dem Angebot von bestimmten Produkten, sondern kann dadurch gut ergänzt werden.

Ganzheitliche Beratung gibt den Kunden die Möglichkeit Zeit und Geld für ihn optimal einzusetzen. Weg von dem: „Ich brauch ein neues Auto. Wo bekomme ich das Geld dafür her? Hin zum: „Ein neues Auto ist in 2 Jahren geplant. Was kann ich heute schon dafür tun?" Aus diesem Grund steht nicht der status quo im Vordergrund, sondern die Wünsche, Ziele und Träume des Kunden.

2.2   Gesprächsstruktur

Die Gesprächsstruktur ist in der folgenden Tabellenübersicht kurz skizziert.

Einleitung Situation thematisieren	Wie ist die Situation entstanden? Was habe ich mir dabei gedacht? Wie haben Sie die Einladung erlebt?
Konkrete Erwartungen erfragen	Welche Fragen/Themen haben Sie mitgebracht?
Handlungsvorschlag dem Kunden vorstellen	Was machen wir heute? Warum machen wir das? Wie soll das Gespräch verlaufen?
Mandat einholen	Wollen wir so vorgehen? Sind sie damit einverstanden?
Vorstellen der Vorgehensweise in 3 Schritten:	Schritte vorstellen
1. Schritt	Themenkatalog durchsprechen
2. Schritt	Reihenfolge festlegen/Prioritäten setzen
3. Schritt	Konkretisieren und Entscheiden
Gesprächsende	Betreuungsvereinbarung treffen und Empfehlungen erfragen

Was sind die Besonderheiten der Gesprächsstruktur?

1. *Der Einstieg*
   Sinn und Zweck des Einstieges ist es über den smal-talk hinaus gleich eine partnerschaftliche Beziehung aufzubauen und nicht gleich mit der „Tür ins Haus" zu fallen. Jeder Kunde kommt mit einem bestimmten Empfinden zur Beratung und jeder Berater hat eine eigenes Empfinden bei jeder Beratung. Durch offenen Austausch dieser Gedanken und Gefühl wird gleich Transparenz und somit Sicherheit in die Situation gebracht.

3. *Strukturierte Vorgehensweise*
   Durch die Ordnung des Gespräches in 3 Schritte entsteht ein logischer Aufbau des Gespräches. Ein verzetteln in unterschiedliche Themen zur gleichen Zeit hemmt den Gesprächsverlauf und den Entscheidungsprozess des Kunden. Was passiert in den 3 Schritten?

Die inhaltliche Grundlage des Gespräches bildet der 1. Schritt mit dem Themenkatalog.

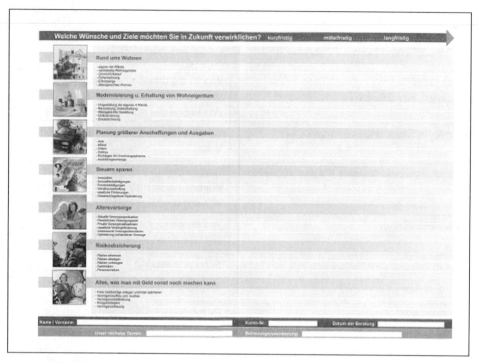

Quelle: VR-Bank Schwalm-Eder.

Abbildung 1: *Themenkatalog Ganzheitliche Beratung.*

Der Themenkatalog wird zukunftsorientiert – Was haben sie da geplant?/Was sind Ihre Gedanken dazu? – mit dem Kunden durchgegangen.

Danach legt der Kunde im 2. Schritt seine Reihenfolge fest. – "Welches Thema wollen wir zuerst besprechen und dabei nach einer Lösung für Sie suchen?" –

Der 3. Schritt dient dazu dem Kunden Klarheit, einen Überblick und ein gutes Gefühl zu verschaffen. Aufbauend auf dieser Basis kann er dann die Entscheidung für sie treffen. Ja, da will ich was investieren.

Beispiel Konkretisierung:

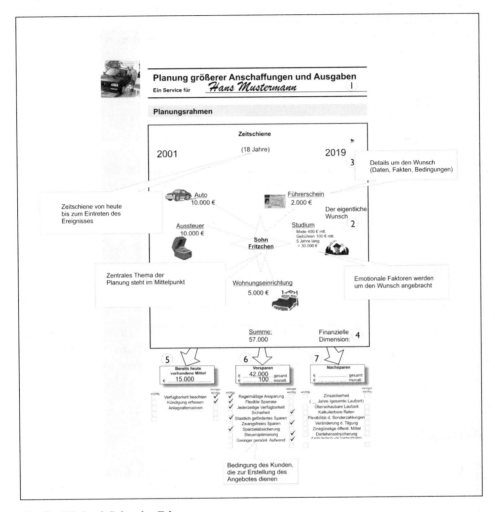

Quelle: VR-Bank Schwalm-Eder.
Abbildung 2: *Konkretisierung.*

2.3   Vorteile und Voraussetzungen

Wie bei allen Dingen, so hat auch dieses Beratungskonzept Vorteile und Nachteile.

Nachteil habe ich hier als Voraussetzungen beschrieben. Es sind die Dinge, die Veränderung bedeuten. Und Veränderung ist immer ein Prozess mit allen Herausforderungen die mit dazugehören, und die durch die passenden Vorgehensweisen gemeistert werden wollen. In diesem Abschnitt sind die wichtigsten Stärken und Voraussetzungen beschrieben, wie wir sie als VR-Bank bei der Umsetzung erlebt haben.

Die Vorteile

Verkaufspsychologische Aspekte haben einen hohen Stellenwert. Die Berater lernen Ihre Reaktionen auf das Verhalten der Kunden abzustimmen und/oder selbst bei Ihrer Aktion gewünschte Reaktionen vom Kunden zu erhalten. Dabei geht es nicht um Manipulation im negativen Sinne sondern darum, mögliche Barrieren zu überwinden oder erst gar nicht aufzubauen.

Nach dieser theoretischen Ausführung hier zwei Beispiele:

Beispiel 1

> Kunde: „Bei meiner Altersvorsorge ist alles geregelt!"
>
> Berater: „Das ist ja toll, dazu erst mal herzlichen Glückwunsch. Leider machen sich nur wenige Kunden so viel Gedanken zu diesem wichtigen Thema. Da bleibt ja nichts zu tun für mich. Eine Idee habe ich da noch, wissen Sie denn wie viel Geld Ihnen später mal durch ihre Vorsorge zur Verfügung steht?"

Beispiel 2

> Berater: „Wenn sie die vorhandene Zeit von 3 Jahren nutzen, um den kompletten Betrag von EUR 20.000,- für das Auto anzusparen, so ergibt das eine monatliche Rate von EUR 523,-. Was halten Sie davon?
>
> Kunde: „Das ist viel zu viel."
>
> Berater: „Was wäre denn der richtige Betrag für Sie?"

Kommunikation steht vor Information

Passend zu dem ersten Vorteil steht die Kommunikation im Vordergrund. Der Gesprächsanteil zwischen Kunde und Berater ist ca. 50/50. Durch offene Fragen, die erst in zweiter Linie des Zusammentragens von Fakten dienen, wird der Kunde animiert mal zu träumen, über seine Pläne und Vorhaben zu sprechen. Der Berater bietet dann Ideen an, wie diese Pläne in

Zukunft realisiert werden können. Fakten werden erst dann gesammelt, wenn Sie für die Entscheidung des Kunden wichtig sind.

Partnerschaftliches Beziehungsmanagement wird aufgebaut

Als genossenschaftliche Bank sehen wir den Förderauftrag unserer Mitglieder und Kunden im Fokus. Durch diese Art der ganzheitlichen Beratung geht es um den Aufbau einer langfristigen Geschäftsbeziehung, die für alle, den Kunden, den Berater und die Bank erfolgreich ist.

Dic Vorauooctzungon

Kommunikative Kompetenz des Beraters

Bei fehlender kommunikativer Kompetenz des Beraters werden Themen des Kunden nicht erkannt und führen damit nicht zum Verkaufserfolg. Das Schöne ist, dass man diese Fähigkeiten durch kontinuierliche Arbeit wesentlich optimieren kann.

Kontinuierliches Lernen und Begleitung

Auch bei einer hohen kommunikativen Kompetenz ist es erforderlich die verkaufspsychologischen Aspekte in der Gruppe zu besprechen und an den eigenen rhetorischen Fähigkeiten zu arbeiten.

Veränderungsbereitschaft

Das Konzept setzt, gerade bei langjährigen Mitarbeitern, die Bereitschaft voraus Beratung einmal ganz anders anzugehen. Vor der Bereitschaft etwas anders zu tun steht die Bereitschaft die eigene Einstellung zur Beratung und zum Kunden zu verändern.

3. Wichtige Rahmenbedingungen für die erfolgreiche Einführung und dauerhafte Umsetzung der ganzheitlichen Beratung

Die Erfahrungen, die wir bei der Einführung und Umsetzung der ganzheitlichen Beratung in unserem Haus gemacht haben, konnten wir für viele andere Veränderungen in unserm Haus nutzen.

Die wichtigste Erkenntnis für uns war, dass alle Faktoren und Rahmenbedingungen aufeinander abgestimmt eingesetzt werden müssen. So wie bei einer Uhr, die nur dann funktioniert, wenn sich alle Zahnräder im gleichen Takt drehen und richtig ineinander greifen. Fehlt ein Zahnrad oder dreht sich anders geht die Uhr falsch.

Quelle: Eigene Darstellung
Abbildung 3: *Zahnräder*

Das gleiche passiert mit der ganzheitlichen Beratung, wenn die Rahmenbedingungen und Faktoren nicht sorgfältig aufeinander abgestimmt werden.

Die einzelnen Faktoren und ihr Zusammenspiel

AKZEPTANZ DER GANZHEITLICHEN BERATUNG

Jeder Mensch tut nur das gerne und gut, von dem er überzeugt ist. Überzeugen tut letztendlich der Erfolg. Um zu diesem Erfolg zu kommen bedarf es der Bereitschaft was Neues zu erlernen und dann auszuprobieren.

ZUSAMMENSPIEL

Führungskraft und Trainerin können diesen Prozess der Berater unterstützen. Wie in jedem Prozess gibt es bestimmt Phasen, die jeder Berater durchläuft. Wie lange ein Berater für eine Phase benötigt, hängt von Ihm und von der Unterstützung durch die Führungskraft und der Trainerin ab. Die Akzeptanz des Beraters ist die Voraussetzung für den Erfolg.

KONTINUITÄT IN DER UMSETZUNG

Zusammenkommen ist der Anfang. Zusammenbleiben der Erfolg.

Henry Ford

Viele Dinge, die mal mit Elan und Schwung angefangen wurden verlaufen sich im Sande. Andere werden einfach „ausgesessen". Man hat ja schon vieles Neues erlebt, was nach einiger Zeit wieder verschwand.

ZUSAMMENSPIEL

Um die Kontinuität bei der ganzheitlichen Beratung zu erreichen ist genau dieses Zusammenspiel aller Teile wichtig und erst durch die Kontinuität entstehen die Erfolge.

KENNEN UND KÖNNEN DES KONZEPTES

Zweimal im Jahr trainieren alle VR-Finanzplaner mit Herrn Wallenfang. Dieses Training wird durch regelmäßige monatliche Trainingstreffen in kleinen Gruppen von vier bis acht Personen mit dem hausinternen Trainerin und dem Personalleiter unterstützt. Zusätzlich kann jeder Berater bei der Trainerin einzelne Trainingseinheiten und TOJ buchen.

ZUSAMMENSPIEL

Hier greifen die „Räder" Training und Führung ineinander. Durch die Führungskraft muss die Wichtigkeit des kontinuierlichen Übens verdeutlicht werden. Der Trainer muss die Kompetenz für das Konzept und das Vermitteln von Wissen haben.

ZIELVEREINBARUNG FÜR DIE GANZHEITLICHE BERATUNG

Neben den Quantitätszielen für die Abschlüsse wurde die Zielvereinbarung um das Qualitätsziel „VR-Finanzplan" erweitert. So hat jeder Berater im Monat 10 VR-Finanzplan-Erstberatungen durchzuführen. D. h. Zusätzlich werden Folgegespräche und Betreuungsgespräche nach dem Konzept geführt. Das Führen im Markt über Quantitätsziele ist bekannt. Die Mitarbeiter haben sich daran gewöhnt, dass das Ergebnis zählt. Das „Wie wird das Ergebnis erzielt" hat bisher wenig bis gar nicht interessiert.

ZUSAMMENSPIEL

Hier geht es um die Koordination von Vertriebssteuerung und Führung. Welche Kunden werden durch wen eingeladen? Wir nutzen 3 Möglichkeiten.

1. Der Berater lädt selbst ein oder macht aus anderen Terminen eine Ganzheitliche Beratung.

2. Unser TSC (TelefonServiceCenter) lädt im Auftrag des Beraters die Kunden zur ganzheitlichen Beratung ein.

3. Andere Kollegen, meist Serviceberater, laden ihre Kunden zur Gesamtbedarfsberatung beim VR-Finanzplaner ein.

CONTROLLING DER ZIELVEREINBARUNG

Controlling der Quantität und der Qualität sind erforderlich. Die Quantität wird bei uns durch die Eingabe in EKK (elektronische Kundenkarte) vorgenommen und von der Vertriebssteuerung zusammengestellt. Die Überprüfung der Qualität erfolgt im Training und TOJ durch die Trainerin.

ZUSAMMENSPIEL

Die Informationen aus dem Controlling der Quantität und der Qualität muss regelmäßig der Führungskraft zur Verfügung gestellt werden und gemeinsam mit Vertriebssteuerung und Personalentwicklung Wege für die Optimierung gefunden werden.

INTERNE KOMMUNIKATION

Die Information über die ganzheitliche Beratung und das Erleben aller Mitarbeiter der ganzheitlichen Beratung verstärken die Identifizierung der Mitarbeiter zum Beratungsanspruch und der Beratungsqualität unserer Bank.

ZUSAMMENSPIEL

Alle Mitarbeiter sind dabei gefordert. Vorstand und Führungskräfte, die über die ganzheitliche Beratung im Haus informieren. Entscheidend dabei ist, dass die Einladung zur Beratung als Wertschätzung und nicht als Zwang erlebt wird. Der Markt, der zur ganzheitlichen Beratung aktiv allen Kollegen einlädt und die Beratung durchführt. Die anderen Bereiche, die sich Zeit nehmen müssen für die Beratung.

WERBUNG UND MARKETING

Die Werbung der Dresdnerbank als „die Beraterbank" ist meiner Meinung nach ein gutes Beispiel für die Vermarktung von Beratungsqualität. Der Gedanke unsere Beratungsqualität zu Vermarkten ist in unserem Hause noch neu. Wir haben bisher noch nichts konkret umgesetzt.

ZUSAMMENSPIEL

Beratungsqualität und Marketing. Da wir unseren Kunden keine Mogelpackungen verkaufen ist ganz wichtig, dass der Kunde das auch erlebt was ihm in der Werbung/Marketing versprochen wird.

MITARBEITER WETTBEWERB

Durch Mitarbeiterwettbewerbe wird ein Anreiz geschaffen und die Wichtigkeit der ganzheitlichen Beratung herausgehoben.

ZUSAMMENSPIEL

Hier geht es um das Zusammenspiel von Führungskraft und Trainerin. Die Fragen die zu beantworten ist:

– Welche Leistung soll wie belohnt werden?

– Was wird als Leistung definiert? Geht es um eine Anzahl von Beratungen die

– durchgeführt werden soll oder auch um die Beratungsqualität?

4. Die ganzheitliche Beratung in Zahlen

In diesem Abschnitt geht es um zwei Dinge. Wie messen wir die Ergebnisse und welche Ergebnisse wurden erzielt?

4.1 Unsere Messinstrumente

Die Quantität der Beratungen und deren Abschlüsse messen wir durch eine elektronische Kundenkartei (IVS). Wir nutzen diese Kartei seit 2005. Davor haben wir die Ergebnisse in Papierform ausgewertet. Ob die Beratung als ganzheitliche Beratung durchgeführt wurde kann als Anlass der Beratung und/oder als Vorgehensweise eingetragen werden. Die ganzheitliche Beratung selber zählt nicht als Abschluss. Mit jedem Berater ist ein Ziel vereinbart, über die Anzahl seiner ganzheitlichen Beratungen. Die Zielerreichung wird anhand des Reportings der Kundenkartei ausgewertet und steht täglich jedem Mitarbeiter zur Verfügung.

Zusätzlich gibt der Mitarbeiter die Abschlüsse in die Kundenkartei ein. Daran können wir auswerten, welche Produkte sich am Besten durch die ganzheitliche Beratung beim Kunden platzieren lassen, und wie Abschlussstark unsere Mitarbeiter sind.

Die Qualität der Beratung wird durch die regelmäßigen Trainings und die Begleitung in der Praxis ermittelt. Wichtig dabei ist das Feed-back über die erbrachte Leistung.

Der Berater kann nur durch ein offenes und konstruktives Feed-back seine Leistung steigern. Wie bei jedem Feed-back geht es darum, nicht zu sagen das ist schlecht, sondern andere, bessere Vorgehensweisen und Formulieren zu nennen oder gemeinsam zu erarbeiten.

4.2   Unsere Ergebnisse

Durch den Wechsel der Messinstrumente können wir keine durchgängige, chronologische Auswertung erstellen. Anhand von wichtigen Kennziffern möchte ich hier die Entwicklung verdeutlichen. Ein Vergleich mit anderen Banken ist schwierig. Da meistens unterschiedliche Kriterien z. B. Für die Ermittlung eines Cross Selling-Wertes herangezogen werden.

Entwicklung Erstgespräche

Jahr	Anzahl	Erfolgreiche Gespräche in Prozent	Cross Selling-Wert
2002	78	85 %	1,46
2003	189	87 %	1,88
2004	939	78 %	1,73
2005	846	76 %	1,84

Entwicklung Betreuungsgespräche

Jahr	Anzahl	Erfolgreiche Gespräche in Prozent	Cross Selling-Wert
2002	21	65 %	1,47
2003	32	71 %	1,68
2004	157	68 %	1,63
2005	202	63 %	1,54

Wie an den Zahlen zu erkennen ist, haben wir noch ausreichend Potenzial im Markt zur Durchführung der ganzheitlichen Beratung. Eine neue Aufgabe, die sich uns jetzt im 4. Jahr mit der ganzheitlichen Beratung stellt, ist, die aufgebauten Kundenbeziehungen zu halten und für den Kunden interessant zu gestalten.

5. Fazit

Wenn es einen Weg gibt, etwas besser zu machen, finde ihn.

Thomas Alva Edison

Wir, als VR-Bank Schwalm-Eder, haben uns dafür entschieden als Qualitätsanbieter im Markt aufzutreten. Mit der ganzheitlichen Beratung haben wir unserer Meinung nach das Beste Instrument dafür zur Verfügung.

Ich möchte dieses Bild des Instrumentes dafür nutzen unseren Entwicklungsprozess mit seinen Höhen und Tiefen darzustellen. Wir haben gelernt, dass es nicht ausreicht ein gutes Instrument zu haben, man muss es auch spielen können, damit die volle Wirkung und die Begeisterung beim Publikum einsetzt. Wie jeder Musiker nur durch ständiges üben seine Leistung steigert so steigern wir unsere Beratungsleistung und somit die Kundenbindung und die Abschlüsse durch ständiges üben und anwenden der ganzheitlichen Beratung. Entscheidend ist auch der Übungsplan und der Musiklehrer. Der Musiklehrer muss das Talent seiner Schüler erkennen und fördern und die nächsten Lernschritte und Übungsstücke aufzeigen und einfordern.

Das ist ein Prozess. Manchmal wechseln die Schüler. Manchmal erkennt der Musiklehrer nicht das Talent seines Schülers. Manchmal wird der 2. vor dem 1. Schritt getan. Manchmal wird vergessen das Konzert zu planen usw. usw.

Da gilt es sich immer wieder auf das Ziel zu besinnen, eine Standortbestimmung vorzunehmen und die nächsten Schritte anzugehen. Zu diesem andauernden Prozess passt die o.g. Aussage von Edison. Genauso passt sie für mich auf die ganzheitliche Beratung im Ganzen. Wir haben für uns als VR-Bank Schwalm- Eder einen guten Weg gefunden Beratung besser zu machen. Darunter verstehen wir:

- Nachvollziehbar für den Kunden strukturiert, damit nichts vergessen wird

- Partnerschaftlich, weil wir den Kunden in seiner Kaufentscheidung begleiten

- Effizient, durch die klare Gesprächsführung und somit Zeiteinsatz

- Beziehung stärkend, durch kontinuierliche Beratung

- Ergebnis steigernd, durch mehr Abschlüsse

Kurz gesagt: Der erfolgreiche Weg zum Kunden.

Das Erfolgsgeheimnis im Retail-Banking: Menschen plus Prozesse plus IT

Bernard Kobler

In keiner anderen Geschäftssparte hat die Industrialisierung des Bankings dermaßen Einzug gehalten wie im Retail Banking. Treiber dieser Entwicklung war einerseits die Informationstechnologie (IT) und anderseits die Erkenntnis, dass auch Retailkunden-Beratung einer strukturierten Prozessdefinition folgen kann. Trotz seiner hohen Rationalisierung ist und bleibt das Retailgeschäft jedoch ein *people's business*: Der persönliche Kontakt und die emotionale Komponente spielen nach wie vor eine zentrale Rolle.

Entwicklung in drei Schritten

Die Entwicklung des Retail Bankings in den vergangenen 20 Jahren lässt sich in drei Epochen gliedern: Die Zeit vor 1995, die Zeit zwischen 1995 und 2000 sowie die neueren Entwicklungen seit der Jahrtausendwende.

Vor 1995: Retailkunden als Black Box

Vor 1995 war die Retailkundschaft für die meisten Banken eine Black Box. Zwar fand eine Triage in Anlage- und Firmenkunden statt. Kunden, die sich weder für das eine noch für das andere qualifizierten, bildeten die Restmenge "Retail", die oft als Anhängsel beim Kommerzgeschäft landete. Kundenberatung fand – wenn überhaupt – nur punktuell statt, das heißt auf Wunsch des Kunden. Reaktive Geschäftsabwicklung war die Regel. Die Banken kannten das Potenzial der einzelnen Kunden und deren Historie kaum; falls sie über entsprechende Daten verfügten, wurden diese nicht systematisch aufbereitet und genutzt. Es liegt auf der Hand, dass diese Situation für beide Seiten unbefriedigend war: Das Angebot der Banken und die Bedürfnisse der Kunden klafften zunehmend auseinander. Kunden fühlten sich nicht ernst genommen und zeigten eine wachsende Unzufriedenheit. Gleichzeitig resultierte für die Banken aus dem Retail Banking ein negativer Deckungsbeitrag. Da und dort stand sogar ein Ausstieg aus diesem Geschäftsbereich zur Diskussion.

1995 bis 2000: Segmentierung und Differenzierung

Mitte der 90er Jahre begann ein Umdenken. Die Retailkundschaft wurde in Subsegmente eingeteilt, wobei die Kriterien vielfältig und untereinander nicht immer konsistent waren: Alter, Vermögenswerte, Kanalnutzung, Produktnutzung usw. Basierend auf diesen Subsegmenten entstanden spezifische Betreuungskonzepte und differenzierte Leistungsangebote. Die Retailkunden wurden erstmals auch Kundenbetreuern oder Betreuungsteams zugewiesen. Ziel war die verstärkte Begleitung der Kunden, um das Kundenpotenzial besser auszuschöpfen. Der Wandel der Kundenbetreuer vom Abwickler zum Verkäufer lief parallel mit dem Aufkommen zielgruppenspezifischer Verkaufspromotionen: Direct Mails, Wettbewerbe und telefonische Nachfassaktionen hielten Einzug. Dieser Paradigmenwechsel blieb nicht ohne Konsequenzen auf den wirtschaftlichen Erfolg der Banken: Retail Banking erreichte den Break Even beim Deckungsbeitrag, das Geschäftsfeld Retail wurde in dieser neuen Konzeption für die Banken wieder attraktiv. Ein Wermutstropfen blieb: Erfolg oder Misserfolg hing ganz wesentlich von der Qualität der einzelnen Kundenberater ab, weil Art und Umfang der Beratung wenig verbindlich geregelt war und die Kundenkontakte deshalb häufig unstrukturiert und zum Teil ineffizient erfolgten.

Seit 2000: CRM und Prozessorientierung

Im Gleichschritt mit der Entwicklung der Informationstechnologie sowie neueren Managementansätzen hat sich das Retail Banking seit 2000 sowohl industrialisiert als auch individualisiert. Mit der Umsetzung von Costumer Relationship Management-Philosophien (CRM) und den entsprechenden IT-Tools ist es möglich geworden, die Kundenbedürfnisse, die Kundengeschichte und alle erfolgten Kundenkontakte systematisch zu erfassen. Doppelspurigkeiten bzw. immer wieder gleiche Fragen im Kontakt mit der Bank entfallen. Die Bankberater profitieren bei ihren Kundenkontakten zudem von der Unterstützung durch Beratungs- und Verkaufstools, die in direkter Verbindung mit dem CRM-System stehen und Lösungsvorschläge direkt auf der Basis der dort erfassten individuellen Kundendaten generieren. Eine hohe Effizienz geht somit Hand in Hand mit einem sehr persönlich ausgestalteten Service. Mit der Einführung von potenzial- und verhaltensabhängigen Pricing-Modellen bestehen auch für die Kunden neue Anreize, ihre Beziehungen zur Bank zu intensivieren bzw. selber zu einer effizienten Abwicklung beizutragen. Durch die Tatsache, dass Beratung und Verkauf bankseitig als Prozess definiert sind, ist eine hohe Konstanz in der Qualität und ein zuverlässiges Controlling möglich.

Das Resultat: Banken, welche diese moderne Retail Banking-Konzeption leben, profilieren sich als Service-Leader mit hoher emotionaler Kundenbindung. Es versteht sich von selbst, dass Retail Banking auf dieser Basis substanzielle und nachhaltig positive Deckungsbeiträge abwirft. Das Beispiel der Luzerner Kantonalbank mag dies illustrieren: Obwohl unser Unternehmen auch in den Geschäftsfeldern Firmenkunden und Private Banking ausgezeichnet positioniert ist, liefert das Retail Banking mehr als 50 Prozent des Gewinnbeitrages.

Beratung als verbindlicher Prozess mit acht Schritten

Wie sieht nun der auf der CRM-Philosophie aufgebaute Beratungsprozess mit seinen integrierten Beratungs- und Verkaufstools bei der Luzerner Kantonalbank (LUKB) aus? Der durch uns entwickelte Prozess trägt den Namen "KIM", was nichts anderes als "Kunde im Mittelpunkt" bedeutet. Er besteht aus den folgenden acht Prozess-Schritten:

1. Vorbereitung

Die Vorbereitung umfasst ihrerseits zwei Teilschritte: Das Kundenprofil und den Ideengenerator. Beim Kundenprofil geht es um die Übernahme der Daten aus der CRM-Datenbank:

■ Persönliche und familiäre Daten

■ Berufliche Situation

■ Finanzielle Situation

■ Wirtschaftliche und politische Situation (bzw. Einschätzung des Kunden, wie sich diese für ihn entwickeln wird)

■ Geschäftsbeziehungen zur LUKB bzw. Geschäftshistorie (Stichwort: "Know your Costumer")

Der Teilschritt Ideengenerator erfolgt systemunterstützt auf der Basis des Kundenprofils. Ziel ist die Erstellung einer individuellen Traktandenliste für das Kundengespräch. Mögliche Punkte sind unter anderem:

■ Lücken im Kundenprofil: Wo ist nachzufragen?

■ Veränderungen beim Kunden und daraus entstehende neue bzw. andere Bedürfnisse: Was kann für den Kunden interessant sein?

■ Ideen für mögliche Angebote

■ Gesprächsziel

■ Strukturierung des Gesprächs: Themenfolge, Schlüsselfragen?

2. Gesprächseröffnung

Die Gesprächseröffnung ist ein entscheidender, aber gleichwohl oft unterschätzter Schritt. Sie ist der erste Eindruck, der beim Kunden haften bleibt. Hier geht es darum, Klarheit über den Gesprächspartner und den Ablauf des Gesprächs zu schaffen (kurze Vorstellung des Beraters bzw. der Bank, Gesprächsziel, Traktanden, Gesprächsdauer).

3. Bedürfnisanalyse

Die Bedürfnisanalyse verfolgt das Ziel, dass sich der Kunde anhand des KIM-Beratungsansatzes über die eigenen Bedürfnisse klar wird. Das Beratungsgespräch kann sich anschließend in eine Ziel führende Richtung entwickeln. Der KIM-Ansatz hat zwei Dimensionen:

■ Ansatz Lebenszyklus: Weil sich die finanziellen Bedürfnisse mit zunehmendem Alter verändern, ist es wichtig zu wissen, wo der Kunde zurzeit steht (Beispiel: Ausbildung, Laufbahn, Familiengründung, Eigenheimerwerb, Unternehmensgründung, Vermögensaufbau, Firmenverkauf, Altersvorsorge, Vorsorgebezug usw.). Hier geht es auch darum, den langfristigen und umfassenden Ansatz der LUKB-Beratung aufzuzeigen.

■ Ansatz der vernetzten Bedürfniswelten: Anhand eines strukturierten und umfassenden Bedürfnis-Kataloges definiert der Kunde diejenigen Themenkreise, über die er sprechen möchte. Es ist Aufgabe des Kundenberaters, dem Kunden die Vernetzungen bzw. Abhängigkeiten zwischen den einzelnen Themenkreisen aufzuzeigen (Beispiel: Zivilstand und Nachlassplanung oder politische/wirtschaftliche Situation und Altersvorsorge).

Ebenfalls Teil der Bedürfnisanalyse ist die systemunterstützte Abklärung der Risikofähigkeit und der Risikobereitschaft des Kunden. Der dazu verwendete strukturierte online-Fragebogen wurde bei der LUKB in mehrjähriger Arbeit in enger Zusammenarbeit mit den Mitarbeitenden an der Kundenfront entwickelt. Diese Abklärung des Anlagetyps des Kunden ist in der Schweiz übrigens aus regulatorischer Sicht obligatorisch.

4. Nutzenargumentation

Bei der Nutzenargumentation kommt die Systemunterstützung ganz ausgeprägt zum Tragen. Sämtliche Lösungsvorschläge, die der Kundenberater aufgrund der pro Themenkreis festgestellten Bedürfnisse aufzeigt, sind während des Gesprachs direkt via Intranet bzw. Internet abrufbar und können bei Bedarf im Besprechungszimmer ausgedruckt werden. Auf diese Weise hat der Kunde sehr schnell die volle Transparenz über die vorgeschlagene Lösung und kann zusammen mit dem Kundenberater Vor- und Nachteile abwägen. Die Online-Abrufbarkeit ist zudem für beide Seiten sehr effizient, weil die Angaben (inkl. dem Kleingedruckten) jederzeit top-aktuell sind.

5. Entscheid

Aufgrund der vorliegenden Dokumentation entscheidet der Kunde, welche Lösungen er annehmen bzw. welche Angebote er vertieft prüfen möchte. Bei einfacheren Geschäften (Beispiel: Bestellung einer Kreditkarte) kann er den Vertrag sofort unterschreiben.

6. Offerte

Offerten für komplexere Geschäfte werden ebenfalls sofort und systemunterstützt generiert. Die Luzerner verfügt im Anlagebereich über ein Tool, das auf der Basis der unter Schritt 3 abgeklärten Risikofähigkeit/-bereitschaft und der aktuellen Anlagestrategie der Bank vollautomatisiert einen individuellen Anlagevorschlag für den Kunden erstellt. Auch Offerten für eine Hypothekarfinanzierung mit verschiedenen Hypothekarprodukten (inkl. integrierten Aufwand- und Tragbarkeitsrechnungen) liegen dank Systemunterstützung innerhalb kürzester Frist als Ausdruck zum Mitnehmen bereit.

7. Abschluss

Beim Gesprächsabschluss werden die Beratungsergebnisse auf dem KIM-Bogen schriftlich festgehalten. Das kurze Protokoll enthält die gemeinsam erarbeitete Lösung, den Nutzen dieser Lösung, das weitere Vorgehen auf Seite der Bank und auf Seite des Kunden sowie das Datum des nächsten Kontakts. Der Kunde nimmt diesen Bogen mit nach Hause – er ist damit über die wichtigsten Punkte des Gesprächs dokumentiert und verfügt ebenfalls über die erstellten Offerten. Mit der Fixierung eines nächsten Kontakts ist die Kontinuität des Beratungsprozesses sicher gestellt.

8. Nachbereitung

Mit der Nachbereitung des Gesprächs durch den Kundenberater schließt sich der Kreis: Das Gesprächsprotokoll inkl. des nächsten Termins wird im CRM-System erfasst. Durch die konsequente Nachbereitung der Gespräche im CRM erhöht sich die Qualität der Datenbank laufend. Die Kundenprofile (inkl. Historie) für zukünftige Kontakte werden immer aussagekräftiger. Künftige Besprechungen, bei denen die Kundenberater wieder mit dem Schritt 1 beginnen, können so noch zielgerichteter vorbereitet und durchgeführt werden.

Trotz aller Systeme: Emotionalität ist Schlüsselfaktor

Bisher war sehr viel von Prozessgestaltung und Systemunterstützung die Rede. Das ist jedoch nur ein Aspekt der kundenzentrierten Ausrichtung einer Bank. Zentral ist: Die Systeme ersetzen den Menschen nicht! Je unsicherer und komplexer die Entscheidungssituation ist, desto eher werden die Bankkunden ihrer Intuition und ihren Gefühlen vertrauen. Gerade im Retail Banking gilt, dass eine unnötig breite Auswahl an Angeboten den Kunden eher verunsichert und in eine Verweigerungshaltung bringen kann. Eine gute Gesprächskultur, eine partnerschaftliche Beziehung zum Kundenberater und hohes Vertrauen ausstrahlende Markenattribute der Bank sind deshalb ebenso entscheidend, wenn es um den Abschluss von Geschäften geht. Systeme und Prozesse sind folglich kein Selbstzweck, sondern sollen dazu beitragen, dass die Kundenberater ihre Emotionalität ins Spiel bringen können.

CRM und Beratungstools: Erfahrungen und Stolpersteine

Die Luzerner Kantonalbank als führende Retailbank in ihrem Marktgebiet hat in dem vergangenen Jahr erfolgreich CRM eingeführt und die Kundenberatung auf der Prozessebene neu strukturiert. Aus diesen strategischen Schritten lassen sich folgende Erkenntnisse ziehen:

Erfahrungen auf Stufe der Anwender

- Das Schwergewicht der Anstrengungen ist auf die Implementierung einer Beratungs- und Betreuungsphilosophie und nicht auf IT-Tools zu legen.

- Der Beratungsprozess muss detailliert und verbindlich definiert sein, damit Qualität und Effizienz nachhaltig gesichert sind.

- Der hohe Initialaufwand (Schulung) und wiederkehrende Ausbildungen (Refresher) zahlen sich aus.

- Die Einhaltung und die Effizienz des Prozesses ist durch interne Kontrollsysteme und Mystery Shopping immer wieder zu prüfen.

- Es ist eine hohe Aufmerksamkeit auf Emotionalität zu richten.

Erfahrungen auf Stufe der Führung

■ Die Führungskräfte müssen von der Philosophie und dem Einsatz der Tools überzeugt sein.

■ Es entstehen hohe Anforderungen an die Führungskräfte, vor allem in Bezug auf Change Management (während der Einführung) und internes Kontrollsystem (während des Betriebs).

■ Führungskräfte müssen auch als Coaches ausgebildet werden und mit den Kundenberatern regelmäßig Tandem-Gespräche führen.

■ Die Einhaltung der Betreuungs- und Beratungsphilosophie, des Beratungsprozesses und der effiziente Tool-Einsatz müssen Teil der individuellen Zielvereinbarung mit den Kundenberatern sein.

Erfahrungen auf Stufe der Tools

■ Die Tools müssen technisch gut in die Umsysteme integriert sein, weil sie sonst eine fehlende Akzeptanz der Benutzer hervorrufen.

■ Die technische Performance muss hoch sein. Dies verlangt erhebliche Investitionen in Hardware und Netz.

■ Besprechungsräume für Kundenkontakte müssen technisch aufgerüstet werden.

■ Bei den Tools sind nur Funktionen mit klarem Nutzen aufzuschalten. Weniger ist mehr!

■ Die Tools müssen gestaffelt und in einem verkraftbaren Rhythmus aufgeschaltet werden.

■ Bei der Ausgestaltung der Tools sind zwingend Mitarbeitende mit Erfahrungen in der Kundenberatung einzubeziehen.

Fazit: Es braucht Menschen plus Prozesse plus IT

Komprimiert auf drei Kernaussagen lässt sich aus den Erfahrungen der Luzerner Kantonalbank folgendes Fazit ziehen:

■ *Prozess*
Der Prozess wird standardisiert, jedoch nicht das Ergebnis der Beratung. Die Prozessdefinition steht somit im Dienst der kundengerechten Individualisierung des Resultates.

■ *IT*
Genau gleich wie die Prozessdefinition stellen auch die IT-Tools die Effizienz, die Effektivität und eine konstante Qualität sicher. Die IT ist nie Selbstzweck!

■ *Menschen*
Nachhaltige Kundenbeziehungen beruhen nach wie vor auf Persönlichkeit, Engagement und Emotionalität der Kundenbetreuerinnen und Kundenbetreuer.

Mehr als ein Slogan?

Georg Wildner

1.   Einleitung

Die meisten Retailbanken im Westeuropa verfolgen das Konzept einer ganzheitlichen Beratung – es gilt mittlerweile als Synonym für die Dienstleistung von Banken. In der Umsetzung des Konzeptes gibt es bisher geringfügige Unterschiede, im Grundsätzlichen sind aber alle gleich – über allem steht Kundenbindung und Ertragssteigerung. Um beurteilen zu können, ob die Geschäftsstrategie der ganzheitlichen Beratung oder auch „alles aus einer Hand" nur eine Modeerscheinung oder ein Erfolgskonzept ist, muss man die sich laufend verändernden Marktbedingungen einer genauern Analyse unterziehen – erst dann kann beurteilt werden, ob dieser Beratungsansatz nachhaltig zum Erfolg führt, also nicht nur für den Kunden einen kurzfristigen Mehrwert darstellt, sondern auch bei den Banken zu einer Ertragssteigerung bzw. erhöhten Kundenloyalität führt.

2.   Marktumfeld – Ausgangssituation

Das Marktumfeld von Retailbanken in den stark gesättigten Märkten Westeuropas hat sich in den letzten Jahren dramatisch verändert. Die Banken haben das Monopol auf Finanzdienstleistungsprodukte- und Beratung verloren Die Konkurrenz besteht nicht mehr nur durch die eingesessenen und arrivierten Banken – völlig neue Player sind am Markt präsent. Zum einen haben wir es mit Direktbanken zu tun, die als Finanzdienstleister mit klar abgegrenzten Produktstrategien direkt auf Kunden zugehen. Die meist schlanken und daher kostengünstigen Prozesse erlauben weit bessere Konditionen. Das Geld, welches den Retailbanken das Filialsetup kostet, stecken die Direktbanken zu einem Großteil in übermäßige Werbung und Directmarketing, was zu einer andauernden Penetration der Kunden führt.

Zum anderen haben wir es mit branchenfremden Retailern – wie z. B. Autobanken – zu tun.

D. h. der Kunde erhält Finanzdienstleistungen nicht mehr nur durch die Bank – er braucht seine Bank für diverse Produkte nicht mehr – ja er vergisst sogar auf seine Bank. Daher ist es für uns Banken absolut notwendig, dass wir alles über unsere Kunden wissen – wir müssen mit ihnen über ihre Finanzbedürfnisse sprechen und sie zusammen mit ihnen planen – nur so können wir gewährleisten, dass wir unseren Kunden immer zum richtigen Zeitpunkt das richtige Produkt verkaufen. Dabei spielt vor allem der richtige Zeitpunkt eine immer wichtigere Rolle, da unsere Konkurrenten den Kunden am Point of Sale in sehr emotionalen Situationen (Autokauf – Leasing, Wohnbau – z. B. Fertigteilhausparks) oder über sehr transparente und rasche Internetchannels zu aquirieren versuchen. Daher müssen wir ihnen zwangsweise zuvor kommen, indem wir die Absicht des Kunden bereits kennen und seine Bedürfnisse bereits erfüllt haben.

Wir können uns als Retailbank mittelfristig nicht über Produkte – alle Retailbanken und auch andere Konkurrenten bieten im wesentlichen die selben Finanzdienstleistungsprodukte an – sondern viel mehr durch Beratungsqualität behaupten, wenn wir uns nicht in einen nicht zu gewinnenden Preiskampf mit den am Markt immer stärker werdenden Direktbanken einlassen wollen Diesen Preiskampf können wir mit unserem Filialsetup (hohe Kosten) nicht gewinnen.

Aber auch das Kundenverhalten hat sich in letzter Zeit aufgrund der Konkurrenzsituation mit den Direktbanken verändert. Internet und die damit verbundene einfache und anonyme Abwicklung bzw. der nachhaltig anhaltende Preiskampf haben zu einer verstärkten Preissensitivität geführt. Die Kunden sind vermehrt bereit, rasch auf bessere Konditionen in spezifischen Produktsegmenten zu reagieren und die Bankbeziehung zu wechseln. Dabei kommt dem Kunden zu Hilfe, dass er nicht aktiv mit dem Betreuer über seinen Wechsel sprechen muss – die Konkurrenzbank übernimmt das. D. h. oft wissen wir gar nicht, dass der Kunde uns bereits verlassen hat. Dieser Trend bestätigt sich auch darin, dass die durchschnittliche Anzahl der Bankverbindungen pro Kunde wieder im Steigen sind, nachdem diese in den letzten Jahren zurückgegangen waren.

Viele Kunden wünschen schnelle und mit bestmöglichen Konditionen seiner Bankstandardprodukte. Das Geschäft mit dem Kunden wird zunehmend technisierter – Selbstbedienungszonen, Homebanking, Internet sind Servicelevels, die der Kunde erwartet. Hier entsteht eine Konzentration auf die Abwicklung. Dadurch wird mehr Zeit für den aktiven Verkauf gewonnen, andererseits verringert sich die Identifikation des Kunden mit seiner Bank. Durch den Wegfall der Marktbarriere des Filialnetzes wir der Weg für die Direktbanken geebnet. Viele Kunden der Retailbanken kennen ihren oder einen Kundenbetreuer nicht, weil sie ihn auch nicht brauchen – diese Kunden haben keine emotionale Bindung zu ihrer Bank, für sie ist eine Direktbank ein weiterer Channel, um an Produkte mit damit verbundenen Bestkonditionen zu gelangen.

Andererseits kommt es zu einer Individualisierung im Kundenverhalten. Bei komplexeren Geldvermögensstrukturen wird eine individuelle, lösungsorientierte, ganzheitliche Beratung gewünscht. Auch Mengengeschäftskunden erwarten bei komplexeren Transaktionen entsprechende Beratung. Da liegt wiederum die Grenze der Direktbanken, da ihnen das notwendige Vertrauen bzw. die Kundenbeziehung an und für sich fehlt und Verwirrung durch Informationsüberflutung herrscht.

Diese ausgeprägte Marktdynamik führt zu Überlegungen wie auf diese Situation zu reagieren ist. Für alle diese Veränderungen ist das Betreuungsmodell der Beratung aus einer Hand nicht nur von Vorteil sondern zwingend notwendig. Wir brauchen eine Person, die das gesamte Kundenportfolio bzw. die Kundenverbindung und das damit umfassende Finanzdienstleistungsangebot managt. Nur die Gesamtbetrachtung- und Servicierung kann gewährleisten, dass wir der Konkurrenz standhalten können – der Kunde muss das Gefühl haben, dass wir uns für sein gesamtes Geldleben verantwortlich zeichnen.

Die Betreuung aus einer Hand, die für den Kunden als auch für die Bank zu einer Winwin –
Situation führen soll, stellt aber auch eine große Herausforderung für die Bank und ihre Mitarbeiter da. Zum einen ist hier das Massengeschäft mit standardisierten Abläufen und Produkten zu berücksichtigen, zum anderen müssen auch individuelle Lösungen für Top – Kunden
möglich sein. Dem Betreuer kommt hier eine enorme Verantwortung für seine Kunden zu, da
der Kunde nur von seinem Betreuer alles bekommt.

In der Folge sollen nun die Vor- und Nachteile bzw. die Herausforderungen dieses Betreu-
ungsmodells dargestellt werden.

3.   Vor- und Nachteile des Konzeptes

3.1   Nutzen und Problemfelder aus Sicht des Kunden

Das Konzept erwirkt eine Ordnungsfunktion für den Kunden. Kaum ein Kunde hat sein gesamtes Vermögen bzw. Geldleben bei einer Bank oder einer Versicherung angelegt. Das
komplexe Produktangebot und dessen Wirkungsweise soll dadurch überschaubarere werden,
im geschlossenen Modell lassen sich verschiedene Veränderungen im Beruf, in der Familie
etc. frühzeitiger erkennen und gesamthaft darauf reagieren.

Neben der Gesundheit zählt das Geldleben zu den intimsten Lebensangelegenheiten. D. h.
aber auch, dass dem Berater ein großes Vertrauen entgegengebracht wird. Erfahrungen haben
gezeigt, dass Kunden lieber nur mit einer Person diesbezüglich zu tun haben – diese hat sein
gesamtes Geldleben zu managen. Durch die Verzahnung von Finanz- und Versicherungspro-
dukten und die Bündelung der Kompetenz in einem Haus sind Berater wesentlich besser in
der Lage, ihrem Kunden ein ganzheitliches Vermögens- und Absicherungskonzept maß zu-
schneidern und es jeder Lebenssituation anzupassen. Ziel ist es für den Kunden eine Kosten-
minimierung und Verbesserung der Vermögensstruktur zu erreichen und ihm damit die Sicherheit zu geben, dass er in allen Lebensphasen sein Bedürfnisse abgedeckt hat.

Für den Berater ist es bei Betrachtung der gesamten Kundenverbindung – so der Kunde möglichst viele Produkte bei der selben Bank hat – auch möglich auf den Preiskampf gegen die
Direktbanken besser zu reagieren und dem Kunden Konditionen über den Bankstandardan-
geboten zu bieten.

Für den Kunden kann jedoch auch der Eindruck entstehen, dass er bis zu einem gewissen
Grad von der Qualität seines Beraters abhängig ist – niemand sonst bietet ihm Dienstleistungen in derselben Bank an. Weiters bevorzugen Berater häufig Produkte, über die sie am meis-

ten Fachwissen haben oder/und für die sie am meisten Provision erhalten – das gilt insbesondere für bankeigene Produkte. Damit wird dem Kunden ein verzerrtes Bild von möglichen Alternativangeboten gegeben, das die persönlichen Kenntnisse und Vorlieben des Beraters widerspiegelt aber nicht den Bedürfnisse, Interessen und Wünsche des Kunden entsprechen.

Nachdem die Transparenz und Konkurrenz am Markt jedoch immer größer wird, ist das o.a. mitunter ein Hauptgrund, warum Kunden die Bank verlassen – es wurde ihr Vertrauen in den Berater bzw. in die Bank immer das Beste für den Kunden zu machen missbraucht. Das ist in der Umsetzung des Konzeptes eine der größten Herausforderung der Banken und wird später noch zu betrachten sein.

3.2 Vorteile der ganzheitlichen Beratung aus Sicht der Bank:

Durch die ganzheitliche Beratung ist die Bank in der Lage mehrer wichtige Aspekte gleichzeitig zu lösen.

Das Bedürfnis des Kunden, seine Lebenssituationen und seine familiären Ziele stehen im Fordergrund und werden befriedigt. Das Wissen um Risiko und Chancen einzelner Anlageprodukte und ihre Abhängigkeiten von wirtschaftlichen Entwicklungsszenarien ist mittlerweile von sehr hoher Bedeutung. Das Bedürfnis nach flexiblen, individuell angepassten Produkten kombiniert mit einer mittel bis langfristigen Planung steigt und kann dadurch gewährleistet werden.

Der Informationsgewinn über das Gesamtvermögen und die Gesamtsituation des Kunden bringt einen entscheidenden Wettbewerbsvorteil gegenüber den Mitbewerbern – nur dann können wir immer einen Schritt voraus sein. Der Kunde hat immer das Gefühl, dass wir für ihn die besten Lösungen zur richtigen Zeit haben.

Das Kundenvertrauen und die Loyalität steigt, was uns insbesondere gegenüber Direktbanken hilft, welchen die Kunden nicht so ein Vertrauen gegenüber bringen – hier gilt ausschließlich der Zinssatz bzw. ein Angebot. Hier liegt die große Chance diesem reinen Preiswettbewerb durch transparente Leistungsdifferenzierung und damit der Vergleichbarkeit und dem Kostendruck zu entgehen.

Durch umfassende Beratung aus einer Hand steigt mittelfristig die Beratungsqualität, weil der Berater gezwungen ist, sich mit allen notwendigen Produkten und Bedürfnissen des Kunden auseinander zu setzen.

Das Cross selling wird forciert, dabei wir nicht nur ein erhöhter Produktabschluss erreicht, sondern die Effizienz im Verkauf wird deutlich gesteigert, wenn gesamthaft beraten wird – die Planung des Geldlebens bringt automatisch die Möglichkeit auf mehrere Produktabschlüsse pro Beratungsgespräch mit sich.

4. „Wieso es doch gehen kann" – Herausforderung für die Bank zur Umsetzung des ganzheitlichen Beratungsansatzes

Wie eingangs erwähnt, kommunizieren sehr viele Banken diesen Betreuungsansatz zu verfolgen. Andererseits wirkt sich das in den Zahlen der Neukundengewinnung, aber auch bei ROE und CIR, nur bei sehr wenigen aus. Handelt es sich daher nur um Lippenbekenntnisse? Oder liegt die Schwierigkeit doch in der Umsetzung eines an sich sehr sinnvollen Konzeptes?

Um diese Betreuungskonzept erfolgreich umsetzten zu können, d. h. zum einen Mehrertrag zu generieren und zum anderen die Kundenbindung zu erhöhen und damit der Konkurrenz entgegenhalten zu können, hat die Bank eine Reihe von Herausforderungen und Rahmenbedingungen zu lösen.

Das wichtigste Schlagwort dafür heißt Konsequenz. Angefangen von den richtigen Produkten bis zur Schulung der Mitarbeiter müssen alle Maßnahen und Aktivitäten auf diesem Konzept aufbauen – es muss sich überall wieder finden. Nur dann wird es möglich sein, dass der Kunde es uns glaubt und *den* Mehrwert erleben kann, um sich uns anzuvertrauen.

Die größte Herausforderung ist mit Sicherheit die Veränderung in den Köpfen der Mitarbeiter weg vom reinen Produktverkauf zu einem gesamthaften, bedürfnisorientierten Verkauf – ohne aber dabei die Verkaufsleistung zu schmälern. Dabei ist es notwendig, den Beratern vor allem zu erklären, warum dieses Betreuungskonzept notwendig ist – Marktumfeld, Konkurrenzsituation, geändertes Kundenverhalten etc. Die Bank muss auch in den Köpfen und Herzen der Berater als echter und alles umfassender Finanzdienstleister positioniert werden.

Qualität im Verkauf ist nicht von heute auf morgen zu generieren – es brauch Zeit und Geld. Der Beratungsaufwand ist wesentlich höher und damit kostenintensiver und muss sich am Ende des Tages durch einen erhöhten Produktverkauf rechnen.

Der Berater muss – bis auf wenig Spezialprodukte – das gesamte Produktportfolio beherrschen, wobei in der Differenzierung der Kunden (Indivual- bzw. Standardkunden) sehr wohl im zu lernenden Produktwissen zu unterscheiden ist, um auch die Kostenseite im Griff zu haben. Erfahrungen haben gezeigt, dass Retailbanken wesentlich mehr Produkte im Angebot haben, als wirklich vom durchschnittlichen Kunden verlangt werden. Hier muss insbesondere im Massengeschäft stark standardisiert gearbeitet werden – Standardkunden kommen selten mit einem spezifischen Produktwunsch, vielmehr mit einem Bedürfnis – der Kunde folgt meistens der Empfehlung des Beraters. D. h. der Kunde nennt sein Anliegen, der Berater greift in die Schublade und zieht ein Standardprodukt bzw. Bündel heraus. Wenige Alternativen reichen meistens, weil es dem Kunden unmöglich ist (manchmal auch den Beratern) zwischen einer Reihe von Produktmutationen zu differenzieren. Es muss also einfach und transparent sein, andererseits muss der Kunde das Gefühl haben einen Handlungsspielraum bzw. Alternativen zu haben – nur dann gewinnt er Vertrauen.

Dazu kommt, dass man nicht mehr nur seine eigenen Produkte anbieten kann, das Angebot muss auch Fremdprodukte umfassen, da sonst die Objektivität gegenüber dem Kunden verloren geht. Und viele Kunden nützen die Transparenz die mittlerweile durch das Internet gegeben ist, um das zu überprüfen.

Um dem Kunden eine Geldlebensplanung glaubhaft verkaufen zu können, braucht es aber auch Führungsqualitäten, Lebenserfahrung und vor allem Freude an der Beratung – alles Eigenschaften, die intensive Auseinandersetzung mit den Beratern insbesondere durch ihre Führungskräfte bedürfen – Ihnen kommt hier eine Schlüsselrolle zu.

Der Erfolg der ganzheitlichen Beratung hängt überwiegend davon ab, inwieweit es dem Kundenbetreuer gelingt, den Kunden zu überzeugen, dass er bei seinem Kundenbetreuer qualitativ in Summe besser betreut wird und er dadurch einen Vorteil im Sinne von Mehrertrag hat – nur dann können wir Angeboten von Direktbanken und branchenfremden Retailern entgegenhalten.

Eine weitere große Herausforderung ist, die Kundenbetreuer dazu zu bringen ihr gesamtes Kundenportfolio zu bearbeiten. Das ist zwingend notwendig, da die Kunden sonst von niemanden aktiv angesprochen werden und somit nicht nur große Potenziale verloren gehen, sondern die Kunden auch keine Loyalität bzw. emotionale Bindung zu ihre Bank haben und somit stark abwanderungsgefährdet sind. Es ist ein leichtes diese Kunden als Konkurrenz abzuwerben.

Ein wesentlicher Faktor der Kundenloyalität ist neben der Produktausstattung und der umfassenden bedürfnisorientierten Beratung die Kontaktfrequenz. Bei Betreuungsspannen von 500 bis 1.000 Kunden pro Standardkundenbetreuer ist es aber nicht realistisch, dass eine Kontaktpflege alleine vom Betreuer zu bewältigen bzw. zu organisieren ist. Daher braucht es einiges an zentraler Unterstützung und standardisierten Betreuungsprozessen. Dabei ist auf das ganze Spektrum der Kundenunterschiede einzugehen. Eine zentral aufgesetzte Kundenkontaktplanung je nach Ertragspotenzial und Loyalität der Kunden ist notwendig, um das möglichste aus dem Kundenstock unter Berücksichtigung von Kosten- und Ressourceneffizienz herauszuholen.

Das Kundenportfoliomanagement muss zentral gesteuert werden. Dazu braucht es CRM – Tools, Betreuungsanlässe, Call Center und damit verbunden eine hohe Datenqualität, die in den meisten Banken noch verbessert werden kann. Das Wissen über den Kunden ist die Basis für eine gezielte allumfassende Beratung aus einer Hand, damit die Angebote individuell und rechtzeitig auf den Kunden zugeschnitten sind. Dazu muss es aber regelmäßig geplante effiziente Kundencheckgespräche geben, um das Wissen über den Kunden aufzufrischen. Das ist eine logistische und ressourcenintensive Herausforderung die zu bestehen ist.

Ein Kernstück ist dabei die Datenanalyse, es geht um die professionelle Analyse der Kundensituation in dem Sinne, dass zwischen Kunde und Berater Klarheit über den Inhalt und die Bedeutung der erhobenen Hard- und Softfacts besteht, die im System erfasst werden muss. Viele Betreuer erachten das Wissen über den Kunden immer noch als Privatsache, nicht verstehend, dass die Daten für die Bank überlebensnotwendig sind. Systeme und Prozesse müssen so gestaltet sein, dass eine höchst mögliche Datenqualität erreicht werden kann.

Bei all diesen Herausforderungen bedarf es einer gründlichen Planung und zum Teil aufwändigen Systemen, was dazu führt, dass aber auch lange Umsetzungszeiten berücksichtigt werden müssen – time to market ist aber ein wesentlicher Faktor, um auf diesem stark gesättigten Markt performen zu können. Die Prozesse müssen daher so gestaltet werden, dass zum einen ein ganzheitliches nachhaltiges Konzept entsteht, welches dann über Jahre erprobt, gelebt und perfektioniert werden kann, zum anderen muss die Flexibilität bleiben auch immer wieder kurzfristigen markt- oder konkurrenzabhängige Situationen entgegenhalten zu können. Anders ist eine realistische Vertriebssteuerung nicht möglich.

5. Ausblick

War vor Jahren der Umstieg vom reinen aktionsgetrieben Produktverkauf auf Bedürfnisorientierung und somit einer ganzheitlichen Beratung der Beginn von Dienstleistungsstrategien der Banken eher eine Modeerscheinung, so erscheint der Ansatz unter den heutigen Marktverhältnissen und der zunehmenden Konkurrenzsituation verbunden mit einem immer härter werdenden Preiskampf zwingend notwendig.

Jene Banken, die sich in der Qualität und in der Konsequenz bei der Umsetzung dieses Betreuungskonzeptes hervortun, werden zukünftig Marktführer sein.

Teil II

Doppelstrategien: Ganzheitliche Beratung
und Produkt-/Preisstrategie

Finanzkonzept und Angebot des Monats als erfolgreiche Synergie

Manfred Köhler

1.   Ganzheitliche Beratung mit dem Sparkassen-Finanzkonzept

1.1   Ausgangssituation in der Kreissparkasse Aschersleben-Staßfurt

1.1.1   Unser Institut im Überblick

Die Kreissparkasse Aschersleben-Staßfurt ist als regionaler Finanzdienstleister in Sachsen-Anhalt tätig. In der folgenden Abbildung sind einige Eckdaten zum Institut auf der Grundlage des Jahresabschlusses 2005 dargestellt.

Bilanzsumme	EUR 865,1 Mio.
Kundeneinlagen	EUR 664,6 Mio.
Kredite an Kunden	EUR 386,6 Mio.
Mitarbeiter	224
darunter Auszubildende	17
Privatgirokonten	52.212
Sparkonten	74.622
Darlehenskonten	7.316
Wertpapierkonten	8.328
Geschäftsgirokonten	3.692
Geschäftsstellen	23
Jugendgeschäftsstellen	2
Kompetenzcenter	3
SB-Standorte	4
Geldautomaten	35
Kontoauszugsdrucker	28
Service-Terminals	11

1.1.2 Rahmenbedingungen am Standort

Wie alle neuen Bundesländer ist auch Sachsen-Anhalt und der Landkreis Aschersleben-Staßfurt gekennzeichnet durch Schrumpfungsprozesse und Strukturwandel, insbesondere die demographische Entwicklung und die Beschäftigungsquote sind dafür eindeutige Indikatoren. Kennzeichnend dafür sind eine der höchsten Arbeitslosenquoten im Landesgebiet, ein weit überdurchschnittlicher Bevölkerungsrückgang durch hohe Abwanderung und ein großes Geburtendefizit sowie dadurch mitbegründet eine der schwächsten Kaufkraftkennziffern im gesamten Bundesgebiet.

Per 31. Juli 2005 leben insgesamt 96.033 Menschen im Landkreis Aschersleben-Staßfurt. Davon waren im Jahresdurchschnitt 2004 12.544 Personen arbeitslos. Auch dadurch begründet beträgt die durchschnittliche Kaufkraft je Einwohner für das Jahr 2005 nur EUR 12.947,-. Dies bedeutet im Vergleich zum Bundesdurchschnitt, dass ein Einwohner des Landkreises nur auf ca. 72 Prozent Kaufkraft im Jahr zurückgreifen kann.

Weiterhin ist eine deutliche Verschiebung innerhalb der Alterspyramide zu Gunsten älterer Mitbürger und zu Lasten der Kinder und Jugendlichen erkennbar. Bis zum Jahr 2020 wird vom Statistischen Landesamt Sachsen-Anhalt ein Bevölkerungsrückgang auf dann nur noch 73.500 Einwohner prognostiziert. Zusätzlich wird der Landkreis aufgrund der hohen Arbeitslosenquote überdurchschnittlich durch die Arbeitsmarktreformen Hartz IV belastet. Eine weitere Verschlechterung der Einkommenssituation und damit auch der Kaufkraft werden die Folge sein.

1.2 Mitarbeiterpotenzial

Die Kreissparkasse Aschersleben-Staßfurt verfügt über 224 hoch motivierte Mitarbeiter. Dabei haben wir das Ziel, 70 Prozent der Mitarbeiter im Vertrieb zu beschäftigen. In der Vergangenheit wurde der Vertrieb durch diverse Zentralisierungen von Sachbearbeitungsaufgaben bei Beibehaltung der Mitarbeiteranzahl im Markt gestärkt.

Zur Personalentwicklung unserer Vertriebsmitarbeiter setzten wir sowohl interne als externe Trainer ein. Dabei steht nicht allein die Schulung von Produkten sondern viel mehr das Coaching für Verkaufsprozesse im Vordergrund. Auch unsere Marktverantwortlichen werden derzeit „trainiert", um die Coachingprozesse vor Ort nach einheitlichen Qualitätsmustern durchzuführen.

Zur Motivation der Mitarbeiter in den einzelnen Vertriebsbereichen steht ein Leistungsorientiertes Anreizsystem zur Verfügung, welches alle Verkaufsergebnisse berücksichtigt. Die Ausschüttungen betragen bei einer Zielerreichung von 100 Prozent ca. zwei Prozent des Betriebsergebnisses vor Bewertung und sind nach oben offen. Über die erreichten Ergebnisse werden die Mitarbeiter regelmäßig informiert. Am Ende des Geschäftsjahres werden die besten Teams vom Vorstand im Rahmen einer gemeinsamen Veranstaltung ausgezeichnet. Über diese Veranstaltung werden alle Mitarbeiter in unserer Mitarbeiterzeitung informiert. Alle aufgezeigten Systeme dienen der kontinuierlichen Motivation und Förderung der Mitarbeiter als Grundlage für außergewöhnliche Ergebnisse.

1.2.1 Position im Markt

Unter den beschriebenen Rahmenbedingungen konnte sich die Kreissparkasse Aschersleben-Staßfurt im Markt gut positionieren, wobei insbesondere bei den Passivprodukten die nachfolgend dargestellten Marktanteile aufgrund der historischen Vorteile einer Sparkasse im Gebiet der neuen Bundesländer sehr hoch sind.

Bankverbindung gesamt	75 Prozent
Girokonto	72 Prozent
Sparprodukte	81 Prozent
Kurzfristige Geldanlagen	62 Prozent
Festverzinsliche WP	29 Prozent
Aktien	21 Prozent
Fonds	43 Prozent
Kredite	34 Prozent
Hypotheken	65 Prozent

Die Sparquote der Kunden unseres Institutes liegt mit knapp 13 Prozent über den Durchschnittswerten des Regionalverbandes und denen anderer Sparkassen in Sachsen Anhalt und kompensiert somit einen Teil der geringeren Kaufkraft bezogen auf das Vertriebspotenzial.

Der Eigenanteil an der Ersparnis in Höhe von 47,31 Prozent zeigt allerdings, dass bei den eigenen Kunden noch ein hohes Vertriebspotenzial besteht, welches durch die Vertriebsausrichtung unseres Hauses gehoben werden soll.

1.2.2 Strategische Ausrichtung im Vertrieb

Die Ausrichtung unseres Vertriebes wurde in einer Vertriebsstrategie fixiert, deren Zusammenfassung in der nachstehenden Grafik enthalten ist.

Unsere Vertriebsstrategie

Für uns alle steht der **Kunde im Mittelpunkt**.

Wir stärken die Kundenbindung – **(m)ein Berater, vertrauter Ansprechpartner** in allen Geldangelegenheiten.

Für uns sind **sämtliche Kundengruppen interessant**.

Um unsere Kunden in den Lebensphasen **Karriere und Etablierung** müssen wir uns besonders kümmern – sie haben wenig Zeit und einen hohen Produktbedarf.

Die **Geschäftsstelle** ist und bleibt **Vertriebskanal Nr. 1**.
Der Kunde weiß, wo er uns findet und wo er uns noch in 10 Jahren findet - wir zeigen Beständigkeit und schaffen damit Vertrauen.

Kommt der Kunde nicht zu uns, **gehen wir zu unseren Kunden – wir sind flexibel und mobil**.

Für die Betreuung spezieller Kundengruppen haben wir **Kompetenz-Center** – S-Vermögensmanagement, Firmenkundencenter, Service- und Vertriebsgesellschaft, die wir noch stärker herausstellen.

Unsere wettbewerbsfähigen **Verbundprodukte** werden wir unseren Kunden noch stärker anbieten und verkaufen.

Alle **Stabsabteilungen** unterstützen den Markt bei der Umsetzung der Vertriebsstrategie durch **kundenorientiertes** Handeln.

Wir arbeiten alle nach einem einheitlichen Qualitätsmuster.

Quelle: Eigene Darstellung
Abbildung 1: *Vertriebsstrategie*

Der Grund für die Schaffung einer einheitlichen Vertriebsstrategie und damit einer einheitlichen Vorgehensweise im Markt war die Differenziertheit der Vertriebsleistungen in den einzelnen Bereichen. Es hatte sich gezeigt, dass jeder Berater seine eigene Vorgehensweise in der Beratung angewendet hat, die dann mehr oder weniger von Erfolg geprägt war. Ziel musste es deshalb sein, im Sinne des Kunden eine einheitlich hohe Qualität der Kundenberatung in jeder Geschäftsstelle und durch jeden Berater der Kompetenzcenter zu erreichen. Dafür ist eine einheitliche und ganzheitliche Vorgehensweise die Voraussetzung. Diesem Gedanken trägt die strukturierte Beratung Rechnung. Die Kreissparkasse Aschersleben-Staßfurt arbeitet daher in allen Kundensegmenten mit einem strukturierten und ganzheitlichen Beratungsansatz – dem Sparkassen-Finanzkonzept.

1.3   Einbindung des Finanzkonzeptes im Vertriebsprozess und erste Ergebnisse

1.3.1   Modulare Implementierung des Finanzkonzeptes

Nach der Einführung des Finanzkonzeptes für den Privatkunden und für den Geschäftskunden wurde auch der strukturierte und ganzheitliche Beratungsansatz im Kundensegment der Individualkunden pilotiert und eingesetzt. Die Logik des Beratungsansatzes im

Individualkundenbereich baut auf den Grundzügen des Finanzkonzepts Privatkunden auf und enthält darüber hinaus vertiefende Detailanalysen, welche im Kundengespräch – abgestimmt auf die jeweiligen Kundenbedürfnisse – eingesetzt werden können. Für die Kundensegmente der Firmen- und Gewerbekunden erfolgte bis Juli 2006 eine erfolgreiche Pilotierung.

Was ist das Geheimnis des Finanzkonzeptes? Das Sparkassen-Finanzkonzept Privatkunden basiert zunächst auf einem so genannten Finanzcheck, mit dessen Hilfe der Kundenberater

gemeinsam mit dem Kunden dessen finanzielle Situation umfassend aufnimmt. Auf Basis dieser Erhebung erfolgt ein Abgleich mit den so genannten „Produktempfehlungen der Experten" für alle relevanten Bedarfsfelder des Kunden. Diese reichen vom

Liquiditätsmanagement/Service über die Absicherung von Lebensrisiken und die Altersvorsorge bis hin zur Vermögensbildung und stellen Handlungsempfehlungen dar, die auch aus Sicht der Finanzpresse und der Verbraucherschutzverbände für die einzelnen

Lebensphasen des Kunden besonders sinnvoll sind. Selbstverständlich gehört auch die Überprüfung der Inanspruchnahme aller in Frage kommenden Fördermöglichkeiten für den Kunden zum Finanzcheck dazu. Im Geschäftskundenbereich werden neben der privaten Seite des Kunden auch seine betrieblichen Belange (Investitionserfordernisse etc.) berücksichtigt. Muster von einzelnen Finanzchecks sind in den folgenden Abbildungen enthalten.

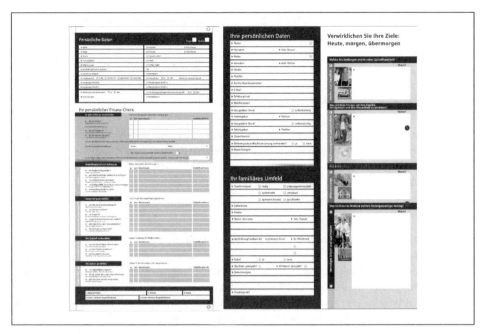

Quelle: Kreissparkasse Aschersleben-Straßfurt.
Abbildung 2: *Finanz-Check.*

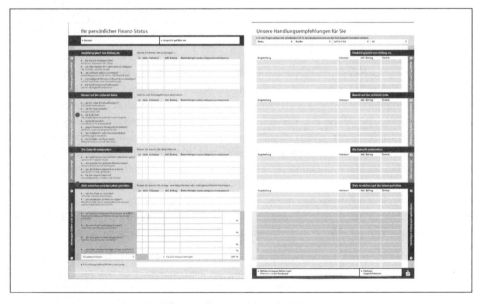

Quelle: Kreissparkasse Aschersleben-Straßfurt.
Abbildung 3: *Persönlicher Finanzstatus.*

In den speziellen Zielgruppen der Individualkunden und Firmen- bzw. Gewerbekunden runden tiefer gehende Detailanalysen und der Rückgriff auf Musterkundenportfolios die ganzheitliche Kundenberatung ab.

1.3.2 Ergebnisse der Implementierung

Vom Kunden wird eine solche strukturierte Vorgehensweise sehr positiv aufgenommen. Telefonische Kundenbefragungen haben ergeben, dass fast 90 Prozent aller Kunden eine Beratung mit dem Finanzcheck ihren Verwandten oder Freunden weiterempfehlen würden. Für die Sparkassen-Mitarbeiter liefert die strukturierte und ganzheitliche Kundenberatung mit den dazugehörenden verkaufsunterstützenden Materialien eine wertvolle Orientierung für das Gespräch mit dem Kunden.

Die Umsetzung eines solchen Konzepts ist jedoch kein Selbstläufer. Die Einführung des strukturieren und ganzheitlichen Beratungsansatzes erforderte zunächst Überzeugungsarbeit beim Kundenberater, greift der doch zunächst auf seine langjährigen und guten Erfahrungen seiner Beratungstätigkeit zurück. Die Einsicht mit der Umsetzung des Finanzkonzeptes auf dem richtigen Weg zu sein kommt erst, wenn die Berater den Vertriebserfolg aus einem stringenten Aktivitäten- und Vertriebscontrolling erkennen können.

Die Einführung des Sparkassen-Finanzkonzeptes verlief jeweils in Pilot-Projekten, in denen idealerweise Trainingsmaßnahmen für Vertriebsmitarbeiter und Führungskräfte enthalten waren. Das Zusammenspiel zwischen Betreuungskonzeption, systematischer Vertriebs- und Aktivitätensteuerung und gezielten Trainings- und Coachingmaßnahmen ermöglicht einen durchschlagenden Vertriebserfolg. Das belegten die guten Ergebnisse aus der Pilotierung und dem Rollout in unserer Sparkasse.

Ist der strukturierte Beratungsansatz erfolgreich etabliert, gilt es, den Vertriebsansatz mit gezielten Kampagnen zu untermauern. Alle Informationen aus einem Finanzcheck werden in der Kundenbetreuungssoftware auswertbar erfasst. Aus den Informationen generieren sich so genannte Anlässe, zu denen die Kunden gezielt angesprochen werden. Das Sparkassen-Finanzkonzept ist in seiner vollständigen Umsetzung ein erfolgreicher Vertriebsansatz. In unserem Institut wurde das Sparkassenfinanzkonzept für alle Kundengruppen umgesetzt. Weitere, bestehende Marketingkonzepte (Jugendmarktkonzept, Seniorenmarktkonzept) dienen der laufenden Vertriebsunterstützung. Das Kundenbetreuungskonzept segmentiert die Kunden und regelt den Ansprachtprozess. Des weiteren haben wir im Rahmen einer Diplomarbeit den Standards für Kundengespräche in verschiedenen Situationen definieren lassen. Die Implementierung im Haus erfolgt derzeit unter Einsatz eines externen Coachs.

Durch die Umsetzung des Sparkassenfinanzkonzeptes für alle Geschäftsfelder der Sparkasse existiert in der Kreissparkasse Aschersleben-Staßfurt ein Medium, welches auf eine Standardisierung des Vertriebes auf der Grundlage des Lebensphasenmodells zielt. Dadurch soll der Vertrieb intensiviert, die Kosten reduziert und der Verbund gestärkt werden.

1.3.3 Zielsystem und Finanzkonzept

Im Jahr 2006 wurde unser Zielsystem für den Bereich Privatkunden vollständig auf das Finanzkonzept umgestellt. Dabei wurden in einem ersten Schritt alle Produktangebote der Sparkasse den einzelnen Bereichen (Service, Altersvorsorge, Lebensrisiken, Vermögen bilden) zugeordnet.

Die einzelnen Marktbereiche haben seit dem Beginn diesen Jahres auf der Grundlage der gebildeten Aquisitionsverbünde ein Ziel für die zu tätigen Kundengespräche. Dabei wurden Gesprächsfrequenzen je nach Kundengruppen festgelegt. Im Ergebnis hat jeder Standardberater an 200 Arbeitstage je fünf Kundengespräche zu führen. Vermögensberater haben ein Ziel von drei Kundengesprächen pro Arbeitstag. Gespräche werden bei uns durch verschiedene Erfolgsfaktoren definiert.

Aufbauend auf dem Ziel für Kundengespräche wurde unter Zugrundelegung einer Produktzielgröße von 75 Prozent für die einzelnen Produktbereiche des Finanzkonzeptes fixiert. Diese Form der Vertriebssteuerung setzt somit den Schwerpunkt auf die Aktivität des einzelnen Beraters. Sie erfordert allerdings aufgrund ihrer Einfachheit eine qualifizierte Steuerung der Gesamtbankergebnisse aus dem Zentralbereich, da die Marktbereiche keine direkte Produktverantwortung mehr tragen.

Auf der Grundlage des Zielsystems werden leistungsorientierte Vergütungen gezahlt. Direktprovisionen werden nicht mehr gewährt. Die Vertriebsergebnisse werden anhand eines Punktekataloges bewertet und am Jahresende vergütet. Durch die Anwendung eines Punktekataloges wird eine qualitative Steuerung der Produktabschlüsse unterstützt. Dabei obliegt die Verteilung der Beträge in den einzelnen Teams dem jeweiligen Leiter. Grundlage hierfür sind die auf Einzelberater gemessenen Abschlüsse. Auf diesem Weg soll den verschiedenen Strukturen und Arbeitsteilungen in den Vertriebsbereichen Rechnung getragen werden.

Das neue Zielsystem basiert auf einer standardisierten Erfassung der Gesprächsergebnisse in der Kundenbetreuungssoftware. Diese Datenqualität ist essenziell für das Kampagnenmanagement und die Vertriebssteuerung. Aus diesem Grund lassen wir die

Gesprächsergebnisse zentral in unserer Tochtergesellschaft erfassen. Die Vertriebsbereiche werden somit von EDV Erfassungen entlastet. Die freien Zeiten können zur Erreichung der Gesprächsfrequenzen und Abschlussvorgaben genutzt werden. Der finanzielle Mehraufwand für die zentrale Erfassung wird durch zusätzliche Produktverkäufe kompensiert.

Der Einsatz des Finanzkonzepts erlaubt somit eine einfache und auf die Aktion abgestellte Steuerung des Vertriebes und die dezentrale Beschäftigung mit Vertriebscontrollingergebnissen wird auf ein Minimum reduziert. Im Bereich der Privatkunden hat die Sparkasse durch die konsequente Umsetzung des Finanzkonzeptes bereits rund 20.000 Finanzchecks durchgeführt. Dabei werden die erfassten Kundendaten systematisch für Vertriebskampagnen genutzt. Die hohen Gesprächsvorgaben wurden bisher im Durchschnitt unserer Privatkundenmarktbereiche zu 90,2 Prozent erfüllt. Auch durch die weitere Zentralisierung von Sachbearbeitungsaufgaben sowie den Einsatz des Call-Centers für Terminvereinbarungen sollen Freiräume für

die weitere Erhöhung der Gesprächsfrequenzen geschaffen werden. Die Produktabschluss-
quote liegt dabei noch oberhalb unserer Erwartungen bei 84,1 Prozent (Ziel 75 Prozent). Die
ursprünglichen Befürchtungen, dass durch die erhöhte Gesprächsfrequenz die Produktab-
schlussquote sinkt, haben sich erfreulicherweise nicht bestätigt.

Zusammenfassend ist festzustellen, dass der Einsatz des Finanzkonzeptes zur Beratungsun-
terstützung nur ein erster Schritt sein kann. Wir halten eine systematische Ausrichtung des
Vertriebes inklusive der Vertriebsunterstützung nach den Grundgedanken des Finanzkonzeptes für einen richtigen Weg. Die Prozessgestaltung des Institutes ist an den Kundenbedürfnissen und damit am Finanzkonzept auszurichten, um auch über diesen Weg die gleiche Qualität
an jedem Ort vorzuhalten. Somit kann sich die Sparkasse von anderen Mitwettbewerbern
positiv abheben

1.3.4   Kampagnen zur Steuerung des Vertriebserfolges

Das dargelegte System der Vertriebssteuerung wird durch ein effizientes Kampagnenmanagement ergänzt. Hier gilt der Grundsatz: „klein aber fein", das heißt, es sollen nicht mehr als
10 Kunden pro Berater pro Kampagne beraten werden. Unter Nutzung der Informationen aus
dem Finanzcheck werden treffsichere Kundenselektionen erstellt. Die ermittelten produkt-
affinen Kunden werden zentral angeschrieben, direkt vom Berater telefonisch angesprochen
oder über das eigene Call-Center zum Produkt angesprochen bzw. zu einem Beratungsgespräch eingeladen. Während die Vorbereitung der Kampagnen zentral erfolgt ist die Umsetzung bzw. der Erfolg in der Verantwortung der Führungskräfte des Marktes.

1.4   Erstes TÜV-Siegel für die Kundenbetreuung

Beratungsqualität und Kundenzufriedenheit – gut! Zu dieser Erkenntnis kam der TÜV nach
einem Dienstleistungs-Audit in der Kreissparkasse Aschersleben-Staßfurt und verlieh dem
Kreditinstitut im Februar 2006 das Zertifikat „Geprüfte Kundenberatung nach dem Sparkas-
sen- Finanzkonzept im Privatkundenbereich". Die Kreissparkasse Aschersleben-Staßfurt ist
das *erste Kreditinstitut in Deutschland,* das dafür ein TÜV-Siegel erhalten hat.

Gerade in einer Zeit, in der die Anforderungen an Finanzdienstleistungen immer mehr zu-
nehmen und die Konsumenten immer anspruchsvoller werden, bestätigt dieses Ergebnis
eindrucksvoll, dass die Sparkasse mit ihrem Konzept der ganzheitlichen Beratung eine hochwertige und an den Kundenbedürfnissen orientierte Beratung anbietet. Diesen Nachweis von
einer unabhängigen Prüfungsstelle zu erhalten, ist Bestätigung für die Arbeit der Sparkasse
und der BeraterInnen, die diese Auszeichnung auch künftig als „Messlatte" sowie als Leistungsversprechen an ihre Kunden verstehen.

2. Produkt-/ Preisstrategie über das „Angebot des Monats"

2.1 Gründe für die Einführung

Die traditionelle Differenzierungsstrategie mit der ganzheitlichen Beratung (Finanzkonzept) soll im Wettbewerb mit Direktbanken und den Nischenanbietern ergänzt werden. Das Verhalten der Kunden hat sich durch Preisstrategien anderer Branchen, speziell dem Handel und der Airlines, seit 2001 verändert. Täglich locken Angebote, wöchentlich gibt es ein „neue Welt-Versprechen" mit günstigen Produkten oder Zugaben. Beispiele dafür sind Tchibo, Saturn, Media Markt, Aldi, Lidl, Plus, Kaufhof Galeria, Billig-Airlines, Möbelhandel und viele andere.

Um bei diesen Veränderungen mitzuhalten, braucht es Kreativität, andere Verpackungen für Sparkassenprodukte und eine positive Produkt-/ Preiswahrnehmung durch den Kunden. Nur Zinssätze zu ändern, die kaum eine Zinsmarge für die Sparkasse übrig lassen oder bei denen „zugezahlt" wird, ist eine kurzfristige Strategie, die selbst im oligopolistischen Markt nur zu Konzentrationen und/oder Preisangleichungen mit niedrigen Margen führt.

Ein Ausweg dazu führt über tiefenpsychologisch begründete Verhaltensmuster der Kunden. Der Kunde muss den Eindruck gewinnen, dass die Produkte der Sparkasse günstig und gut sind – und qualitativ hochwertig. Es geht darum, sich einem verstärkten Markenimageaufbau in Richtung preiswert und Qualität zu widmen. Ein Weg dazu ist der von der GTM-Unternehmensgruppe (Hamm) entwickelte Strategiebaustein einer Pullstrategie über das „Angebot des Monats".

2.2 Angebot des Monats

2.2.1 Strategie

Mit dem Angebot des Monats wird den Kunden eine Erlebniswelt geboten. Durch monatliche immer neue Angebote und auffallende Produktzugaben sollen Impulskäufer aktiviert werden. Wichtig ist die Einbindung „Angebot des Monats" in die Gesamtstrategie. Das Schaubild zeigt die Zusammenhänge der Markt-Doppelstrategie: Push und Pull-Strategie.

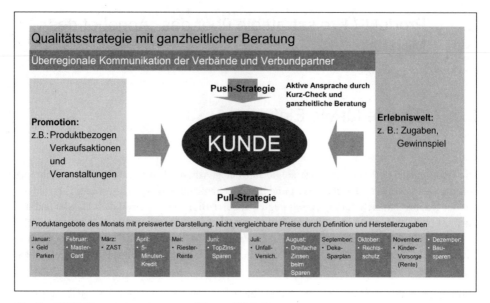

Quelle: GTM-Unternehmensgruppe (Hamm/Zürich).
Abbildung 4: *Zusammenspiel von Qualitäts- und Produkt-/Preisstrategie.*

2.2.2   Die Preisfindung als wichtiger Baustein

Die gutenbergsche doppelt geknickte Preisabsatzfunktion gibt jedem Unternehmen einen autonomen preispolitischen Handlungsspielraum. Bei Betrachtung der Einstandskosten, des Wettbewerbs, der Kundenreaktion und des Preisimages eines Unternehmens ist die preiserlebnis-orientierte Kommunikationspolitik der besonders strategische Effekt.

Kunden entwickeln eine Preiszufriedenheit und die Angebote anderer Wettbewerber werden dadurch weniger beachtet. Hierbei sind die Preisemotionen besonders wichtig. Zu Preisemotionen zählen beispielsweise der Preisstolz oder auch die Schnäppchen. Durch das Preisimage entsteht eine UPP (unique price position), welche zur strategischen Aufgabe beim Pricing einer Bank/Sparkasse werden sollte. Die Kommunikation soll nun verstärkt auf den Einsatz der „preisbetonten Kommunikationspolitik" achten, wobei hier die verwendeten Instrumente der erfolgreichen Handelsunternehmen adaptiert werden können.

2.2.3   Was ist das Besondere beim Verkauf?

Das Produkt und die Vermarktung müssen einfach gestaltet werden. Einfach für MitarbeiterInnen, einfach für Kunden. Es muss fast „spielerisch" an den Mann/an die Frau" gebracht werden. Hierzu ein Beispiel:

Die Ansprache erfolgt über ein Gewinnspiel, eine Verlosung, eine Zugabe in Form des „Brücke bauen" (Bridging) bei der Kundenansprache. Der Mitarbeiter braucht nur eine Frage zu stellen: (siehe das Beispiel zum Ratensparen) „Wollen Sie ein romantisches Wochenende gewinnen?" Das Motto des Gewinnspiels für „Regelmäßig sparen" heißt: „Sparen und Gewinnen". Zu gewinnen sind Wochenenden in einem Hotel. Die Führung des Verkaufsgesprächs erfolgt dann über die „Quizfrage" mit Hinführung auf die Ansparempfehlung und auf den Produktvorteil (Doppelter Zins).

Quelle: Kreissparkasse Aschersleben-Straßfurt.
Abbildung 5: *Plakat DIN A1.*

Quelle: Kreissparkasse Aschersleben-Straßfurt.
Abbildung 6: *Vorderseite Verkaufsprospekt.*

Quelle: Kreissparkasse Aschersleben-Straßfurt.
Abbildung 7: *Gewinnspiel-Coupon im Verkaufsprospekt.*

Quelle: Kreissparkasse Aschersleben-Straßfurt.
Abbildung 8: *Rechte Innenseite Verkaufsprospekt.*

Quelle: Kreissparkasse Aschersleben-Straßfurt.
Abbildung 9: *Rückseite Verkaufsprospekt.*

Quelle: Kreissparkasse Aschersleben-Straßfurt.
Abbildung 10: *Anzeige.*

Quelle: Kreissparkasse Aschersleben-Straßfurt.
Abbildung 11: *Display Kontoauszugsdrucker.*

Quelle: Kreissparkasse Aschersleben-Straßfurt.
Abbildung 12: *Internet-Buttons.*

2.2.4 Werbung/Verkaufsförderung

- Die Plakatierung der Filialen innen und außen erfolgt über ein Plakat DIN A1, Türstopper (Bockständer), Reiter DIN A1 Thekenaufsteller, KADInfo und Lokus pokus Plakate

- Internethomepage Hinweis

- Mailing an „Fremdgänger" (jeden Monat mit „Angebot des Monats") sind geplant

- Zeitungsbeileger zweimal pro Jahr als kreative Gestaltung mit dem Aufmacher „Angebot des Monats" und weiteren günstigen Produktangeboten (Zielgruppen-Angebote) plus Immobilienobjekte

Je nach Zielsetzung für die Kommunikation können weitere Medienmittel/Vertriebswege eingesetzt werden.

Sollen nur die „Filialgänger" erreicht werden, so kann auf die Beileger verzichtet werden. Es reichen dann Mediainvestitionen von ca. EUR 700,- pro Monat für oben genannte Werbemittel bei 25 Geschäftsstellen.

Die Beileger sind absichtlich auffällig gestaltet – analog den Handelsbeilagen in der Zeitung oder der Haus zu Haus-Verteilung. Für eine Sparkasse ist diese Art der Werbung ungewöhnlich. Aber gerade dadurch wurde eine enorme Aufmerksamkeit erzielt. Der gesamte Landkreis sprach wochenlang nur von der Beilage und den Gewinnmöglichkeiten. Speziell die Immobilienabteilung freute sich über einen stark gestiegenen Umsatz. Auch alle anderen Produkte wurden im „Beilegermonat" mehr verkauft als sonst üblich. Wichtig ist, dass neben den Kunden natürlich die Begeisterung bei den Mitarbeiterinnen und Mitarbeitern vorhanden ist.

Die Wirkung ist umso bemerkenswerter, weil wir unsere Vertriebsmaßnahmen in gewohnter Weise durchführen. Das „Angebot des Monats" ist ein „add on". Die meisten Geschäftstellen-Mitarbeiter sprechen ihre Kunden gar nicht drauf an – und das war bei uns so gewollt. Wir

wollen die Sogwirkung der Angebote/Kommunikation nutzen und es als zusätzliche Ver-
kaufsmaßnahme sehen – mit der Imagewirkung zur preisgünstigen kreativen Sparkasse.

Quelle: Kreissparkasse Aschersleben-Straßfurt.
Abbildung 13: *Titelseite Zeitungsbeilage (55.000 Stück).*

Quelle: Kreissparkasse Aschersleben-Straßfurt.
Abbildung 14: Linke Innenseite Zeitungsbeilage.

Quelle: Kreissparkasse Aschersleben-Straßfurt.
Abbildung 15: *Rechte Innenseite Zeitungsbeilage.*

Quelle: Kreissparkasse Aschersleben-Staßfurt.

Abbildung 16: *Rückseite Zeitungsbeilage.*

Quelle: Kreissparkasse Aschersleben-Straßfurt.
Abbildung 17: *Thekenaufsteller.*

2.2.5 Ansprachen durch die MitarbeiterInnen

Zukünftig werden wir die Ansprachen der Kunden durch unsere Mitarbeiterinnen und Mitarbeiter forcieren. Tests haben ergeben, dass wir dadurch je nach Produkt 100 bis 300 Prozent mehr verkaufen können und weitere Produkte mit in den Verkaufssog kommen. So hatten wir üblicherweise 30 bis 50 Ratenkreditverkäufe pro Monat. Beim Angebot des Monats waren es ca. 150 Verkäufe plus in den Folgemonaten ein Anstieg beim Verkauf.

2.2.6 Bogronzung dos Angebotos

Das Produkt gibt es in der Sonderform nur im jeweiligen Angebotsmonat. Wir wollen damit erreichen, dass Kunden und MitarbeiterInnen monatlich etwas „Neues" haben. Mittlerweile hat sich die Vorgehensweise bei Kunden und dem Personal etabliert. Keiner möchte mehr darauf verzichten. Größere Verkaufsabschnitte würden die Zielsetzungen verwässern.

3. Die Doppelstrategie

3.1 Zusammenwirken von Finanzplanung und Angebot des Monats (Produkt-/Preisstrategie)

Die Zielsetzung der Doppelstrategie ist der Aufbau eines Qualitätsimages und gleichzeitig eines günstigen Anbieters von Sparkassen-/Bankprodukten. Gelingt uns dieser Weg, so werden wir im Marktgebiet eine Alleinstellung dieses doppelten Markenimages haben.

Natürlich dauert dieser Aufbau bis zu zwei Jahre. Die Kunden und Nichtkunden müssen über die Kommunikation erreicht werden und es über einen Kauf bzw. die Teilnahme an einem Gewinnspiel oder ähnlichem erlebt haben.

Nach einem Jahr der doppelten Vorgehensweise ist schon klar abzusehen, dass ein Großteil der Kunden sich entsprechend unseren Wunschvorstellungen verhält. Unser Ziel ist, dass nach zwei Jahren Qualitätserlebnis und Produkt-/Preiserlebnis die Verkaufzahlen sich pro Jahr und pro Produkt um mehr als 15 Prozent steigern und parallel das Ertragsniveau durch das Wachstum in allen Bereichen um 10 Prozent höher wird. Bei fast 70 Prozent Marktanteil (Girokonten) ein enormes Ziel.

3.2   Einbinden der Produkt-/Preisstrategie in die jährliche Vertriebsplanung

Für uns gab es drei Alternativen bei der Vorgehensweise in der Vertriebsplanung.

A) Wir ersetzen bisherige Kampagnen durch die Angebote des Monats.

B) Wir nutzen das Angebot des Monats als „Start" zu einer Kampagne, die dann auch sechs bis acht Wochen dauern kann.

C) Wir lassen Kampagnen und Angebot des Monats parallel im Verkauf.

Jede Alternative wird ihren Erfolg haben. Wir haben uns für eine Kombination aus (B) und (C) entschieden, überwiegend jedoch Alternative (C). Dadurch wurde die „Vertriebspower" erhöht – auf angenehme Weise.

Die Mitarbeiterinnen und Mitarbeiter haben es nicht als zusätzlichen Stress empfunden, sondern loben es als willkommene Aufhänger oder als Zusatzverkaufsmöglichkeit während der Beratungsgespräche. Das Produkt des Monats soll jeweils vom Servicemitarbeiter abgeschlossen werden – der Kunde soll einen schnellen und unkomplizierten Produktabschluss erleben.

Die bisher erzielten Ergebnisse der kombinierten Vorgehensweise sind mehr als ermutigend. Aus unserer Sicht ist es der richtige Weg sich dem veränderten Kundenverhalten anzupassen und mit Kreativität und passender Strategie die nächsten Jahre im Weltbewerb zu meistern.

Aktive ganzheitliche Beratung in der Sparkasse – die Großbaustelle

Matthias Wolpers / Ute Appuhn

1. Hinderungsgründe für die Umsetzung der aktiven ganzheitlichen Beratung

Seit Jahren versuchen Banken und Sparkassen den Beratungsprozess zu vereinheitlichen und die Kundenbetreuung ganzheitlich zu gestalten. Hierfür wurden sogar Mitarbeiter fachlich bis hin zum Certified Financial Planner entwickelt und trotzdem sind bisher die erwarteten durchschlagenden und nachhaltigen Erfolge ausgeblieben.

Was sind die Ursachen für diese Entwicklung?

Der hohe kurzfristige Ertragsdruck bei den Kreditinstituten hat häufig dazu geführt, dass reine Produktkampagnen der ganzheitlichen Beratung vorgezogen wurden. Die Berater wurden nur über Ertrag-, Volumen- und Stückziele gesteuert und haben sich dementsprechend nur auf Kunden mit kurzfristigem Abschlusspotenzial gestürzt – im Zweifel sogar nur auf die Fälligkeiten. Bekanntlich sind die Fälligkeiten der leichteste Akquiseansatz. Die wenigsten Kreditinstitute hatten ihre komplette Vertriebssteuerung konsequent auf den ganzheitlichen Beratungsansatz ausgerichtet. Somit blieb dieser Beratungsansatz bisher, u. a. wegen des Widerspruchs der einzelnen Vertriebsziele, ein Lippenbekenntnis. Ganz im Gegenteil, der Berater konnte aus seiner Sicht immer wieder beweisen, dass die ganzheitliche Beratung nicht Ziel führend ist.

Folgende Argumente wurden und werden immer noch von einzelnen Beratern vorgetragen:

Ganzheitliche Beratung ...

- kostet nur Zeit und Geld.
- ist überflüssig – Produktverkauf ist effektiver.
- interessiert meine Kunden nicht.
- ist (aus Kundensicht) zu komplex – ist zu einfach.
- engt den Berater in seiner individuellen Vorgehensweise zu stark ein.
- ist nur Alibi respektive Werbebotschaft.

2. Die strategische Ausrichtung des Vertriebes

Die Sparkasse Hildesheim hat im Rahmen der Fusion im Jahr 2005 den Vertrieb neu strukturiert und eine verbindliche Vertriebsstrategie für das Gesamthaus formuliert. Die ganzheitliche Beratung ist Bestandteil dieser strategischen Überlegungen und ist in den kompletten Vertriebsprozess für alle Kundengruppen inklusive der Firmenkunden integriert.

Auszüge aus der Vertriebsstrategie der Sparkasse Hildesheim:

In der Sparkassenorganisation wird häufig der Begriff „Vertriebssparkasse" benutzt – ohne eine konkrete Definition hierfür zu geben. Die einzelnen Sparkassen sollen sich zu „Vertriebssparkassen" entwickeln.

Im Sinne der Vertriebsstrategie der Sparkasse Hildesheim wird „Vertriebssparkasse" wie folgt definiert:

- „Vertriebssparkasse" ist keine neue Konzeption, sondern beschreibt einen Endzustand, der durch die Umsetzung der bestehenden Vertriebskonzeptionen erreicht werden soll.

- Ziel der Vertriebssparkasse ist es, den Unternehmenswert der Sparkasse Hildesheim durch qualifiziertes Wachstum zu sichern und zu steigern.

Dieses erfolgt im Vertrieb durch eine laufende Erhöhung der Profitabilität (Ertragssteigerung, Kostenreduzierung und aktive Risikosteuerung) in allen Kundensegmenten und durch den Ausbau der Marktanteile bei den margenstarken bzw. bei den strategisch wichtigen Produkten.

Die Marktstellung der Sparkasse Hildesheim – die Marktführerschaft – soll dabei langfristig gefestigt werden. Grundvoraussetzung dafür ist eine aktive, effektive und erfolgreiche Marktbearbeitung, eine hohe Mitarbeitermotivation und eine hohe Kundenzufriedenheit.

Der Umgang mit dem Spannungsfeld zwischen den Kundeninteressen und den Sparkasseninteressen wird hierbei nach folgendem Grundsatz geregelt: *Die Sparkasseninteressen werden kundenorientiert umgesetzt.*

Das bedeutet: Dem angestrebten hohen Kundennutzen und der Kundennähe sind betriebswirtschaftliche Grenzen durch die Risiko- und Kostensteuerung der Sparkasse Hildesheim gesetzt.

Zur Abgrenzung gegenüber den Mitbewerbern und um dem gestiegenen Qualitätsbewusstsein ihrer Kunden Rechnung zu tragen positioniert sich die Sparkasse Hildesheim zunehmend als Qualitätsanbieter. Qualität bezieht sich hierbei nicht nur auf den Kundenservice, sondern auch auf die Beratungsinhalte.

3. Aktive ganzheitliche Beratung im Vertriebsprozess

In der formulierten Vertriebsstrategie ist der Vertriebsprozess wie folgt beschrieben:

Der Vertriebsprozess

> Potenzialermittlung > Kundenansprache > Terminvereinbarung

> Gesprächsvorbereitung > Gesprächsführung > Beratung

> Preisverhandlung > Produktabsatz > Gesprächsnachbereitung

> Controlling > After-Sales-Betreuung

Um nachhaltige Erfolge im Vertrieb zu erzielen muss der gesamte Prozess betrachtet werden und jeder einzelne Prozessteil für sich optimal organisiert sein. Die ganzheitliche Beratung findet sich u. a. im Prozessschritt Gesprächsführung und Beratung wieder.

In Abgrenzung zum „Warten auf das produktbezogene Bringgeschäft", dass in der Vergangenheit häufig den Vertrieb in Sparkassen bestimmt hat, wurde in der Sparkasse Hildesheim die Vorgehensweise der „aktiven Kundenansprache zur Terminierung potenzialorientierter und ganzheitlicher Beratungsgespräche" (Holgeschäft) gewählt.

Die aktive ganzheitliche Beratung ist ein Vertriebsansatz, der zum Ziel hat, den Kunden in seiner persönlichen Lebenssituation zu verstehen, seine heutigen und künftigen finanziellen Potenziale zu ermitteln, daraus individuelle Bedürfnisse abzuleiten und dann anschließend zielgerichtet Produkte anzubieten.

4.   Die Doppelstrategie:
Produktverkauf plus aktive ganzheitliche Beratung

Die Produktstrategie der Sparkasse Hildesheim folgt der Qualitätsstrategie. D. h. der Berater verkauft dem Kunden die Produkte, die sich aus der aktiven ganzheitlichen Beratung (Bedürfnischeck bzw. der Finanzplanung) ergeben und die dem Risikoprofil des Kunden entsprechen.

Das Spannungsfeld zwischen reinem Produktverkauf und ganzheitlicher Beratung wird somit grundsätzlich aufgelöst.

Trotz dieser Vorgehensweise werden künftig verstärkt Produktkampagnen eingesetzt um mit einem attraktiven Produkt und optisch interessanten Preisen den Beratungsbedarf beim

Kunden und eventuell beim Nichtkunden zu wecken. In einem hierdurch generierten Gesprächstermin wird der Kunde dann ganzheitlich beraten.

Nicht „Qualität statt Quantität" sondern „Quantität folgt Qualität" ist die Strategie. Produktangebote sind somit nur Mittel zum Zweck

Erfolg versprechend sind hierbei die flexible Handhabung der aktiven ganzheitlichen Beratung und die nahtlose Verknüpfung mit den laufenden Produkt- und Beratungskampagnen.

5.   Ziele der aktiven ganzheitlichen Beratung

Hauptziel der aktiven ganzheitlichen Beratung ist der Erfolg im Beratungswettbewerb mit anderen Finanzdienstleistungsunternehmen. Die Unterziele dafür lauten:

■ Ertragssteigerung durch Mehrverkauf

■ Kundenbindung durch höhere Beratungsqualität und dadurch höhere Kompetenzwahrnehmung

■ Kostensenkung durch teilweise standardisierte und strukturierte Vorgehensweise

■ Optimierung und Vereinheitlichung des Verkaufsprozesses in allen Vertriebseinheiten

■ Herausnahme der Komplexität in der Beratung

■ Informationsgewinnung für den „customer-lifetime-value"

■ Einbindung in den Marketingkreislauf

■ Darstellung als Allfinanzanbieter

6.   Die Haupterfolgsfaktoren in der Umsetzungsphase

Als Haupterfolgsfaktoren in der Umsetzungsphase haben sich

■ das funktionierende Kampagnenmanagement und CRM-System,

■ die Einbringungen in den Zielplanungs- und Steuerungsprozess und

■ die Beraterakzeptanz durch eine echte gelebte Führungs- und Coachingkultur erwiesen.

Erfolge in der Umsetzung der aktiven ganzheitlichen Beratung treten dann ein, wenn auch der Anfang der Vertriebsprozesskette beachtet wird. Häufig wird von Führungskräften nur das Ende der Prozesskette – das Controlling – beachtet. Was ist herausgekommen? Warum nicht mehr? Das sind dann die Fragen im Coachinggespräch.

Am Anfang des Vertriebsprozesses stehen die Potenzialanalyse und das Kundenkontaktmanagement. Wichtig ist eine gute Selektion der Kunden, die für eine aktive ganzheitliche Beratung in Frage kommen, da ansonsten die Beraterakzeptanz stark reduziert wird. Zudem sollte der Berater von der Terminierung mit dem Kunden entlastet werden. Nur wenige ausgewählten Kunden (z. B. Private Banking Kunden) sollten vom Berater direkt angerufen werden. Bei allen anderen Kunden ist die Terminierung des Beratungsgespräches über ein ServiceCenter Ziel führender. Nur über den Einsatz eines ServiceCenters werden die Beraterkapazitäten sinnvoll ausgelastet und ausreichend Termine generiert.

Zur Generierung von Folgeterminen und für die laufende Bereitstellung sinnvoller Gesprächsanlässe für den Berater sind die im Beratungsgespräch erhaltenen Informationen in einer CRM-Software zu speichern und aufzuarbeiten. Hierdurch entsteht für die Berater ein echter Nutzen und die Akzeptanz der aktiven ganzheitlichen Beratung wird deutlich gesteigert.

Berater lassen sich mittlerweile sehr gut mit Hilfe von monatlichen Vertriebsreports steuern – aber nur wenn es für die wesentlichen Aufgaben eine Zielvereinbarung gibt. Aktive ganzheitliche Beratung findet nur statt, wenn dafür auch ein Stückziel mit den Beratern vereinbart wird. Nur die reine Messung der Absatzerfolge oder des Ertrages würde wiederum zu reinem Produktverkauf führen. Erfolgsversprechender ist hier ein kleinteiliges Controlling und die Abbildung der Anzahl der geführten Beratungsgespräche und deren Erfolge sowie die Anzahl der Folgetermine.

Um einer stärkeren Ertragsteuerung Rechnung zu tragen, kann pro ganzheitlichem Beratungsgespräch auch ein fiktiver Ertrag z. B. in Höhe von EUR 500,- auf das Ertragsziel angerechnet werden.

Idealerweise werden für die Berater durch die Vertriebssteuerung im Vorfeld Kunden mit einer hohen Potenzialvermutung selektiert.

Doch auch eine noch so perfekt durchorganisierte zentrale Vorbereitung eines ganzheitlichen Beratungsgespräches kann den Hauptumsetzungserfolgsfaktor Führung und Coaching nicht ersetzen.

Damit die aktive ganzheitliche Beratung dauerhaft zum Erfolg führt, müssen Führungskräfte die Verantwortung für die Umsetzung übernehmen, die dazugehörigen Maßnahmen initiieren, die Umsetzung konsequent begleiten und den Erfolg der Umsetzung laufend überwachen. Hauptaufgabe wird es sein, die Beraterakzeptanz immer wieder zu fördern und aufzuzeigen, dass nicht nur die kurzfristigen Vertriebserfolge zählen, sondern dass der potenzialorientierte Vertrieb eher mittelfristig angelegt ist.

7.   Aktive ganzheitliche Beratung aus Kundensicht

Wie empfindet der Kunde eigentlich das Angebot der aktiven ganzheitlichen Beratung? Aus der allgemeinen branchenunabhängigen Kundenbefragung wissen wir, dass Massenproduktionen out sind. Die Anzahl der individuellen Kunden nimmt in fast allen Branchen deutlich zu.

Der Kunde möchte das Gefühl haben, als ob er der einzige Kunde wäre und er möchte vor allem aktiv betreut werden.

Darüber hinaus werden alle Kundengruppen immer inhomogener. Die typischen Cluster nach Alter, Einkommen und/oder Vermögen versagen zum Teil bereits heute in ihrer Funktion. Das bedeutet für die Kundensegmentierung und die Kampagnenselektion, es besteht die Forderung nach einer immer detaillierteren Vorgehensweise, die sich auf Daten bezieht, die im persönlichen Gespräch erhoben wurden.

Dies können z. B. sein:

- Geldvermögen inklusive Fremdbankvermögen und Versicherungen
- Grund- und Immobilienvermögen
- Gebrauchsvermögen
- Forderungen an die Rentenversicherer
- Verbindlichkeiten
- Einkommen
- Sparquote
- Erbschaftspotenziale
- Ausbildung
- soziale Stellung
- externe Einflüsse z. B. Lottogewinne, Kursverluste etc.

8.   Aktive ganzheitliche Beratung aus Sparkassensicht

Bisher wurden Kundensegmentierungen und -selektionen immer auf Basis vergangenheitsbezogener Daten durchgeführt. Zielführender ist eindeutig die Ergänzung durch künftige Potenziale. Nur eine ganzheitliche Beratung ermöglicht durch die individuelle Datenerhebung die Aufdeckung der echten Verkaufspotenziale.

Die aktive ganzheitliche Beratung ist die Grundlage für die Bestimmung des Customer-Lifetime-Value. Dieser wird künftig eine wesentlich größere Bedeutung für eine feine Steuerung der Vertriebsressourcen, für eine genauere Unternehmens- und Vertriebsplanung und somit für eine bessere und detailliertere Ermittlung des Unternehmenswertes einer Sparkasse erlangen.

9.   Aktive ganzheitliche Beratung in der Kommunikation

Die Werbung soll den Vertrieb unterstützen und erleichtern und hat somit den direktesten Bezug zum Vertrieb. Ziel der Sparkasse Hildesheim ist die positive Wahrnehmung bei allen Altersgruppen. Besonders aber von den Gruppen „Junge Erwachsene" und „Leistungsträger der Gesellschaft", die für die Sparkasse immer wichtiger werden, wollen wir als aktives, innovatives, zukunftsorientiertes und leistungsstarkes Kreditinstitut wahrgenommen werden.

Und genau hier setzt die aktive ganzheitliche Beratung an. Das Thema „aktive ganzheitliche Beratung" muss dementsprechend auch nach Außen kommuniziert werden. Reine Produktwerbung steuert wieder zu einseitig und lässt die Beraterakzeptanz verflachen. Eine auffällige begleitende Werbung für die aktive ganzheitliche Beratung ist unerlässlich.

Neben der positiven Wahrnehmung des Themas „aktive ganzheitliche Beratung" steht aber auch die Steigerung des Absatzes im Vordergrund. Über die Werbung soll ein „Vorverkauf" stattfinden und ein Abschluss-Goodwill generiert werden.

10.   Aktive ganzheitliche Beratung in verschiedenen Kundensegmenten

Bei der Umsetzung ganzheitlicher Beratung in den verschiedenen Kundensegmenten einer Sparkasse ist zu berücksichtigen, dass die Grundstrukturen der Umsetzung in jedem Kundensegment einer Sparkasse identische Komponenten aufweist, sich aber insbesondere grundlegend in der Auswahl der Instrumente, die dem Berater zur Umsetzung an die Hand gegeben werden, unterscheidet.

Damit die aktive ganzheitliche Beratung kein Lippenbekenntnis bleibt, müssen Standards definiert werden: Standards und Hilfsmittel, die der Berater verwenden kann, um den ganzheitlichen Ansatz auch tatsächlich mit Leben zu erfüllen.

Gemeinsam bei der Umsetzung ganzheitlicher Beratung in verschiedenen Kundensegmenten sind folgende Leitgedanken:

- Steigerung der Qualität der Kundenberatung, insbesondere in der Wahrnehmung der Kunden

- umfassende Aufnahme der finanziellen Situation des Kunden

- Analyse der Bedarfsfelder Service, Absicherung, Altersvorsorge, Vermögensaufbau, Vermögensoptimierung

- Ziele, Wünsche und Lebensplanung des Kunden

Diese grundsätzlichen Leitgedanken sind allen Kundensegmenten gemeinsam. Diesen grundsätzlichen Bedarf hat die allein erziehende kaufmännische Angestellte mit zwei Kindern, aber auch der leitende Angestellte, verheiratet, dessen Vermögen durch Erbschaften deutlich angewachsen ist.

Nur die *Tiefe* der erforderlichen Analyse der Kundensituationen ist unterschiedlich, die *Spannbreite* der möglichen Probleme und Lösungsmöglichkeiten.

Insofern müssen sich die Instrumente unterscheiden, die wir unseren Beratern an die Hand geben, um ganzheitliche Beratung angemessen in den verschiedenen Kundensegmenten umzusetzen.

10.1 Praxisbericht: aktive ganzheitliche Beratung in der Geschäftsstelle

a) **Welche Kunden betreuen wir hier?**

– Alter:	0 bis 34 Jahre
– Einkommen:	< € 2.500
– Vermögen:	< € 25.000

– Alter:	35 bis 69 Jahre
– Einkommen:	< € 3.000
– Vermögen:	< € 50.000

– Alter:	> 70 Jahre
– Vermögen:	< € 200.000

b) Unsere besonderen Anforderungen an die Instrumente ganzheitlicher Beratung in der Geschäftsstelle:

■ hohe Effizienz im Gesprächsablauf

■ Zeitziel: ganzheitliche Beratung im Retailbereich muss in 20 Minuten durchführbar sein

■ schnelles Aufnehmen der Kundensituation

■ Nutzungslücken müssen durch Berater schnell durch

■ Produktverkauf geschlossen werden können

c) Unser Instrument in der Geschäftsstelle: Sparkassen-Finanzkonzept privat

Herzstück des Konzeptes ist der so genannte Finanzcheck, der mit einer systematischen Bestandsaufnahme der Kundensituation startet. Damit werden die Grundvoraussetzungen für eine ganzheitliche Beratung geschaffen. Anschließend wird mit Hilfe der Produktempfehlungen der Experten, die auch die Empfehlungen neutraler Dritter integrieren, gemeinsam mit dem Kunden eine Handlungsempfehlung abgeleitet.

Mit der Integration von Produktempfehlungen der Experten sind dabei Normempfehlungen für typische Kundenprofile und konkrete Bedarfssituationen etabliert worden.

Am Anfang haben sich unsere Berater mit dem systematischen Beratungsansatz schwer getan: Man darf dabei nicht verhehlen, dass wir mit dem systematischen Beratungsansatz in einen Bereich eingreifen, den der Berater bisher so für sich selber gestaltet hat, wie er es selber als richtig empfunden hat.

Plötzlich gibt es Standards, die geschaffen werden, gibt es Bögen, die ein Beratungsgespräch strukturieren. Und an diese Struktur muss sich jeder Verkäufer gewöhnen. Und das geht nicht von alleine, bis das Konzept in Fleisch und Blut übergegangen ist.

Bei ganzheitlicher Beratung nur daran zu denken, wie unser Berater ein Kundengespräch gestalten soll und dafür Standards zu schaffen, ist viel zu kurz gesprungen.

Damit ganzheitliche Beratung nicht nur ein Lippenbekenntnis bleibt, müssen sich auch interne Bereiche entsprechend ausrichten:

■ Ausrichtung des Zielsystems nicht nur auf Produktziele, sondern auch Aktivitäten ganzheitlicher Beratung werden entsprechend gewichtet

■ Definition von Zielen je Berater: drei Finanzchecks pro Woche pro Berater

■ Integration in ein Anreizsystem, bei dem der Berater von einer konsequenten Umsetzung ganzheitlicher Beratung profitiert

■ Änderung in der Vertriebssteuerung: Ein Vertriebsplan, der nicht nur produktbezogene Schwerpunktkampagnen vorsieht, sondern die Kundenansprache über ganzheitliche Beratung ebenso vorsieht

■ Konsequente Hinterlegung der Inhalte des Finanzchecks in den CRM-Systemen, um Ergebnisse ganzheitlicher Beratung für zielgerichtete Vertriebskampagnen nutzbar zu machen

■ Intensive Führungskräfte-Coachings: Wie begleitete ich täglich meine Berater bei der nachhaltigen Umsetzung aktiver ganzheitlicher Beratung in meiner Geschäftsstelle

10.2 Praxisbericht: aktive ganzheitliche Beratung im Vermögensmanagement

a) Welche Kunden betreuen wir hier?

Das S-Vermögensmanagement richtet sich an Individualkunden und gehobene Privatkunden bzw. Aufsteiger mit individuellem Betreuungsbedarf.

- Alter: 0 bis34 Jahre
- Einkommen: >= € 2.500 < € 12.000
- Vermögen: >= € 25.000 < € 500.000
- Aktivvolumen: >= € 100.000

- Alter: 35 bis 69 Jahre
- Einkommen: >= € 3.000 < € 12.000
- Vermögen: >= € 50.000 < € 500.000
- Aktivvolumen: >= € 100.000

- Alter: > 70 Jahre
- Vermögen: >= € 200.000 < € 500.000

b) Unsere besondere Anforderungen an die Instrumente ganzheitlicher Beratung im Vermögensmanagement:

Kennzeichnend ist eine hohe Spannbreite möglicher Kundenbedürfnisse im Bereich Vermögensmanagement.

■ Ganzheitliche Beratung im Vermögensmanagement muss nahezu einen Spagat schaffen.

■ Sie muss: „standardisierte" Komponenten beinhalten, um „untere" Einkommens/Vermögens-Kunden effizient zu beraten, sie muss aber auch hochwertige individuelle Komponenten beinhalten, um den gehobenen Anspruch der „private-banking" nahen Kunden gerecht zu werden.

■ Kernherausforderung ist dabei die Frage, ob die Beratung im Individualkundensegment standardisierbar ist, ohne den individuellen Betreuungsanspruch zu vernachlässigen.

c) Unsere Instrumente im Vermögensmanagement:

Kombination aus Sparkassen-Finanzkonzept „individual" und technische Unterstützung über KMS-Module von ORGAPLAN.

Dieses zweistufige Verfahren vereint Effizienz und Individualität. Die Erweiterung der Finanzkonzept-Familie um das Finanzkonzept „individual" bildet auch im Vermögensmanagement das Kernstück zur Umsetzung des ganzheitlichen Beratungsansatzes. Die Nutzung des Finanzchecks „individual" gewährleistet das systematische und effiziente Vorgehen der Berater.

Mit dem Finanzcheck wird auch hier systematisch die Kundensituation aufgenommen, die *alle* Bedarfsfelder umfasst. In weniger komplexen Kundensituationen kann der Berater mit den Hilfsmitteln des Finanzkonzepts (Expertenempfehlung) in den Produktverkauf gehen.

Sind die Kundenfälle komplexer – die Lösungen bedürfen einer tiefer gehenden Analyse – kommt die technische Unterstützung über die Finanzplanungsmodule (KMS-Module) ins Spiel. Hierüber gewährleisten wir das notwendige Maß an hoher Individualität.

Besteht entweder im Bedarfsfeld Absicherung, Altersvorsorge oder Vermögensstrukturierung tiefer gehender Analysebedarf wird ein Finanzgutachten über KMS erstellt.

Über die Analyse der Altersvorsorge erhält der Kunde ein Gutachten, das z. B folgende Komponenten umfasst:

- Zeitraumbezogene Liquiditätsplanung

- private und betriebliche Altersvorsorge

- Alterseinkünfte gesetzlich und Inflation

- gesetzliche Rentenansprüche bzw. Pensionen

- Immobilien – Kapitalvermögen

- Schenkungen und Erbschaften

Auch die Analyse des privaten Risikomanagements ist umfangreich und umfasst Themenfelder, wie:

- finanzielle Auswirkungen auf die Situation des Kunden bei Berufsunfähigkeit

- Absicherung der finanziellen Folgen von unfallbedingten Einbußen

- private Kranken(zusatz)versicherung

- Versorgung der Hinterbliebenen im Todesfall des Hauptverdieners

- Schutz des Immobilienvermögens

- Hausrat-/Haftpflicht- und Rechtsschutzversicherung

Unser Berater muss in Abhängigkeit von der Komplexität des Kundenfalles entscheiden, welches Instrument die aus Kundensicht geeignete Lösung darstellt:

Es gibt Kundenfälle, in denen die Möglichkeiten des Finanzkonzeptes vollkommen ausreichen, um für den Kunden eine angemessene Beratung zu gewährleisten. Je komplexer der Kundenfall wird, desto eher wird der Berater die Möglichkeiten nutzen, tiefer gehend über KMS zu analysieren.

Welchen Weg der Berater wählt, bleibt ihm überlassen.

Wichtig dabei ist,

1. dass es um die vom Kunden wahrgenommene Qualität der Beratung geht (und die Qualität aus Sicht des Kunden ist schon mit dem Finanzcheck da und beginnt nicht erst mit zunehmender Seitenstärke des Finanzgutachtens)

2. dass Erkenntnisse/Bedarfslücken der Kunden konsequent über Produktverkauf genutzt/geschlossen werden.

Auch für den Bereich Vermögensmanagement gilt selbstverständlich das zuvor gesagte:

- Integration in das Zielsystem

- Integration in das Anreizsystem

- Änderung in der Vertriebssteuerung: Durchführung von Beratungskampagnen

- Einbindung des ServiceCenters zur Terminvereinbarung um den Berater zu entlasten

- Darstellung eines technisch gestützten Prozesses, der die Ergebnisse der Finanzchecks im Rahmen von gezielten Kampagnen nutzbar macht.

Bei der Einführung im Bereich Vermögensmanagement gibt es zwei Herausforderungen:

- *Bauchgefühl unserer Berater:*
  Die mit dieser Strukturierung und Normierung verbundene Standardisierung wird von einigen Beratern als Einschränkung der auf die individuelle Situation des Kunden ausgerichteten Beratung gesehen. Noch weniger gefällt die Erkenntnis, dass mit diesem stringenten Einsatz von Instrumenten die individuellen Freiräume der Berater eingeschränkt werden. Ein Prozess steuert unseren Individualkundenberater. Während vorher jeder Individualkundenberater seinen eigenen Beratungsprozess entwickelt hat und damit auch erfolgreich war.

- *Auf die Führungskräfte kommt es entscheidend an:*
  Die Verantwortung für den Erfolg zur Umsetzung des ganzheitlichen Beratungsansatzes liegt klar in der Hand der Führungskräfte in den Vermögensanlagezentren – durch tägliche Begleitung, Unterstützung in Kundengesprächen, Entkräftung von Beratereinwänden und Sprechen über Erfolgserlebnisse ganzheitlicher Beratung. Auch die gemeinsame Analyse von Kundengesprächen gehört dazu: Welche Vertriebsansätze hat der Berater bekommen? Was hätte er durch seine herkömmliche Vorgehensweise vom Kunden erfahren? Unsere

Berater können nur dann zu überzeugten Anhängern ganzheitlicher Beratung werden, wenn sie ihren ganz persönlichen Vorteil aus dem geänderten Vorgehen entdecken. Und das jeder einzelne Berater seinen persönlichen Nutzen daraus ziehen kann, das muss unser Ziel sein. Unsere Führungskräfte erhalten in kurzen zeitlichen Abständen (alle sechs Wochen) Führungstage mit einem Coach, die jedem Leiter neue Impulse geben sollen und den Austausch fördert.

11.   Personalkonzept für die aktive ganzheitliche Beratung

Die Umsetzung eines ganzheitlichen Beratungsansatzes ist nicht nur mit einer Investition in Vertriebskonzepte, Marketing und Softwareunterstützung verbunden, sondern zieht auch eine Investition in die Qualifikation der Berater nach sich.

Entscheidend für den Erfolg aktiver ganzheitlicher Beratung ist zum einen die strukturierte Vorgehensweise, dass über *alle* Kundenbedürfnisse systematisch gesprochen wird. Nur: Über diese strukturierte Vorgehensweise Nutzungslücken unserer Kunden erkannt zu haben, ist die eine Seite. Wir müssen es auch schaffen, diese Nutzungslücken durch Produktabschlüsse konsequent zu schließen.

Fundiertes Wissen unserer Berater um *alle* relevanten Inhalte ist notwendig. Es reicht nicht aus, „Lieblingsprodukte" zu haben und in anderen Themen (z. B. Berufsunfähigkeit, Riester, Rürup-Rente) nicht abschluss- und argumentationssicher zu sein. Wenn ein Berater in diesen Themen nicht abschlusssicher ist, wird er die guten Ansätze aus dem ganzheitlichen Gespräch nicht in Geschäft umwandeln können. Unsere Führungskräfte im Bereich Geschäftsstellen haben damit die klare Aufgabe, Finanzchecks zu analysieren, Produktabschlüsse der Berater zu beobachten und individuell einzugreifen, wenn Abschlussschwächen in einzelnen Produktthemen vorhanden sind.

Im Bereich Vermögensmanagement hat die Qualifikation der Berater noch eine andere Dimension: Die Spannbreite der Kundenbedürfnisse und die erforderliche tiefer gehende Betrachtungsweise in komplexen Kundenfällen legt besondere Ansprüche an die Qualifikation eines Individualkundenbetreuers. Die Vernetzung von einzelnen Themen erfordert ein umfangreiches und in Teilen detailliertes Wissen über die klassischen Beratungsfelder hinaus, wie z. B. Finanzplanung, Portfoliomanagement, Immobilien, Steuern, Nachlassmanagement, Altersvorsorge oder Risikomanagement. Für die Sparkasse bedeutet das, wirklich qualifizierte Berater in der Individualkundenbetreuung einzusetzen. Um hier die erforderliche Qualität in der Beratung gewährleisten zu können, erwerben unsere Individualkundenberater zusätzlich die Qualifikation zum Certified Financial Consultant. Diese besondere Qualifizierungsmaßnahme wird seit dem Jahr 2003 in der Sparkassen-Organisation angeboten. Die Sparkasse Hildesheim hat gleich zu Beginn eine Vorreiterrolle eingenommen, indem alle Individualkundenberater zum Certified Financial Consultant ausgebildet wurden.

12. Schlussbetrachtung

Strategisch und konzeptionell sieht sich die Sparkasse Hildesheim bezüglich der aktiven ganzheitlichen Beratung sehr gut aufgestellt. Aber jeder weiß, die Sparkassen und Banken haben kein Erkenntnisproblem, sondern ein Umsetzungsproblem. Mit den beschriebenen Instrumenten sind wir in der bisherigen Umsetzung einen guten Teil des Weges vorangekommen. Es gibt das klare Bekenntnis der Geschäftsleitung zur „aktiven ganzheitlichen Beratung", die Vertriebssteuerung und -planung ist für dieses Thema sensibilisiert und die Führungskräfte stehen zu dem Beratungskonzept. Und nicht zuletzt unsere Kunden befürworten mit großer Mehrheit die „aktive ganzheitliche Beratung", wie aus Kundenbefragungen ersichtlich ist.

Wir stellen uns in der Sparkasse Hildesheim immer wieder die Frage, was hat eigentlich der Kunde davon, dass es die Sparkasse (oder die aktive ganzheitliche Beratung) gibt? Unser Kunde will erfolgreich sein. Unser Job ist es „nur", ihm dabei zu helfen. Wenn wir seine Probleme besser lösen als unsere Mitbewerber, wird er zu uns kommen und bei uns bleiben.

Erfolgreich Verkaufen mit den richtigen Ansprachestrategien

Detlef Effert

1.   Strategien als Ausgangspunkt für mehr Ertrag

Die Grundausrichtung von Banken und Sparkassen muss in einer Grundsatzstrategie pro Geschäftsfeld wieder zu finden sein.

Beispiele für Grundsatzstrategien sind:

- Differenzierungsstrategie, z. B. über Qualität, Markenimage

- Kostenführerschaft-Strategie, z. B. über rationelle Abläufe/Prozesse und damit niedrigeren Personal- und Sachkosten

- Preisführerschaft-Strategie, z. B. in der Regel kombiniert mit Kostenführerschaft oder Nischen-/Teilsegmentbearbeitungen

- Nischenstrategie, z. B. als Konzentration auf Schwerpunkte (Zielgruppen, Produkte)

- Convinience-Strategie als Beziehungsebene zwischen Kunden und MitarbeiterInnen

Alle Grundsatzstrategien bedingen jedoch entweder ein Alleinstellungsmerkmal oder einen Wettbewerbsvorteil – und zwar aus der Sicht des Kunden.

Das bedeutet, dass der Kunde die Vorteile wahrnehmen muss, aber das langfristig, um ein Vertrauen in die Wettbewerbsstrategie des Anbieters zu haben.

Beispiele im Handel dafür sind die Discounter Aldi, Lidl, Plus oder Tchibo. Sie versuchen über niedrige Preise und einem Hauch von Produktqualität das Image des dauerhaften und gleich bleibenden Wettbewerbsvorsprungs zu erhalten.

Nachahmer wie Media Markt, Hornbach-Baumärkte und DiBa haben den Durchbruch auf dem Markt geschafft.

Die Sparda-Banken haben das Image beim Kunden in Bezug auf gute Preise seit über 15 Jahren, die Postbank, die Citibank, PSD-Banken und weitere Direktbanken versuchen ihre eigene Positionierung im Kunden-Gedächtnis zu erreichen.

Konsequenz und Nachhaltigkeit in den Aussagen (Strategiedarstellung über die Kommunikation) werden Ihnen zum weiteren Durchbruch verhelfen.

Schwieriger haben es da die Banken und Sparkassen mit bereits hohen Marktanteilen und umfangreichen Kundenzielgruppen.

Sie alle versuchen über die Beziehung zum Kunden und die Nähe zum Kunden Preisnachteile auszugleichen. Das funktioniert bisher nur bruchstückhaft. Grund: Fehlende Gesamtbankstrategie und Geschäftsfeldstrategien, die sich im Kopf des Kunden festsetzen.

Letztendlich fragt sich der Kunde: Warum soll ich zur Bank x gehen? Welche Vorteile bietet mir die Bank x?

Allein diese zwei Fragen müssen traditionell Banken (Genossenschaftsbanken, Privatbanken, Regionalbanken) und Sparkassen differenzierten Kundengruppen mitteilen.

In der Regel sind mindestens sieben unterschiedliche Ansprache- und Kommunikationsstrategien notwendig. Das sind Strategien für:

- Firmenkunden

- Gewerbe- und Geschäftskunden

- Individualkunden

- Private Kunden (Retailgeschätt)

- Senioren

- Neukunden, speziell Gironeukunden

- Junge Leute, speziell Berufsstarter

Alle Kunden-/Zielgruppen haben unterschiedlichen Bedarf. Somit müssen zumindest für diese unterschiedlichen Geschäftsfeldbereiche differenzierte Strategien vorliegen und welchen Anteil die Teilbereiche in der Gesamtbankstrategie haben ersichtlich sein.

Vorraussetzung für effizientes Verkaufen ist somit nachfolgende Strategieentwicklung als Basis für die Umsetzung:

- Unternehmensleitbild

- Vision

- Gesamtbankstrategie

- Geschäftsfeldstrategien mit Erfolgsfaktoren und relevanten Benchmarks (Score Card)

- Ansprachestrategien zur Imagebildung im Kundengedächtnis (langfristig) über Produkt-, Preis-, Verkaufsförderungs- und Kommunikationsstrategien inklusive der einzelnen Mediendarstellungen

Danach muss unter Berücksichtigung eines Kapazitäten-Managements die „Vertriebsbank" im Vordergrund stehen.

2.   Verkaufsstrategie mit Zukunft

2.1   Dauerhafte Geschäftsfeldstrategien transparent machen

Abgeleitet aus den Geschäftsfeldstrategien beinhaltet die Verkaufsstrategie als entscheidenden Punkt die Ansprachestrategie. Das heißt, wie spreche ich den Kunden an, dass er darin den für ihn nachhaltig hohen Nutzen erkennt. Es reicht nicht aus, dass eine einmalige Ansprache oder mehrere Aktionen/Produkte ihn zum Kauf bringen/verleiten, sondern die dauerhaften Käufe und die Entscheidung immer für die gleiche Bank/Sparkasse wird zukünftig eine größere Bedeutung bekommen.

Die Banken und Sparkassen haben ihre Ansprachestrategien noch nicht dem Wandel im Kundenverhalten angepasst.

Durch Strukturveränderungen mit den Folgeschwerpunkten der Sozialreformen und hoher Arbeitslosigkeit haben sich Konsumenten auf eine verhaltene Nachfrage eingestellt. Hinzu kommen die realen Preiserhöhungen durch Wirtschaftsfaktoren.

Konsequenz: Kunden achten auf Preise, Discounter oder Firmen die analoge Strategien fahren, gewinnen an Boden, neben denjenigen, die sich auf hohem Niveau den vermögenden Privatkunden im Produktangebot mit der richtigen Kommunikation widmen.

Transferiert auf den Bankensektor bedeutet das, dass Direktbanken, Sparda-Banken, Postbank, Citibank und andere Newcomer mit ihrer Produkt-/Preisstrategie wachsen und wachsen.

Die traditionellen Filialbanken sehen zu, wie sie im Privatkundengeschäft verlieren.

Stört es z. B. eine Sparkasse oder Genossenschaftsbank gar nicht, wenn sie jährlich ca. 0,7 Prozent des Gesamteinlagenvolumens verliert und das für die nächsten zehn Jahre?

Dem ersten Anschein nach sind es ja auch nur ca. sieben Prozent des Gesamteinlagenvolumens. Plus 0,3 Prozent lukrative Girokontenverbindungen pro Jahr bei Erwerbstätigen, also in den nächsten zehn Jahren ca. drei Prozent Marktanteil?

Hier ist ein strategisches Umdenken gefragt.

Wenn Fusionen und Filialschließungen zur Kostenersparnis als Potenzial aufgebraucht sind und Mitarbeiter ihre Jobs verloren haben, dann wird man sich auf den Vertrieb besinnen. Denn täglich wird das Geld neu verteilt, die Frage ist nur an wen?

Die Antwort ist relativ einfach: Wer die beste Zielgruppen-Ansprachestrategie hat!

Was bedeutet nun richtige Ansprachestrategie und wie muss sie aussehen?

2.2   Welche Ansprachestrategie wählen?

Traditionell wird unterschieden zwischen Produkt-/Preisstrategie (Preis-/Kostenführerschaft) und Differenzierungsstrategie (Qualitätsführerschaft). So ist auch weitgehend die Marktstrategie verteilt. Wer eine Produkt-/Preisstrategie in den Vordergrund stellt, wird die nächsten 10 Jahre nur mit dem Cross Selling beschäftigt sein. Denn Wachstum über die strategischen Produkte (z. B. kostenloses Girokonto, kostenloses Kartenkonto, günstige Baufinanzierung, niedrige Depotgebühren, hohe Einlagenzinsen) bedingt ein Cross Selling mit strategischen Produkten.

Wenn heute in Deutschland die durchschnittliche Banken-Cross Selling-Rate 2,6 Produkte beträgt (je nach Cross Selling-Definition), so reicht das bei einer Preisführerschaft nur aus, wenn die Kostenstrukturen optimiert sind/werden. Daran feilen die Direktbanken.

Den Filialbanken fällt es etwas schwerer ihre Differenzierungsstrategie grundlegend zu überdenken. Der neue Trend der ganzheitlichen Beratung über Finanzkonzepte/Finanzstrategien (= alter Wein in neuen Schläuchen) kann nicht die Lösung sein.

Finanzkonzepteinführungen sind kurzfristig (ein bis zwei Jahre) ein Impuls für eine aktive Kundenansprache durch die MitarbeiterInnen, da es etwas „Neues" ist. Das gelingt aber auch nur bei ca. einem Drittel der Kunden innerhalb von zwei Jahren. Was ist mit den anderen zwei Drittel und was passiert nach zwei Jahren, wenn die Kunden angesprochen wurden und eine Vielzahl weiterer Daten über Kunden gespeichert sind?

Setzt dann die Marketingautomation über Betreuungsketten ein? Werden Kunden entsprechend ihrem geäußerten Bedarf in regelmäßigen Abständen angesprochen? Erhalten Sie Mailings, SB-Terminal-Hinweise, Nachrichten in den persönlichen Internetbriefkasten, Ansprachen beim Filialbesuch aufgrund der eingestellten Aufgaben aus Anlässen, Kampagnen, Kaufwahrscheinlichkeiten?

Sind die Prozesse im Verkauf (Multikanal-Vertrieb) alle definiert und sind die Ansprachen des einzelnen Kunden auf seinen Nutzen ausgerichtet?

All dieses ist nur bei wenigen Banken/Sparkassen ausgefeilt oder in der Vertriebsdenkweise bzw. in Bearbeitung.

Die richtige Ansprachestrategie zu definieren bedeutet daher, den Marketing-Mix auf der Basis der Grundstrategie für das Geschäftsfeld neu zu überdenken.

Die Zukunft der Filialbanken im Privatkundengeschäft muss neben dem Cross Selling bei eigenen Kunden auch die Neukundengewinnung beinhalten. Und dies speziell in den ertragreichen Kundengruppen mit höherem Einkommen/Vermögen (inklusive Gewerbetreibende als Privatpersonen).

Denn Neukunden kann man innerhalb von sechs Monaten ein Produktspektrum von wenigstens fünf Produkten verkaufen, da sie eine Bereitschaft zum Wechsel haben.

Der heutige Privatkunde erwartet eine ganzheitliche Beratung auf Initiative der Bank/Sparkasse, die ihm einen dauerhaften Nutzen bringt.

Jedoch ist das verfügbare/disponible Einkommen im Mengengeschäft begrenzt, da es entweder um Konsumverzicht geht oder die Umstrukturierung von Ausgaben. Bankseitig kann aber nur ein begrenzter persönlicher Aufwand dem gegenübergestellt werden (zum Beispiel 30 bis 60 Minuten pro Jahr), um mindestens EUR 200,- Deckungsbeitrag 2 zu realisieren.

Bei vermögenden Privaten bzw. den TOP 20 Prozent des Kundenstammes fällt die zeitliche Betreuung schon etwas leichter. Aber die anderen 80 Prozent der Kunden verlangen neben den Bedarfsabfragen qualitative Beratung, die für die Bank/Sparkasse aber wiederum nach einer Stunde zu möglichst zwei bis drei Abschlüssen führt, um den entsprechenden Deckungsbeitrag zu erzielen.

Und da hapert es meistens an den Mitarbeitern. Coaching der Führungskräfte, die wiederum Filialleiter coachen und diese anschließend ihre Mitarbeiter, ist das die Lösung?

Ja, wenn dies täglich erfolgt und das richtige „Handwerkszeug" zur Verfügung steht. Einfach muss es für die MitarbeiterInnen sein. vier bis fünf Minuten sollten Sie benötigen, um erfolgreich zu sein, um das „Ja" des Kunden zu bekommen. Und spielerisch sollte der Verkauf möglich sein, denn Entscheidungen zum Kauf fallen zu 90 Prozent nicht rational, sondern emotional.

Und da ist der richtige Ansatzpunkt für die Ansprachestrategie. 30 Prozent der Kunden (vermögende Kunden) sind über die rationale überzeugende Strategie ansprechbar. Das versucht die Deutsche Bank mit ihrer

„Leistung aus Leidenschaft", die Dresdner Bank und die Raiffeisen Landesbank Niederösterreich über den Zusatz „Die Beraterbank" mit Einbindung der ganzheitlichen Beratung über drei bis vier Standardberatungsbögen.

Das gelingt dann auch bei 30 bis 40 Prozent der Kunden, jedoch nicht mit einem auf Dauer befriedigenden Abschlussvolumen, dass das Ertragsniveau generell um 20 Prozent erhöhen könnte. Kurzfristig – bis zwei Jahre – gelingt diese Vorgehensweise. Aber auch hier bleibt die Frage offen. Was passiert mit den anderen 60 bis 70 Prozent Privatkunden und was passiert nach zwei Jahren Aktivität der MitarbeiterInnen. Lösungen zur richtigen Ansprachestrategie auf Dauer haben auch diese Banken nicht.

Wenn jetzt alle Banken/Sparkassen diese Strategie nachahmen, was ist dann wieder der Unterschied zwischen den Instituten? Service, Qualität, Kompetenz?

Es wird sich alles wieder auf einem höheren Anspracheniveau einpendeln, wie bei den Tankstellen und den Kaufhäusern. Nach zwei Jahren sucht man wieder nach der richtigen Ansprachestrategie und sucht einen Weg für die nicht angesprochenen zwei Drittel der Kunden.

Bis dahin haben Banken, die die Produkt-/Preisstrategie in den Vordergrund stellen wieder drei Prozent Gesamtmarktanteil gewonnen und zwei Millionen neue Kunden mit zwei Prozent Einlagenumschichtung vom Gesamtvolumen. Da hilft auf Dauer auch kein kurzfristiges „Flagge zeigen" mit gleichen oder besseren Konditionen bei Produkten.

Verlierer sind und bleiben die Filialbanken, wenn sie ihre (noch fehlende) Ansprachestrategie nicht auf einen Zeitraum von fünf bis zehn Jahre ausrichten.

3. Die neue Markt-Doppelstrategie

Erste Erfahrungen mit einer Kombination von Produkt-/Preisstrategie und Qualitätsstrategie haben einige Sparkassen und VR-Banken gesammelt. Sie setzen sich neue Ziele in der Marktbearbeitung und gegenüber dem Wettbewerb. Sie streben statt einem Null- oder Minuswachstum im bilanzwirksamen Einlagenbereich ein stetiges Wachstum von drei bis vier Prozent p. a. an.

Das gelingt nur, wenn Abwanderungen an Wettbewerber gestoppt werden und das Gesamtimage in die Richtung „günstige Bank/Sparkasse", „gute Zinsen" bis hin zu innovativ, kreativ, einfallsreich, besonders aktiv als imagebezogene Adjektive ausufert.

Die Doppelstrategie (siehe Abbildung 1) beinhaltet die Qualitätsstrategie als Push-Strategie über die ganzheitliche Beratung mit aktivem Zugehen auf die Kunden über einen Kurzcheck und die Pull-Strategie über „Angebote des Monats" inklusive der tiefenpsychologisch ausgerichteten Verkaufsförderung und Werbemittel innerhalb der Kommunikation.

Bei konsequenter und kreativer Entwicklung der Inhalte von Qualitäts- und Produkt-/Preisstrategie sowie der Kommunikation ist der Grundstein für eine eigene Doppelstrategie für die nächsten fünf bis zehn Jahre gelegt.

Hinzu kommen die standardmäßig heute praktizierten Vorgehensweisen über Anlässe und Kampagnen. Diese sind in der Konsequenz bis heute nicht durchdacht, da sie auf Einmalansprachen basieren ohne Folgeketten für den ständigen Verkauf zu initiieren. Das heißt, wie sieht der Marketing-Mix beim Vertrieb aus, wer wird in der Filiale angesprochen, wer per Telefon, wer per Brief, wer per E-Mail und in welchen Abständen womit und worauf. Es gilt also nicht nur eine Kollisionsmatrix für Ansprachen zu haben, sondern auch die ständige Nutzen-/Vorteilsdarstellung für den einzelnen Kunden. Denn erst dann wird er auf Dauer nur *seiner* Bank/Sparkasse den Vorzug geben.

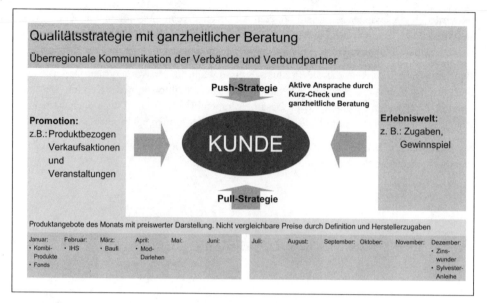

Quelle: Eigene Darstellung
Abbildung 1: *Die Doppelstrategie.*

Der ganzheitliche Ansatz sollte in der Kommunikation die rationale Ebene (Deutsche Bank, Dresdner Bank, Raiffeisen Landesbank Niederösterreich) gepaart mit Kreativität ansprechen oder die emotionale Ebene.

Bei der Pull-Strategie über das „Angebot des Monats"©®* wird im Monatsabstand ein „preisgünstiges Produkt" mit oder ohne Zugabe angeboten.

Ziel ist es analog den Handelsstrategien von Aldi, Media Markt, Kaufhof Galeria oder Tchibo jeden Monat eine neue Erlebniswelt zu schaffen. Mit Produkten, die es in diesem Monat „günstiger" gibt. Günstig in diesem Sinne heißt, der Kunde/Nichtkunde muss eine positive Produkt-/Preiswahrnehmung empfinden. Bedeutung hat diese Vorgehensweise auch in anderen Branchen. Beispiele dafür sind die Airlines

(Low Cost Carrier), Gastronomie, Möbelindustrie, Landwirtschaft und weitere Dienstleistungsbetriebe. Alle bieten uns täglich etwas *besonders günstig.*

Beispiele dafür bei Banken/Sparkassen sind:

Quelle: Kreissparkasse Aschersleben-Straßfurt und Sparkasse im Landkreis Schwandorf.
Abbildung 2: *Angebote des Monats.*

Quelle: VR Bank Schwalm-Eder.
Abbildung 3: *Angebote des Monats.*

Allen gemeinsam ist, dass die Ziel-Produktabsätze pro Monat zwischen 100 bis 700 Prozent gestiegen sind (für das Zielprodukt „Angebot des Monats") und die Mitarbeiter einfache Mittel für Kundenansprachen haben. Zusätzlich erhält jeder Mitarbeiter eine elektronische Information über das Angebot inklusive Zielgruppen und Werbemittel. Für den Mitarbeitereinsatz entscheidend ist das „Bridging". Eine Brücke bauen zwischen der Mitarbeiteransprache und dem Kunden. Das geschieht über die Zugabe oder das Gewinnspiel.

Beispiel

Mitarbeiter: „Wollen Sie EUR 138,- sparen und einen Wellness-Urlaub gewinnen?"

Kunde: „Ja, gerne".

Mitarbeiter: „Dann müssen Sie diese Frage beantworten: Wie viel spart ein Karteninhaber + Partner + Kind mit dem Reise-Versicherungs-Paket der MasterCard Gold gegenüber separaten Zusatzversicherungen? EUR 27,- oder EUR 48,- oder EUR 105,-?

Quelle: Kreissparkasse Aschersleben-Straßfurt.
Abbildung 4: *Zugabe und Gewinnspiel.*

Und diese psychologische Vorgehensweise ist der Aufhänger zum Erfolg. Rationales Aufnehmen in zehn Sekunden und verbinden mit der emotionalen Aufnahme von Zugaben, Kreativität, Bildern und interessanten Fragen innerhalb von drei bis vier Minuten. Länger darf ein Verkauf nicht dauern. Das Vertragsausfüllen kann ruhig später erfolgen.

Resümee: Mitarbeitermotivation einfach, Anspracheformulierung einfach, für Kunden einfach zu verstehen, der Nutzen einfach herübergebracht.

Das verstehen wir unter richtiger (einfacher) Ansprachestrategie. Aber dauerhaft muss Sie sein. Eine Einmalaktion bringt nichts. Erst nach neun bis zwölf Monaten haben die Kunden den dauerhaften Nutzen verstanden.

Andere Formen der Kommunikation sind neben den Mailings, Plakate in Filialen, Deko-Stopper sowie Beilagen bis hin zum Kunden-Journal. Entscheidend sind dabei die Kontinuität und die Sprache des Kunden mit der Chance sofort reagieren zu können – per Telefon, per Kupon, per Internet, per Filialbesuch.

So veröffentlichen zum Beispiel die Sparda-Banken ihr Kundenjournal monatlich (Zusendung 50 Prozent und Filialauslage 50 Prozent), die Kreissparkasse Aschersleben-Staßfurt ihr Zeitungs-Journal halbjährlich (Beilage in der Tageszeitung, Filialauslage).

Quelle: Kreissparkasse Aschersleben-Straßfurt.
Abbildung 4: *Zeitungsjournal.*

Resümee

Die Erfahrungen zeigen, dass die dargestellte Doppelstrategie bei der Ansprache der Kunden bereits nach neun bis zwölf Monaten den gewünschten ersten Erfolg bringt und nach 12 bis 15 Monaten die Strategie insgesamt von Kunden und Nichtkunden auf- und angenommen wird.

Teil III

Analysen, Wirtschaftlichkeit, Alternativen

Wie profitabel ist die ganzheitliche Finanzberatung?

Dr. Josef Holböck

1.   Ganzheitliche Finanzberatung: eine kostenintensive Verkaufsstrategie

1.1   Die ganzheitliche Beratung erfordert professionelle Umsetzung

Der Beratungsansatz „Ganzheitliche Beratung" (hier abgekürzt „GFB") ist nicht neu: Er ist schon im Allfinanz-Konzept enthalten, der Lebenszyklus-Strategie oder auch dem „Family Office" im Private Banking. Er wird erfolgreich eingesetzt im Strukturvertrieb (AWD, MLP ...) – und gilt dort auch als bedeutender USP gegenüber den traditionellen Finanzdienstleistern.

Beruht jedoch dieser Beratungsansatz nicht auf einer völlig geänderten Infrastruktur – im Entlohnungssystem des Beraters (Abschlussprovision vs. Beratungshonorar), in der Verkaufssystematik (kundenorientierte Prozesse vs. Produktverkauf), in der Vertriebsunterstützung (Beratungsprogramme, Themenansprache), im Produktangebot (Best-of-Ansatz), im Zielsystem und Controlling (Kundenziele vs. Produktziele)?

Die ganzheitliche Finanzberatung bringt für den traditionellen Bankvertrieb bedeutende Änderungserfordernisse. Sie wird gekennzeichnet durch folgende Eigenschaften:

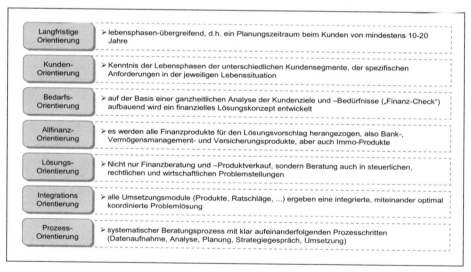

Quelle: Eigene Darstellung.
Abbildung 1: GFB-Eigenschaften.

1.2   Rentieren sich die hohen Beratungskosten?

Klar ist, dass die GFB wesentlich ressourcen- und kostenintensiver als der übliche Produkt-verkauf ist. Auch wenn die Prozesse weitgehend IT-gestützt (eventuell mit CRM-Beratungs-programmen) ablaufen, wird eine ganzheitliche Beratung je nach Kundensegment einen gesamten Zeitaufwand von mindestens vier bis acht Stunden pro Kunde in der Abschluss-phase benötigen:

Tätigkeit	Aufwand in Std.	Zuständig
Erstberatung, Datenaufnahme	1-2	Berater
Analyse (IT-gestützt)	0,5-1	Backoffice
Planung	0,5-1	Berater, Backoffice
Strategiegespräch	1,5-2,5	Berater
Umsetzung	1	Berater
Aufwand in Erstphase	4,5-7,5	
Jährliche Folgebetreuung	1-2	Berater, Backoffice

Quelle: Eigene Darstellung.
Abbildung 2: Aufwand in der GFB-Beratung.

Dazu kommt ein jährlicher Folgebetreuungsaufwand, um die Finanzlösung an Ereignisse im Kundenleben, geänderte Rahmenbedingungen (Recht!), geänderte Ziele ... anzupassen.

Auf Basis dieser (vorsichtigen) Kalkulation des Betreuungsaufwandes einer GFB werden Kosten für Personal von mindestens EUR 300,- bis EUR 400,- sowie Sachkosten (IT und Infrastruktur) von mindestens EUR 100,- bis EUR 200,- für eine Erstberatung anzusetzen sein.

Daher stellt sich die Frage:

Sind diese GFB-Beratungskosten von EUR 400,- bis EUR 600,- überhaupt in der traditionel-len Kalkulation unterzubringen?

Kurzfristig sicher nicht. Und schon gar nicht bei Kundensegmenten, die ein niedriges Pro-dukt- und Ertragspotenzial aufweisen.

1.3   Erfolgsfaktoren einer GFB-Vertriebsstrategie

Für das Vertriebsmanagement stellen sich daher die *Aufgaben*

1. jene Kundensegmente zu ermitteln, die nicht nur für die GFB geeignet sind, sondern auch genügend Ertragspotenzial mitbringen,

2. diese Segmente in ihrer IST- und SOLL-Produktnutzung zu erfassen und die Benchmarks einer erfolgreichen GFB-Umsetzung festzulegen,

3. den zeitlichen Vertriebs- und Ertragshorizont auf mindestens fünf Jahre zu planen,

4. eine Hauptbank- und Stammkunden-Strategie zu fahren,

5. die GFB-Prozesse konsequent und professionell durchzuorganisieren und zu standardisieren,

6. die Betreuer im Lebenszyklus und Kundensegment intensiv zu schulen,

7. möglichst viel IT- und Vertriebsunterstützung einzusetzen und – nicht zuletzt –

8. ein aktives Kontaktmanagement zu planen und auf den Kunden aktiv zuzugehen.

Die GFB eignet sich nur dann als eine nachhaltige und ertragreiche Marktstrategie eines Finanzdienstleisters, wenn sie Teil des Geschäftsmodells wird. Wenn sie nur als „Marketing-Gag" (miss)verstanden wird, wird sie lediglich höhere Kosten verursachen und damit den Kunden-Deckungsbeitrag verschlechtern.

1.4   Die Ertrags-, Qualitäts- und Kunden-Ziele im GFB-Vertrieb

Wirtschaftlich gesehen handelt es sich daher um eine Kundenbetreuungsstrategie von Banken, Versicherungsmaklern, Vermögensberatern (aber auch Versicherungen!) mit den Zielen wie in Abbildung 3 beschrieben.

In der GFB-Strategie steht der gesamte Kunde mit all seinen Zielen, seinem Verhalten, seinen Beziehungen und Rollen (in Familie, Betrieb und Gesellschaft), seinem Besitz und seinen Ausgaben im Mittelpunkt – also nicht nur die bestehende Geschäftsverbindung, sondern sein gesamtes finanzielles Umfeld.

quantitative Ziele	qualitative Ziele
Steigerung des ø Kundenertrags	USP gegenüber Konkurrenz
Steigerung der ø Cross-Selling-Quote	Gegenstrategie zu Strukturvertrieben
Upselling der Vertragsanzahl und Volumen	Erhöhung der Kundenzufriedenheit
Steigerung Kundenanzahl über GFB-Akquisition	Nutzung der Weiterempfehlungs-Bereitschaft der Kunden
Verlängerung der ø Kundenbleibe-dauer	Steigerung der Stammkunden-Anzahl
Verringerung des ø Kundenverlusts	mehr Wissen über den Kunden (Ziele, Absichten, fin. Ressourcen)
	Ansätze für Folgeberatungen

Quelle: Eigene Darstellung.
Abbildung 3: *Ziele in der GFB-Beratung.*

Sie hat daher schlussendlich das Ziel, das Ausmaß der Geschäftsverbindung mit dem Kunden zu maximieren, vorhandene Ertragspotenziale auszuschöpfen, alle finanziellen Themen des Kunden zu bearbeiten und Mitbewerber zurückzudrängen.

2. Die Ertragskalkulation im Rahmen einer GFB-Strategie

Wir konzentrieren uns in den weiteren Ausführungen auf diesen Ziel- und Ertragsaspekt. Uns interessiert, wie ein quantitatives und controllingfähiges Zielsystem aufgebaut werden kann, das den wirtschaftlichen Erfolg einer GFB-Strategie begleitet.

2.1 Bankinterne Mängel behindern die Zielplanung und Ertragsoptimierung

2.1.1 Mängel in der Kundenertragsrechnung

Zwar gibt es in den meisten Finanzunternehmen eine Berechnung des Gesamtkundenertrags, der sich meist aus der Summierung der einzelnen Produkterträge ergibt. Oft fehlen in der

Ertragsrechnung des Kunden jedoch wichtige Produkte (z. B. von Beteiligungen: Bausparen, Versicherungen, Leasing, aber oft auch Wertpapiere, Immo-Produkte u. ä.) oder Ertragsbestandteile von Produkten (z. B. Marketing- oder Risikokosten, Provisionserträge ...). Oder es werden die Kosten der Kundenbetreuung nicht bis auf Kunden(segment)ebene aufgeschlüsselt.

Fakt ist, dass die Darstellung eines IST-Kundenertrags (für die Vorperiode bzw. die laufende Periode) in vielen Finanzunternehmen mangelhaft ist.

Schon gar nicht denken wir dabei an eine Verfügbarkeit von Kunden-Ertragsinformationen aus vergangenen Perioden (Ertragshistory), von verbundenen Einheiten (wie Familie, Unternehmens-Beteiligungen) oder von SOLL-Erträgen (Customer Lifetime Value u. ä.), die ein ausgefeiltes Kunden-Datawarehouse benötigen.

Wenn wir jedoch den richtigen Ertrag eines Kunden (⇐ den heutigen und in den zukünftigen) nicht erfassen, wie können wir ihn dann in seinem Wert für unser Unternehmen erkennen? Ihn seinem Potenzial entsprechend servicieren? Ihn in seiner Loyalität zu unserem Finanzinstitut fördern?

2.1.2   Mängel in der eindeutigen Kundenidentifikation

Datenanalysen (meist bei Migrationen) zeigen, dass Produkte des öfteren den Kunden fehlerhaft oder nicht zugeordnet sind (⇐ Problem der Doubletten: unterschiedliche Kunden/Partnernummern, obwohl es sich um denselben Kunden handelt). Hier handelt es sich nicht um Einzelfälle: wir beobachten – je nach Durcharbeit der Bestände – zwischen fünf bis zwölf Prozent Doubletten in der Kundendatei.

Das bedeutet, dass die volle Ertragskraft und Produktnutzung dieser Kunden nicht erfasst wird und diese dadurch eine falsche Priorität und Betreuung erhalten.

Und zusätzlich fallen all jene Folgekosten aus der Stammdatenhaltung, aus den doppelten Mailings, den vielfachen Abrechnungen etc. an, die den Kundenertrag weiter verschlechtern.

Noch viel schlechter steht es meiner Erfahrung nach in der Identifikation der *Rollen*, die ein Kunde ausübt, wie z. B.

■ in Verbindung mit anderen *Personen* – gleich ob Kunden oder Nichtkunden: Ehepartner, Eltern, Kind, ...

■ in Verbindung mit *Institutionen/Firmen*: Geschäftsführer einer Firma, Eigentümer, Betriebsrat, Politiker ...

■ in Verbindung mit *Produkten*: Bürge, Zahler, Produktinhaber, Begünstigter ...

In den wenigsten Fällen scheinen diese Rollen in den Kundenstammdaten auf, obwohl sie für die GFB-Strategie und die Ertrags-Ermittlung essenziell wären.

2.1.3 Ertragsminderungs-Faktoren werden (fast) nicht kalkuliert.

Der heutige IST-Ertrag ist keine fixe Größe, mit der wir auch in den Folgeperioden rechnen können. Ertragseinbußen entstehen durch mangelnde *Bonität* (⇐ Schaden durch Insolvenz, aber auch durch den darauf folgenden Verlust des Kunden), durch aktives *Storno* von Verträgen (⇐ frühzeitige Vertragsbeendigung durch den Kunden) oder durch *Kundenverlust* (⇐ Churn).

Die Kalkulation von Ertragsminderungen setzt eine *Prognose* des zukünftigen Kundenverhaltens voraus – diese Daten werden jedoch kaum erzeugt, obwohl die meisten Informationen im Unternehmen bereits vorliegen.

Oder wissen Sie, welche Kunden Ihrem Institut demnächst untreu werden und ertragreiche Geschäfte zum Mitbewerber verlagern? Ob Sie die richtigen oder falschen Kunden verloren haben? Und welche Ertragseinbußen durch Insolvenz, Betrug oder Schadenszahlungen zu erwarten sind?

2.1.4 Keine aussagekräftige Kundenfluss-Rechnung

Meistens existiert nur die Kunden-„*Nettorechnung*" (⇐ Kundenanzahl am Anfang des Jahres im Vergleich zur Anzahl am Ende des Jahres). Dabei wird jedoch übersehen, dass es eine deutliche Mobilität innerhalb dieses Kundenstocks gibt: ein Kommen von Neukunden und Gehen von Bestandskunden.

Die Kenntnis der *Anzahl und Qualität* der Zu- und Abgänge ist jedoch essenziell für die Ertragskalkulation:

Sind die *richtigen* oder die *falschen* Kunden verloren gegangen (⇐ Verlustbringer oder Hochertragskunden)? Schrumpft trotz guter Akquisitionserfolge unser Kundenstock? Verschlechtern wir uns in der Kunden- und Ertragsstruktur?

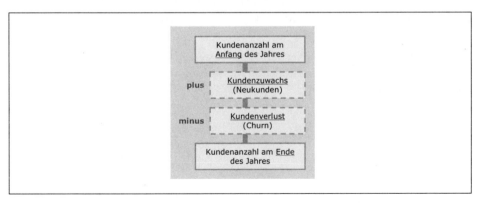

Quelle: Eigene Darstellung.
Abbildung 4: *Kundenfluss-Rechnung.*

In vielen Finanzunternehmen, in denen wir Projekte durchgeführt haben, ist die Zahl und die Qualität der verlorenen Kunden nicht bekannt ($\Leftarrow$ aus meiner Erfahrung liegt der Churn-Wert meist zwischen acht bis zwölf Prozent p. a. Wir haben aber auch schon bis zu 20 Prozent beobachtet!). Dann gibt es auch kein Wissen über die mittelfristige Gefährdung des Unternehmens, was sein wichtigstes Asset – den vorhandenen Kundenstock und deren Ertragskraft – betrifft.

2.1.5   Keine Information über „Verlustkunden"

In unseren Projekten ist immer wieder die Erfahrung interessant, wie hoch das Ausmaß an Verlustkunden ($\Leftarrow$ also jene, mit denen das Finanzunternehmen Verluste macht – unter Einbeziehung der Vertriebs- und Marketingkosten) ist. Und wer diese sind. Da ist es einerlei, ob die Analyse im Großkunden-Bereich eines Sektor-Zentralinstituts erfolgt oder im Mengengeschäft einer kleineren Versicherung oder Sparkasse. Tatsache ist, dass der Marktbereich eines Finanzinstituts eine beträchtliche Anzahl von profitablen Kunden benötigt, um diesen Verlust auszugleichen und „Break-Even" zu erreichen.

Wir beobachten weiters, dass es nur in den seltensten Fällen Betreuungsstrategien für die Zielgruppe „Verlustkunden" gibt, um diese profitabel zu machen – und auch keine Marketing-Programme, um diese Kunden aktiv abzubauen, wenn die Bemühungen nichts fruchten.

2.1.6   Kein Management des Kundenertrags

Wir bezeichnen den Vertrieb oft als „Black Box", weil er im Aspekt der Akquisition, der Kundenbetreuung und des Kundenertrags intransparent ist. Im Vergleich zu durchstrukturierten, produktivitätsgesteuerten Intern-Bereichen ist der Finanzvertrieb zuwenig standardisiert.

Ursache ist aus meiner Erfahrung, dass oft die Informationen über den Kundenertrag fehlen, geschweige die Komponenten aus denen der Kundenertrag sich zusammensetzt und folglich gesteuert werden müssen.

Es kann daher dem Vertrieb kein Vorwurf gemacht werden, wenn er im Vertriebscontrolling nur die üblichen vergangenheitsorientierten Messgrößen wie Umsatz, Kundenanzahl, Gesamtertrag, ... anwendet.

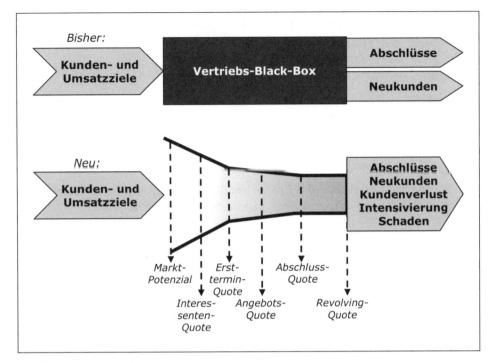

Quelle: Eigene Darstellung.
Abbildung 5: *Vertriebs-Blackbox.*

Unsere Analysen, wie z. B. die Korrelation zwischen Kundenertrag und Segmentierungskriterien wie Bonität, Produktpotenzial, Einkommen … (bei PK), Branche, Firmengröße, Unternehmensalter … (bei FK) zeigen vielfach, dass das Ertragsmanagement auf Kundenebene ein Zufallsprozess und kein professionell gesteuerter Prozess ist.

Unsere Vertriebserfahrung zeigt weiters, dass das „Bauch"-Controlling dominiert — also jenes auf der Erfahrung über die Verkaufseffzienz beruhende Wissen von erfolgreichen Verkäufern.

Zum Beispiel beobachten wir, dass die *Wunschkunden-Liste* eines Private Banking-Vertriebs fast immer den individuellen Vorstellungen und Präferenzen der einzelnen Kundenbetreuer folgt – statt diesen Kundenauswahl-Prozess strategisch zu begreifen (⇐ *Die heutigen Wunschkunden bilden die Kundenstruktur der nächsten Jahre!*). Oder dass es keine Aufzeichnungen über die Vertriebs-„Pipeline" gibt – also die Verkaufsprognosen der nächsten Perioden. Oder es existiert keine Kontaktplanung auf Kundenebene, keine Ressourcenplanung der Vertriebskontakte für alle Vertriebsmitarbeiter, keine Effizienzsteuerung über Vertriebsquoten … etc.

2.2   Bankinterne Voraussetzungen für die GFB-Ertragstreiber

Die *Umsetzung* einer erfolgreichen GFB-Strategie benötigt:

- eine *Kundensegmentierung* mit dem Ziel der Ermittlung der GFB-affinsten Kundengruppen

- intensive *Kenntnis* des Bedarfs, der Probleme und Interessen dieser Kundensegmente

- eine eindeutige *Identifikation* des Kunden und der Zugehörigkeit zu seinem Kundensegment sowie seiner Rollen (in Produkten, gegenüber anderen Personen, ...)

- Informationen über seinen derzeitigen *Kunden-Status* (Produktnutzung, Bonität, Ertrag, Lebenszyklus des Kunden im Unternehmen, ...)

- eine *Bewertung des Kunden* nach IST-Produktnutzung, Loyalität, Bonität, Churn ...

- Kenntnis der *Potenziale* des Kunden (Produkte, Erträge ...), aktuell und zukünftig

- Vorhandensein von *Betreuungsstandards* zur Planung von Kundenkontakten

und natürlich darauf aufbauend:

- die Kenntnis der *Ertrags- und Kostentreiber* im jeweiligen Kundensegment

Das oben erwähnte Instrumentarium ist die Basis für die Ermittlung der *Ertragstreiber* – also jener Schrauben und Stellhebel, an denen wir drehen müssen, um den Kundenertrag im Rahmen einer GFB-Strategie mittelfristig zu steigern.

2.3   Die Ermittlung des Kundenwerts

Ziel und Ergebnis einer erfolgreich im Markt umgesetzten GFB-Strategie wird *die Steigerung der Erträge aus dem Kundengeschäft* über eine lang andauernde Kundenverbindung sein, d. h. eine nachhaltige Steigerung der IST-Erträge von Bestandskunden und die Generierung zukünftiger Erträge durch Neukunden.

a.) Wie stellen wir den Kundenertrag bestehender Kunden dar?

Sehen wir uns einen ø gut intensivierten Kunden an:

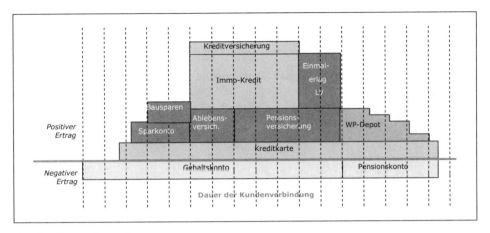

Quelle: Eigene Darstellung.
Abbildung 6: *Kundenertrag 1.*

Der Kundenertrag setzt sich aus den Erträgen der genutzten Finanzprodukte eines Kunden zusammen (siehe Ertragslinie in Abbildung 6). Die Höhe symbolisiert die unterschiedliche Ertragskraft der Produkte. Darin sind auch Produkte mit negativem Ertrag enthalten (⇐ hier: Gehaltskonto bzw. später: Pensionskonto).

Diese Produkte sind entweder mit vertraglicher Laufzeit (z. B. Privat/Immo-Kredit, Leasing, Versicherung, ...) oder unbefristet (z. B. Gehaltskonto, Kreditkarte, Sparkonto, Wertpapier-Depot ...) abgeschlossen.

Die Produktnutzung und Ertragskurve kann für jedes Kundensegment durch die Analyse von *„Neukunden-Jahrgängen"* erfolgen, d. h. dass alle Kunden in ihrer Kundenverbindung analysiert werden, die im Vorjahr, vor zwei, drei, vier ... Jahren erstmals ein Produkt im Institut abgeschlossen haben. Daraus kann eine typische Produktnutzungs- und Ertragskurve für einen Durchschnittskunden je Segment ermittelt werden:

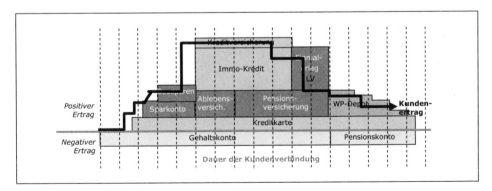

Quelle: Eigene Darstellung.
Abbildung 7: *Kundenertrag 2.*

Diese Ertragskurve kann sehr unterschiedlich sein, abhängig vom Kundensegment (⇐ unterschiedlicher Bedarf und Produktnutzungen) oder dem Intensivierungsgrad (⇐ der Cross Selling-Quote).

Wesentlich wird die Ertragskurve vom Familienstand, Haushalts-Einkommen, Beruf und Sozialschicht abhängen.

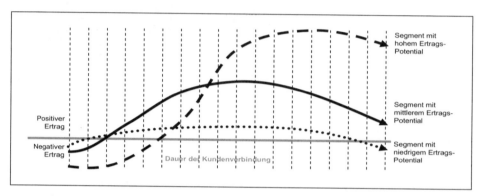

Quelle: Eigene Darstellung.
Abbildung 8: *Kundenertrag 3 abhängig von Segmenten.*

Aufsummiert ergeben alle jährlichen Deckungsbeiträge den *Customer Lifetime Value* dieses Kundensegments, der als Kalkulationsbasis für die Attraktivität eines Kundensegments dient.

b. Analytische Unterscheidung der Kundenerträge im Zeitablauf

Im Bankbeispiel in Abbildung 9 stellt die schwarze Umrandung das laufende Jahr dar. Wir unterscheiden im Zeitverlauf folgende *Ertragsgruppen*:

■ *vergangene Erträge*
    alle vereinnahmten Erträge in den Vorjahren

■ *IST-Erträge*
    Es fallen in diesem Jahr Erträge aus fünf Produkten an, die im historischen Rückblick (Ertragskurve) zu den besten Ertragsjahren gehören

■ *Fix vereinbarte Erträge*
    zukünftige Erträge, die aufgrund vertraglicher Laufzeiten kalkulierbar sind und mit denen – relativ – fix gerechnet werden kann (⇐ es muss jedoch ein frühzeitiges Storno bzw. ein Kundenverlust berücksichtigt werden)

■ *Ertragspotenziale*
    aus Produkten, die der Kunde in Zukunft abschließen wird (wie Wertpapier-Depot, Versicherung ...) bzw. in der Laufzeit prolongiert werden können (jederzeit kündbare Produkte – wie Konto, Karten, Depots ...). Diese müssen von der Bank aktiv angesprochen werden

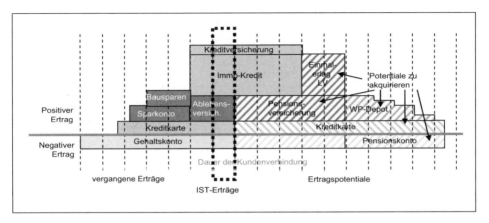

Quelle: Eigene Darstellung.
Abbildung 9: *Kundenertrag 4 nach Ertragsart.*

Für eine GFB-Strategie maßgebend sind die *zukünftigen Ertragspotenziale*, und mit welcher *Wahrscheinlichkeit* mit diesen gerechnet werden kann. Jedoch auch die fix vereinbarten Erträge sind unter dem Aspekt Churn und Storno zu bewerten.

Nun sind vergangene Erträge zwar für die Kundenanalyse wichtig, *aber in Finanzvertrieb und Marketing erfolgen Investitionen* (⇐ in IT, Infrastruktur, Kontakte, Betreuungsstrukturen ...) *nur, um zukünftige Ertragspotenziale zu realisieren.*

Gehen Sie von der Überlegung aus, jemand will Ihr Institut kaufen. Er wird Ihren Kundenstock bewerten – und den Wert zahlen, der er in den nächsten Jahren aus Ihrem Kundenbestand erwirtschaften kann. Aber er zahlt nicht für vergangene Erträge.

Oder was passiert, wenn der Kunde sein Geschäft im nächsten Jahr zum Mitbewerb verlagert? Sie können nur mehr mit dem fix kontrahierten Ertrag rechnen – die Ertragspotenziale wird Ihr Mitbewerber lukrieren.

c. Auf welcher Kundenebene stellen wir die Erträge dar?

Die Ertragsstrategie kann für unterschiedliche Hierarchieebenen erarbeitet werden:

▪ oberste Ebene: Bank

▪ mittlere Ebene: Kundengruppen bzw. Segmente

▪ unterste Ebene: Einzelkunden und verbundene Kunden

Die erste Aggregationsstufe sind im Privatkundengeschäft die identifizierten Kunden mit all ihren Produkten und Verträgen.

In einer zweiten Aggregationsstufe schließt dies auch verbundene Personen ein, wie z. B. Familien (*Verknüpfung mit Familienangehörigen* ⇐ *siehe Problematik der Ertragszurech-*

nung bei „Und/oder-Konten". Man beachte: Produkte wie Immo-Finanzierungen oder priva-
te Rentenpläne werden immer nur für Familien als Verbundene Gruppe abgeschlossen).

Gerade in der GFB beraten wir den Kunden in seinem Familien- und Berufsumfeld!

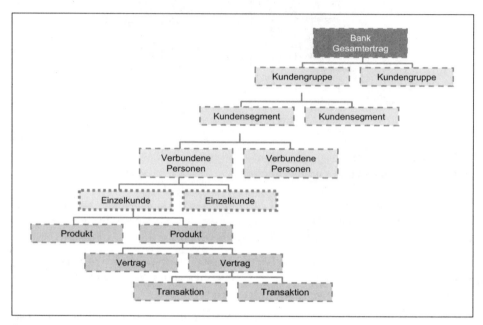

Quelle: Eigene Darstellung.
Abbildung 10: *Kundenebenen mit Erträgen.*

Die dritte Aggregationsform bilden die (üblicherweise demografie-basierten) Kundensegmente (⇐ im Privatkundengeschäft wie Basis-Privatkunden, Vermögende Privatkunden, HNI,
Freie Berufe, ... aber auch nach Kundenlebenszyklus wie Junge Singles, Familien mit Schul-
kinder, Empty nester, 60+ ...).

Kundensegmente als dritte Aggregationsform sind meist nach ihrem Verhalten und Potenzial
gebildete Sub-Einheiten von Kundengruppen.

Die Detaillierung der Ertrags-Hierarchien ist abhängig von den CRM-Zielen des Unternehmens (wobei ein weiteres Herunterbrechen von der Vertragsebene auf Transaktionen bei
komplexen Produkten empfehlenswert ist).

d. Welche Daten benötigen wir über die Kundensegmente?

Die Basis für die Ermittlung der Ertragstreiber bilden die Daten aus dem CRM-
System/Rechnungswesen/Controlling (⇐ wenn exakte Ziffern nicht vorhanden sind, dann
Schätzung) zu einem Stichtag für jede Kundengruppe/-segment, wie z. B.

- *Kundenanzahl* ($\Leftarrow$ empfehlenswert: Unterteilung nach Bestandskunden, Neukunden, verlorenen Kunden)

- *Produktnutzer-Anzahl* ($\Leftarrow$ Anzahl der Kunden, die ein bestimmtes Produkt nutzen)

- *Vertragssummen* ($\Leftarrow$ Volumina, Engagement-Höhe, Umsätze ...) für jedes vom Kundensegment genutzte Produkt

- *Vertrags-Stückzahlen* für jedes genutzte Produkt

- *IST-Produkterträge* ($\Leftarrow$ unter Einschluß der direkt zurechenbaren, produktbezogenen Kosten und Erträge)

- *Risikokosten* bzw. Schäden ($\Leftarrow$ (Einzel-)Wertberichtigungen des Kundensegments)

- *Produkt-Laufzeit* für jedes genutzte Produkt, bzw. Informationen über Storno-Verhalten ($\Leftarrow$ hier ist man meist auf Schätzungen angewiesen)

- *Marketingkosten* ($\Leftarrow$ sofern nicht in Produktkosten enthalten)

Betreuungsaufwand für Kundengruppe in Vertrieb/Service ($\Leftarrow$ sofern verfügbar, ansonsten Schätzung des Zeitaufwands, bewertet mit ø Personalkosten)

Sofern diese Daten nicht vorhanden sind, ist eine Expertenschätzung eine taugliche Alternative.

Die ermittelten Daten sind die Ausgangsbasis für eine Berechnung von Durchschnittswerten für die Kundengruppe. Daraus werden Kennziffern ermittelt wie ø Vertragsanzahl, ø Vertragssummen, ø Produktnutzung, ø Produktmargen u. ä., die für die Ermittlung des ø *Kundenertrags* verwendet werden.

3. Die Kalkulation der Ertragstreiber in der ganzheitlichen Beratung

Ein Ertragstreiber bildet eine „Stellschraube", einen „Hebel" zur Steigerung des Kundenertrags. Der technische Trick dabei ist die Kalkulation eines Durchschnittskunden je Segment ($\rightarrow$ *ähnliche Technik in der Marktforschung*).

3.1   Ermittlung der Produkterträge

Wir starten mit der Ermittlung des *ø Produktertrags* für jedes genutzte Produkt der Kunden-gruppe. Dazu verwenden wir folgendes Berechnungsschema:

> **ø Produktertrag** = ø Vertragsanzahl mal ø Engagement-Höhe mal (ø Produktmarge minus ø Risikokosten) mal ø Produktlaufzeit

ø Vertragsanzahl:

- – ergibt sich aus der Relation von „Vertragsanzahl" zu „Anzahl Produktnutzer"
- – d. h. wie viele Verträge besitzt durchschnittlich ein Produktnutzer
- – in vielen Produktsparten wird es möglich sein, mehrere Verträge zu verkaufen (wie z. B. Kredite, Sparbücher, Kreditkarten ...)

ø Engagement-Höhe:

- – ergibt sich aus Relation von „Vertragssummen" zu „Vertragsanzahl"
- – Vertragssumme kann das gesamte aushaftende Kreditvolumen sein, oder Sparvolumen, oder Depotwert ...

ø Produktmarge:

- – ergibt sich aus Relation von „IST-Produkterträge" zu „Vertragssummen"
- – gibt die durchschnittliche „Marge" eines Produkts in Relation zur Engagement-Höhe an
- – berücksichtigt die direkt dem Produkt zurechenbaren Aufwände und Erträge (⇐ Zins- und Provisionserträge, Kosten für Produktabwicklung und -entwicklung, Eigenkapital-kosten, Marketingaufwand, Vertriebsunterstützung etc.), jedoch ohne Risikokosten

ø Risikokosten:

- – ergibt sich aus Relation von „Risikokosten" je Kundengruppe zu „Vertragssummen"
- – Berechnung auf Basis „Einzelwertberichtigungen" (expected-loss) – jedoch abhängig von der Risikostrategie des Instituts

ø Laufzeit

- – ergibt sich aus einer Auswertung der beobachteten Vertragslaufzeiten, korrigiert um frühzeitige Storni
- – wenn aus den Kunden-/Produktdaten nicht exakt ermittelbar: Schätzung

Am Beispiel eines *Privatkredits* zeigen wir die Berechnungsmethode:

Wir sehen, dass in diesem Beispiel mit einem endfälligen Privatkredit pro Jahr EUR 132,- zu verdienen ist. Wenn der Kredit drei Jahre läuft, verdient die Bank EUR 396,- (ø Product lifetime value).

Privatkredit	Ausmaß	Einheit
Anzahl	1,1	Stück
ø Kreditsumme	15.000	€
Marge (Produkt-DB 2)	1,5	%
Risikokosten	0,7	%
Produktertrag pro Jahr	132	€
ø Laufzeit	3	Jahre
Produktertrag über Laufzeit	**396 €**	

Quelle: Eigene Darstellung.
Abbildung 11: *Beispiel Privatkredit.*

Mit der Ermittlung des ø Produktertrags haben wir bereits *fünf Ertragstreiber* ermittelt:

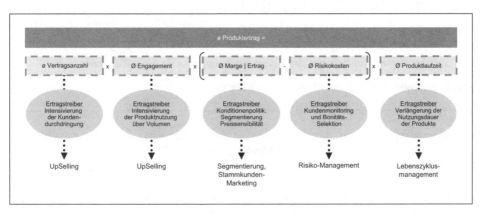

Quelle: Eigene Darstellung.
Abbildung 12: *Ertragstreiber 1.*

Ertragstreiber Nr. 1: Upselling Verträge

Intensivierung der *Kundendurchdringung* mit dem Produkt („Share of wallet") durch Steigerung der Vertragsanzahl beim Kunden, in den verbundenen Einheiten z. B. durch Partneraktionen, Familienrabatte ...

Ertragstreiber Nr. 2: Upselling Volumen

Intensivierung der *Produktnutzung* durch Steigerung der Vertragssummen (Kreditsummen, Depotvolumina, Sparpläne, Versicherungssummen, Kreditkarten-Umsätze, Überziehungsrahmen ...)

Ertragstreiber Nr. 3: Margen-Management

Verbesserung des Produktertrags durch verringerte Preistransparenz (z. B. Bündelangebote), durch bessere Kundenselektion, durch Vermeidung von Preisaktionen ...

Ertragstreiber Nr. 4: Nutzungsdauer

Verlängerung der Nutzungsdauer des Produkts durch Wiederabschluß-Aktionen, Konvertierung von Versicherungen ...

Ertragstreiber Nr. 5: Risiko-Management

Verringerung der Risikokosten durch konsequentes Monitoring der Kundenbonität, Selektion der Kunden nach Bonität ...

3.2 Kundenertrag pro Jahr

Als nächster Schritt ermitteln wir den *ø Kundenertrag pro Jahr* eines Kundensegments.

Dazu verwenden wir folgendes Berechnungsschema:

> ø Kundenertrag = Summe aller Produkterträge für alle genutzten Produkte, gewichtet mit
> ø Produktnutzung in Kundengruppe

Die Gewichtung mit der Produktnutzung ermöglicht die Modellierung eines ø Segmentkunden und eine Berechnung des Ergebnisbeitrags jedes Produkts zum Kundenertrag:

ø Produktnutzung pro Kunde in Prozent:

- ergibt sich aus der Division „Produktnutzer-Anzahl" durch „Kundenanzahl" im Segment
- ergibt die Produktnutzungs-Quote (Cross-Selling-Quote) je Produkt in Prozent

ø Produkterträge pro Jahr: siehe oben Punkt 3.1.

Am Beispiel eines *durchschnittlichen Privatkunden* in einem Kundensegment zeigen wir die Berechnungsmethode:

Kundensegment 2: Familien mit Schulkinder	ø Anzahl in Stück	ø Umsatz / Volumen /Prämien in € p.a.	ø Marge / Preis / Provision in € p.a.	ø Risiko-kosten in € p.a.	ø Ertrag pro Jahr in €	ø Produkt-nutzung pro Kunde in %	Ertrag eines ø Kunden pro Jahr in €
Konto / Liquidität							
Privatkonto	1	1	-25	0	-25	92%	-23,00
Online-Banking	1	1	-10	0	-10	15%	-1,50
ATM-Karte	1,5	1	3	0	5	75%	3,38
Kreditkarte	1,8	1.200	0,5%	0,2%	6	25%	1,62
Überziehungsrahmen	1	2.500	3%	0,8%	55	40%	22,00
Finanzierung					0		
Privatkredit	1,1	15.000	1,5%	0,7%	132	8%	10,56
Immo-Kredit	1	45.000	1,3%	0,4%	405	7%	28,35
Leasing	1,2	16.000	1,5%	0,2%	250	2%	4,99
Investment					0		
Sparkonto	1,7	1.000	0,2%	0	3	95%	3,23
Festgeld	1	2.500	0,1%	0	3	10%	0,25
Bausparen	1	1.400	0,2%	0	3	45%	1,26
Wertpapier-Depot	1	13.000	1,2%	0	156	8%	12,48
Lebensversicherung	1	750	7,0%	0	53	2%	1,05
Pensionsversicherung	1	500	5,0%	0	25	1%	0,25
Versicherungen					0		
Berufsunfähigkeit	1	450	5,0%	0	23	0,2%	0,05
Unfall	1	250	5,0%	0	13	0,5%	0,06
Krankenversicherung	1	900	5,0%	0	45	0,5%	0,23
ø Kundenertrag					**1.139,78**	**4,25**	**64,92**

Quelle: Eigene Darstellung.
Abbildung 13: *Beispiel Ertragstreiber IST.*

Alle Produkterträge pro Jahr (*im Beispiel: EUR 1.139,-*) würden nur dann kalkuliert, wenn ein Durchschnittskunde alle diese Produkte nutzen würde (*also 100 Prozent Produktnutzung hätte*) – was aber eben nicht der Fall ist. Die Produktnutzung = Cross Selling-Quote variiert stark unter den Kunden.

Für den *Privatkredit* haben wir im vorherigen Beispiel einen Jahresertrag von EUR 132,- berechnet. Nachdem nur acht Prozent der Kunden dieser Kundengruppe einen Kredit nutzen, gewichten wir den ø Produktertrag und berechne damit einen *kalkulatorischen Produktertrag pro Jahr* von EUR 10,56.

Umgelegt auf alle Produktnutzungen in der Kundengruppe berechnen wir einen *ø Kundenertrag* von EUR 64,92 p. a.

Im Beispiel gehen wir von einer *ø Produktnutzung (= Cross Selling-Quote)* von 4,25 Produkten aus.

Damit ist ein weiterer, sehr einflussreicher Ertragtreiber ermittelt:

Ertragstreiber Nr. 6: Cross Selling

Intensivierung der Produktnutzung durch aktiven Verkauf von bisher nicht genutzten Produkten

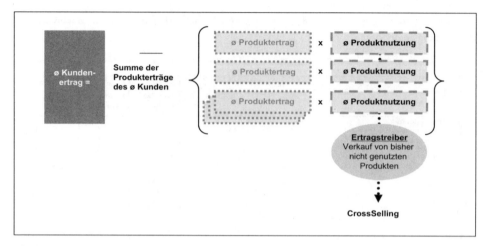

Quelle: Eigene Darstellung.
Abbildung 14: *Ertragstreiber 2.*

3.3   Kundensegment-Ertrag

Wir haben nunmehr den ø Ertrag eines Segmentkunden ermittelt.

Um den Ertrag des Kundensegments zu kalkulieren, müssen wir uns den Kundenfluss während des Jahres ansehen:

<u>Gesamter Ertrag des Kundensegments</u> = Anzahl der Segmentkunden plus Neukunden minus verlorene Kunden

Meist erfolgt eine Nettorechnung (*d. h. es wird die Kundenanzahl am Jahresanfang mit der des Jahresendes verglichen*). Wichtig ist jedoch, die Bruttorechnung aufzumachen:

ø Kundenanzahl (am Jahresanfang)

Neukunden:

– Anzahl aller Kunden, die am Jahresanfang noch keine aktiven Kunden waren und am Jahresende mit mindestens 1 aktiven Vertrag als Neukunden identifiziert wurden

Verlorene Kunden:

– Anzahl aller Kunden, die noch am Jahresanfang aktive Kunden waren, jedoch Ende des Jahres keinen gültigen Vertrag und damit keine aktive Kundenverbindung mehr haben

Meistens weisen Neukunden einen geringeren Ertrag als Bestandskunden – und oftmals auch einen geringeren Ertrag als die verlorenen Kunden auf (→ *Qualität des Kundenverlusts!*).

Unser Beispiel zeigt, dass sich trotz Kundenzuwachs der Gesamtertrag des Segments verringern kann:

Kundenfluß in KG 2: Familien mit schulpflichtigen Kindern	Anzahl	Gesamtertrag im Segment in €	ø Ertrag pro Kunde
Kundenanzahl am Beginn des Jahres	23.000	1.633.000	71
+ neue Kunden	3.500	143.500	41
- verlorene Kunden	2.500	215.000	86
Kundenanzahl am Ende des Jahres	**24.000**	**1.561.500**	**64,92**

Quelle: Eigene Darstellung.
Abbildung 15: *Beispiel Ertragstreiber Kundenfluss.*

Mit dieser Kundenflussrechnung erhalten wir die nächsten 2 Ertragstreiber:

Ertragstreiber Nr. 7: Neukunden-Akquisition

Steigerung der Kundenanzahl durch Gewinnung von Neukunden

Ertragstreiber Nr. 8: Verminderung des Kundenverlusts

Gerade dem *Kundenverlust* wird – im Vergleich zur Neuakquisition – zuwenig Bedeutung beigemessen, obwohl es wesentlich ertragreicher ist, gute Bestandskunden zu halten und zu intensiveren als die teure Akquisition zu forcieren.

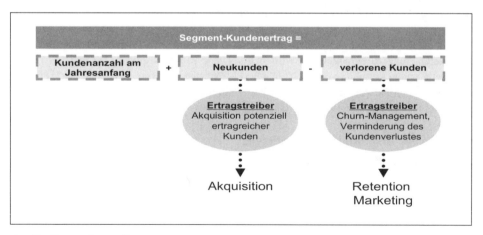

Quelle: Eigene Darstellung.
Abbildung 16: *Ertragstreiber 3.*

3.4 Bank-Ertrag

Aufgrund der unterschiedlichen Erträge der einzelnen Kundensegmente kann durch eine Forcierung ertragsstarker Segmente und Abbau von ertragsschwachen Segmenten der Gesamtertrag der Bank gesteigert werden.

Gesamter Bankertrag = Summe aller Segmenterträge

Die Ertragskalkulation aller Kundensegmente zeigt in unserem Beispiel eine deutlich unterschiedliche Ertragssituation:

Ertragskalkulation Bank: alle Kundensegmente	Anzahl	KG-Ertrag p.a.	Bank-Ertrag in €
KG 1: Nachwachs. Markt	8.000	-20,00	-160.000
KG 2: Familien mit Schulp.Kd.	**24.000**	**64,92**	**1.558.008**
KG 3: Familien ohne Kd. I. HH.	22.500	65,00	1.462.500
KG 4: Singles/Doubles 25-45	34.000	88,00	2.992.000
KG 5: 50+	14.500	120,00	1.740.000
KG 6: Aktive Senioren	18.000	90,00	1.620.000
KG 7: Passive Senioren	25.000	65,00	1.625.000
Bank-Ertrag Kundensegmente	**146.000**		**10.837.508**

Quelle: Eigene Darstellung.
Abbildung 17: *Beispiel Ertragstreiber Segmentierung.*

Gerade die *strategische Marktsegmentierung* ist in der GFB eine Grundbedingung, um eine Ertragssteigerung zu bewirken: sie wird sich auf jene Kundensegmente konzentrieren müssen, die in einem Zeitraum von 10-20 Jahren die höchsten Nachfragepotenziale nach Finanzdienstleistungen aufweisen (z. B. Gutverdiener-Singles, Familien mit höherem Einkommen, 50+, aber auch ausgewählte Berufsanfänger im Segment Freie Berufe ...)

Ertragstreiber Nr. 8: Kundensegmentierung

Optimaler Segment-Mix unter dem Gesichtspunkt der Ertragsoptimierung

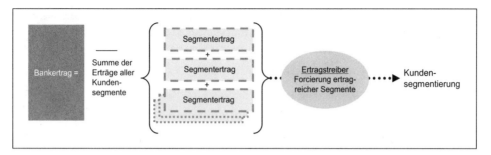

Abbildung 18: *Beispiel Ertragstreiber.*

Es gibt jedoch eine Falle in der Segment-Ansprache, wenn eine Bank in der Vermarktung der *Kunden-Lebenszyklus-Strategie* folgt. Diese ist gekennzeichnet durch:

Möglichst frühzeitigem Einstieg in den Lebensphasen Jugend (*Nachwachsender Markt*), Jungfamilien, Junge Berufstätige – um Image und Kompetenz aufzubauen.

- Intensives, kostenintensives Schnittstellen-Marketing, um möglichst viele Zielpersonen von einer Lebensphasen-Betreuung für die nächste Phase zu gewinnen

Dem gegenüber wird von Mitbewerbern oft die „*Rosinen-Picker-Strategie*" eingesetzt:

- Abwerbung jener Segmente und Kunden in Lebensphasen, die ein besonders attraktives Ertragspotenzial aufweisen
- Einsatz von Incentives (wie Sachprämien) oder Promotions (oft mit Dumping-Konditionen)

Je frühzeitiger mit der GFB-Strategie der Kunde gebunden wird, umso weniger groß ist die Gefahr der Abwerbung attraktiver Kunden.

4. Die Ermittlung der ertragreichsten Beratungsansätze

Nach einer Ermittlung der IST-Erträge jedes Kundensegments werden in Ertrags-Scenarien (*best-/worst-case*) jene Produktnutzungen und Erträge simuliert, die bei einer optimalen Umsetzung der GFB-Strategie zu erwarten sind.

In Abstimmung mit den betroffenen Fachbereichen (Marketing, Service, Vertrieb) werden die möglichen Zielwerte (*SOLL-Werte*) für die Ertragstreiber bestimmt. Damit wird vermieden, dass Werte eingesetzt werden, die in der Vertriebspraxis unrealistisch sind.

Zur Ermittlung werden oftmals verwendet:

- ■ Instituts- oder sektorinterne Benchmarks

  - – z. B. Top 25 Prozent im Kundensegment
  - – Quoten der besten Vertriebsmitarbeiter

- ■ Externe Benchmarks

  - – Marktforschungsdaten
  - – Wichtigste Mitbewerber, Branche

- ■ Potenzialanalyse

  - – Analytik > Kaufwahrscheinlichkeiten

Hinter allen SOLL-Werten stehen Aktivitäten in Vertrieb und Marketing, die den in Punkt 3 erwähnten Ertragstreibern folgen.

Ein Beispiel für eine Simulation von Ertrags-Scenarios mit Ertragstreiber-Aktivitäten:

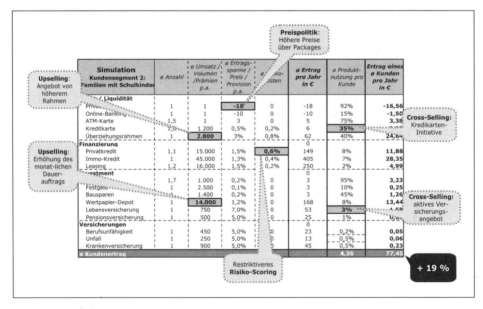

Quelle: Eigene Darstellung.
Abbildung 19: *Beispiel Ertragstreiber SOLL.*

Die Veränderungen in den grau gekennzeichneten Produkten ergibt eine *Steigerung* des ø Ertrags im Kundensegment um ca. 20 Prozent.

Mit der Berechnung von Ertrags-Scenarios können realistische Ertragssteigerungen für ausgewählte Kundensegmente in einer GFB kalkuliert werden.

5.   Die ROI-Ermittlung für die GFB-Aktivitäten

5.1   Investitionen zur Ertragssteigerung

Zu beachten ist nun, dass jede Aktivität zur Ertragssteigerung mit Investitionen verbunden ist:

a) Im Marketing

   – aktiver Kundendialog über Mail & Call & Events

b) mehr Vertriebsunterstützung

   – Entwicklung von Produktbündel, Beratungsunterlagen
   – Datenanalyse und Datenanreicherung ...

c) Im Vertrieb

   – Fülle aktiver Vertriebskontakte
   – Erstellung von Kundenunterlagen, Angebote, Follow-up-Aktivitäten ...

Quelle: Eigene Darstellung.
Abbildung 20: *Investitionsrechnung.*

5.2   Simulationsmodelle zur Berechnung des ROI

Die Simulation setzt Verständnis für die Funktionsweise von Marketing und Vertrieb des Instituts voraus (also Planung, Vorbereitung von Aktionen, Kontaktabwicklung, Offerte, Controlling ...).

Um den ertragssteigernden Effekt von GFB-Aktivitäten unter Einbeziehung der Investitionen zu ermitteln, werden eigene *Berechnungsmodelle* eingesetzt, wie z. B. für

- ▪ Churn-Scenario (Verringerung des Kundenverlusts, Retention Marketing)

- ▪ Akquisitions-Scenario (Konzentration auf potenzielle Hochertragskunden für GFB)

- ▪ Intensivierung der Produktnutzung (Cross-Selling) im Rahmen der GFB

- ▪ Upselling von Produkten

- ▪ Verringerung des Kundenrisikos

In diesem Beispiel wird der Cross Selling-Ertrag aus Kreditkarten dem von Lebensversicherungen gegenübergestellt:

Kundensegment 2: Familien mit Schulkinder		Cross-Selling Kreditkarte	Cross-Selling Lebens- versicherung
Derzeitige Produktnutzung in Kundengruppe	%	25%	2%
Größe der Kundengruppe	Anzahl	24.000	24.000
Anzahl derzeitiger Produktnutzer	Anzahl	6.000	480
Ziel: Produktnutzung in %	%	35%	3%
Ziel: Anzahl von Produktnutzern	Anzahl	8.400	720
Anzahl der neuen Produktnutzer (Cross-Selling)	**Anzahl**	**2.400**	**240**
ø Produktertrag p.a. in €	Euro	6,48	52,50
Ertragspotential durch neue Produktnutzer im 1. Jahr	Euro	15.552	12.600
Erwartete ø Behaltedauer des neuen Produkts	Jahre	4	7
Ertrag durch neue Produktnutzer in Behaltedauer	**Euro**	**62.208**	**88.200**
geplane Erfolgsquote für CrossSelling-Aktivitäten	**%**	**15%**	**5%**
Größe der zu bearbeitenden Zielgruppe	Anzahl	16.000	4.800
Marketingkosten pro Zielperson	Euro	1,5	3,5
Vertriebskosten pro Zielperson	Euro	2,5	7
ø Kosten je Zielperson (Marketing, Vertrieb)	Euro	4	10,5
gesamte Kontakt- und Betreuungskosten	**Euro**	**64.000**	**50.400**
Ertrag aus Cross-Selling im 1. Jahr	Euro	-48.448	-37.800
Ertrag aus Cross-Selling in Behaltedauer	Euro	-1.792	37.800
ROI der Marketing & Vertriebs-Investitionen	**%**	**-3%**	**75%**

*) Kalkulation von Marketing- und Vertriebskosten pauschal pro Zielperson
Quelle: Eigene Darstellung.
Abbildung 21: Beispiel Investitionsrechnung.

Gemäß dieser Kalkulation ist die Forcierung von Lebensversicherungen wesentlich ertragreicher.

Auf diese Weise werden alle für realistisch angesehenen Ertragstreiber-Aktivitäten (siehe Punkt 4) bewertet und so *Prioritäten* für alle GFB-Aktivitäten ermittelt.

6. Ressourcenplanung und -Steuerung in der ganzheitlichen Beratung

Wir haben bereits im Punkt 1.2 gesehen, dass hoher Beratungs- und Marketingaufwand mit der GFB verbunden ist. Dies bindet enorme Vertriebsressourcen in der Erst- und Strategieberatung sowie in der jährlichen Folgebetreuung.

Dazu kommt, dass nicht jeder Betreuer für die GFB geeignet ist. Sie setzt enormes Kundensegment- und Produktwissen voraus, erfordert sensibles Eingehen auf die Kundenziele und sein Verhalten und – schlussendlich – auch professionelle Offert- und Abschlussarbeit.

Daher wird ein *Management der Vertriebsressourcen* erforderlich sein – sowohl in Art und Ausmaß der GFB-Tätigkeiten als auch in der Zuteilung der Kunden und Wunschkunden.

6.1 Betreuungsstandards für GFB-Kunden

Oft gibt es nur Absichtserklärungen des Managements, wie Kunden – und insbesondere Wunschkunden – zu betreuen sind. In der Praxis ist dies meist nicht kontrollierbar.

Über verbindliche *Betreuungsstandards* schaffen wir die planerische Basis für die Ermittlung des Betreuungsaufwandes und der Kontaktfrequenz je Zielperson in der Akquisition bzw. je Kunde in der laufenden Betreuung:

In einem 1. Schritt legen wir die verfügbaren *Arten der Kontakt-Aktivitäten* in Marketing und Vertrieb fest (→ *siehe Zeile 1/2: Kundenbetreuung, Marketing*), die in der GFB eingesetzt werden.

In einem 2. Schritt schätzen wir den *Zeit- und Kostenaufwand* je Kontakt (→ *siehe Zeile 3/4: Schätzung durch Vertriebsmitarbeiter sowie Marketing; siehe Feld C/4: Mitarbeiter-Kosten werden mit einem ø Stundensatz kalkuliert).*

Kundensegment		Kosten pro Std.	Kundenbetreuung				Marketing				Summen
			Erstberatung / Daten	Analyse, Planung	Strategiegespräch	GFB-Umsetzung	Call Center-Call	Mailing	Event-Teilnahme	Publikation	
Mitarbeiter-Aufwand in Std.			2	1,5	2,5	1	0	0	0	0	
Mitarbeiter-Kosten in €		31	62,50	46,88	78,13	31,25	0,00	0,00	0,00	0,00	
Sachkosten pro Kontakt in €			0,00	0,00	0,00	0,00	5,00	2,00	20,00	4,00	
Verm. Privatkunden	Priorität										
Akquisition Neukunden, GFB-Abschluß	Kontaktanzahl	A	1,5	1	1	2	2	2	2	2	14
		B	1	1	1	1	1	2	0	2	9
	Kosten (Sach, MA)	A	94	47	78	63	10	4	40	8	343
		B	63	47	78	31	5	4	0	8	236
	MA-Ressourcen	A	3	1,5	2,5	2	0	0	0	0	9,0
	MA-Ressourcen	B	2	1,5	2,5	1	0	0	0	0	7,0
Bestandskunden mit GFB-Folgebetreuung	Kontaktanzahl	A	1	0	1	1	1	2	2	2	10
		B	0	0	1	1	0	2	0	2	6
	Kosten (Sach, MA)	A	63	0	78	31	5	4	40	8	229
		B	0	0	78	31	0	4	0	8	121
	MA-Ressourcen	A	2	0	2,5	1	0	0	0	0	5,5
	betreuung	B	0	0	2,5	1	0	0	0	0	3,5

Quelle: Eigene Darstellung.
Abbildung 22: *Betreuungsstandards.*

Sodann planen wir für das jeweilige Kundensegment (*hier im Beispiel: Vermögende Privatkunden mit 2 Prioritätsgruppen: A, B*) die *Aktivitäten-Frequenz* (➔ *siehe Zeile 7/8 bzw. 13/14*) für zwei Zielgruppen – nämlich die GFB-Wunschkunden sowie GFB-Bestandskunden.

Dabei ist auf eine genügende Anzahl an Kontakten zu achten, um effizient zu sein (➔ insbes. in der Folgebetreuung!).

Schließlich werden die Kosten (➔ *Zeile 9/10 bzw. 15/16*) und der Ressourcen-Aufwand im Vertrieb (➔ *Zeile 11/12 bzw. 17/18*) je Kontaktart und in Summe pro Kunde (➔ *Spalte L*) ermittelt.

Das Ergebnis ist eine Umsetzung von Betreuungszielen je Kundensegment in konkrete, kontrollierbare Kontakte, Kosten und Zeitaufwendungen. Diese fließen in die CRM-Kontaktplanung, in die Segmentkalkulation und in die Ressourcenplanung im Vertrieb ein.

Der *Vorteil* dieser Planungsmethode ist, dass

a) die Betreuer genaue Vorgaben für ihre Kundenbetreuung erhalten (Art, Frequenz) und diese auch in ihrem Zeitaufwand berücksichtigt finden,

b) Marketing klare Mengengerüste für die Vertriebsunterstützung erhält und die Aktivitäten damit auch budgetierbar sind.

6.2 Ressourcenplanung in der GFB-Betreuung

Die Betreuungsstandards bilden das Grundgerüst für die Ressourcenplanung im Vertrieb. Dort wurde über die Kontaktarten und der damit verbundene Zeitbedarf der Zeitaufwand je Kunde geplant.

Um die verfügbaren Zeit- und Knowhow-Ressourcen in der GFB-Betreuung optimal zu managen, demonstrieren wir dies mit einem von uns entwickelten *Ressourcenplanungs-Tool* (das mit den Betreuungsstandards verknüpft ist):

	A	B	C	D	E	F	G	H	I	J	K	L	M	N	O	P
	Name des	Verfügb.	Betreuer	Betreuungsaufwand Kunden				Aufw.	Betreuungsauf. Wunschkunden				Aufw.	% Ant.	Summe	verfüg-
	Betreuers oder	Stunden	std. pro	GFB-Kunden		Betreuungskd.		Kunden	höchste Attrakt.		mittlere Attrakt.		Akqui.	Akquise	Betr.aufw	bar zu
	Teams	pro Jahr	Jahr	Anzahl	Std.	Anzahl	Std.	Std.	Anzahl	Std.	Anzahl	Std.	Std.	an Std.	. Gesamt	Aufw.
4	Müller Alfred	1.700	1.200	40	220	60	210	430	30	270	70	490	760	63	1.190	10
5	Mayer Gisela	1.600	1.400	60	330	220	770	1.100	0	0	50	350	350	25	1.450	-50
6	Mitteröcker Josef	1.600	1.200	55	303	126	441	744	47	423	90	630	1.053	88	1.797	-597
7	Backoffice Team 1	1.600	1.300	155	310	406	102	412	77	193	210	105	298	23	709	591
8	Gesamt	6.500	5.100	155	1.163	406	1.523	2.685	77	886	210	1.575	2.461	48	4.437	-637
9	Aufwand p.a. laut	Betr.aufwand Betreuer		5,5		3,5			9,0		7,0					
10	Betreuungsstandards	Betr.aufwand Backoffice		2,0		0,3			2,5		0,5					

Quelle: Eigene Darstellung.
Abbildung 23: *Ressourcenplanung.*

Diese Planung beruht auf der Organisation der Vertriebsarbeit in Beratungsgruppen (➔ *siehe Felder A 4-6*) mit zugeordneter Backoffice-Unterstützung (➔ *siehe Feld A7*).

Ausgehend von den verfügbaren Ressourcen (➔ *Mitarbeiter-Stunden pro Jahr abzüglich schon disponiertem Zeitaufwand, z. B. für Projekt- oder Leitungsaufgaben*) werden die dem Betreuer in der Kundendatenbank zugeordneten Kunden und Wunschkunden erfasst (➔ *z. B. Feld D4*) und mit dem ø Betreuungsaufwand laut Betreuungsstandards multipliziert (➔ *dieser ist z. B. in Feld E 9 für die Betreuung von Bestandskunden ermittelt*).

Daraus ermittelt sich die zeitliche Belastung des Betreuers für die Akquisitionsarbeit von GFB-Wunschkunden (➔ *siehe Spalte M*) und laufende Betreuungstätigkeit für GFB-Bestandskunden (➔ *siehe Spalte H*).

Durch einen Vergleich der standardmäßig verplanten Betreuungszeit (➔ *Spalte O*) mit den für die GFB-Betreuung verfügbaren Betreuerstunden (➔ *Spalte C*) wird die Unter- oder Überbeanspruchung des Betreuers ermittelt (➔ *Spalte P*).

Damit hat die Vertriebsleitung ein Werkzeug in der Hand, um die Kundenanzahl gemäß der Standard-Auslastung und den Fähigkeiten der Mitarbeiter besser zu verteilen (durch Neuzuteilung/Reduktion der Kundenanzahl, durch Verteilung auf andere Betreuer ...).

Dieses Tool weist mehrere *Nutzen* auf:

■ *Vertriebsmanagement*
Transparenz in den Auslastungsziffern, Dispositionsmöglichkeit, Umsetzung und Kontrollierbarkeit von Betreuungsstandards

■ *Mitarbeiter*
Klarer Bezug zu Betreuungs- und Akquisitionszielen (aufgrund Vertriebsquoten), objektive Basis für Zuordnung von Kundenverantwortung (Anzahl, Qualität der Kunden)

7.   Zusammenfassung

Die *Ganzheitliche Finanzberatung* ist eine zweischneidige Vertriebsstrategie:

■ einerseits verspricht sie eine langfristige Kundenbindung, setzt eine Vollkunden-Strategie in hochwertigen Kundensegmenten um und nutzt die wichtigsten Ertragspotenziale im Lebenszyklus des Kunden

■ andererseits ist sie höchst betreuungs- und kostenintensiv, benötigt viel Know-how, persönliches Format des Betreuers, erfordert umfassende Schulung der Vertriebsmitarbeiter, verlangt nach einer sorgfältigen Auswahl der Wunschkunden und der Planung der Betreuungsressourcen.

Nur *ausgewählte Zielgruppen* kommen für die GFB in Frage – sie setzt beim Kunden viel Vertrauen in die Seriosität und Kompetenz des Instituts (um sehr persönliche Daten, wie Vermögenswerte, Lebensziele, Haushaltsrechnung .... bekannt zu geben) voraus, verlangt aber auch viel Zeit vom Kunden, um die Informationen zusammenzustellen und mit seinem Betreuer gemeinsam Finanzlösungen zu erarbeiten.

Von beiden Seiten ist mittel- bis langfristige *Konsequenz* gefordert: im Update der Daten, Ziele und Vermögensplanung sowie in der Umsetzung.

Damit die *Ganzheitliche Finanzberatung* für das Institut eine Erfolgsstory wird, müssen folgende Schritte gemacht werden:

1. professionelle Prozesse in Akquisition und Beratung einzurichten,

2. den Vertriebs- und Marketing-Aufwand mit standardisierten Vorgaben zu budgetieren,

3. jene Zielgruppen mit GFB- und Ertragspotenzial zu segmentieren, die auch bereit sind, den Mehraufwand zu honorieren,

4. intensive Kenntnis über die Kundensituation, deren Bedarf und Lebensziel-Planung zu erarbeiten

5. alle dafür geeigneten Finanzlösungen mit ihren finanziellen, steuerlichen und wirtschaftlichen Komponenten zu berücksichtigen,

6. einen kundenorientierten Beratungsansatz anstelle des Produktverkaufs zu verfolgen, und schließlich

7. die Ertragsorientierung auf keinen Fall außer Acht zu lassen.

Die GFB kann eine taugliche Antwort auf die Herausforderung der Strukturvertriebe sein. Indem die Stärken des traditionellen Bankvertriebs (Seriosität, Sortimentsbreite, Betreuungsorientierung, Präsenz, weniger Hard Selling ...) mit neuen Fähigkeiten (umfassende Kundenorientierung, Verfolgung von Kundenzielen statt reinem Produktverkauf, intensive und langfristige Kundenbindung) kombiniert wird, positioniert sich die Bank als *Problemlöser* in den wichtigen Themen Vorsorge, Privatpension, Risikoabsicherung bis hin zu den Fragen der Vererbung, der steueroptimierten Vermögensweitergabe zwischen den Generationen und der Finanzierung des Lebensabends.

Hier werden in den nächsten Jahren die größten Beträge disponiert, die für eine erfolgreich aufgestellte Bank auch attraktive Erträge versprechen.

Ganzheitliche Beratung bei Banken als Kundenbindungsinstrument

Dr. Wilfried Hanreich

1.   Die Fabel von Aesop

Viele von Ihnen kennen vielleicht die Fabel von Aesop, wo ein verschwenderisch lebender Jüngling eine Schwalbe sieht und annimmt, dass nun der Frühling anbricht. Er verkauft daher seinen letzten Wintermantel und verliert das Geld beim Spiel. Auf dem Rückweg findet er die Schwalbe erfroren am Boden liegend, die er daraufhin beschimpft und des Betrugs bezichtigt.

Und die Moral von der Geschichte?

Meiner Auffassung nach soll uns diese Fabel warnen, dass wir aus bestimmten Anzeichen nicht zu voreilig unsere Schlüsse ziehen sollten.

Ein Blick auf unsere Bankenlandschaft in den letzten Jahren konfrontiert uns mit einem Anzeichen – immer mehr Institute heften sich die ganzheitliche Beratung an ihre Fahnen.

Vergessen möchten wir die Jahre – ja jahrzehntelang geübte Praxis des Produktverkaufes – eine neue Geschäftsphilosophie scheint wie eine Erlösung aufzutauchen, Fata Morgana gleich am Horizont, ein Land in dem für uns Finanzdienstleister Milch und Honig fließt und die uns endlich unsere Sorgen im Konkurrenzkampf untereinander mit den Strukturvertrieben und mit der durch die Technik einhergehende immer größer werdende Kundenferne vergessen lässt.

Endlich scheint es, als haben wir eine Antwort auf viele unserer Probleme gefunden –die ganzheitliche Beratung unserer Kunden, Erfolg garantiert.

Und so stellen viele Banken ihre Anstrengungen ganz unter dieses Konzept, reorganisieren Strukturen, verändern Ausbildungspläne, investieren massiv in Hard- und Software und erheben in ihrer internen wie externen Kommunikation die Beratung des Kunden zur ultima ratio.

So sehr die Konzentration auf eine Problemstellung hilfreich sein kann, so gefährlich kann sie auch werden, da unter Umständen wesentliche und andere Faktoren, die ein Unternehmen zum Erfolg führen, auf der Strecke bleiben.

Mein Diskussionsbeitrag in diesem Buch versucht daher die ganzheitliche Beratung bei Banken in einen Gesamtkontext zu stellen, den strategischen Focus zu erweitern und auch noch andere wesentliche Erfolgsfaktoren anzusprechen.

2.   Ganzheitliche Beratung und CRM-Konzept
oder
König Salomo und die Königin von Saba

Wenn wir die ganzheitliche Beratung als Erfolgskonzept definieren, muss zuallererst die Frage nach der Definition des Erfolgs gestellt werden:

■ Wann ist eine Bank erfolgreich?

■ Was ist das Ziel aller unserer Bemühungen?

■ Ist unsere ganzheitliche Beratungskonzeption Zweck oder Mittel?

Nach meiner Interpretation – und ich gehe davon auch aus, dass Sie hier meiner Meinung sind – kann die ganzheitliche Beratung nur Mittel zum Zweck sein. Was könnten wir nun als Zweck und Ziel all unserer Bemühungen definieren?

Wie wäre es z. B. mit folgender Ziel-Definition:

„Schaffung einer Kunden-orientierten Unternehmenskultur mit dem Ziel, möglichst viele loyale und profitable Kundenbeziehungen aufzubauen."

Viele von Ihnen werden nun denken, „auch nichts Neues, das könnte genauso gut als CRM-Definition verstanden werden."

Mit diesem Gedanken liegen Sie richtig und dennoch möchte ich diese Definition einer systematischen Analyse unterziehen und auf den Stellenwert eines ganzheitlichen Beratungskonzeptes eingehen.

Dazu zunächst eine Geschichte – es ist die Geschichte vom König Salomo und der Königin von Saba.

Die Kurzfassung der Geschichte von König Salomo und Königin von Saba hört sich in etwa so an:

Da gibt es den König Salomo, der 3. König Israels. Regent an einem Hof von kaum beschreibbarem Glanz.

Salomo hatte in der damaligen Welt einen hervorragenden Ruf als weiser und gerechter König.

Und da gibt es die Königin von Saba. Aus einer Region, die man im heutigen Jemen ansiedeln kann. Saba ist ein wichtiger Umschlagplatz im Handel und reich an Gewürzen, Duftölen und Gold

Angelockt vom Ruf König Salomos begibt sich die Königin von Saba an den Hof von Salomo, um sich davon zu überzeugen, ob der Ruf von Salomo auch der Wahrheit entspricht.

Sie bringt dem König Kamelladungen von Gewürzen und Gold und gibt diese Salomo. Im Gegenzug stellt sie Salomo vor Rätsel, die dieser bravourös löst.

Es stellt sich heraus, dass alles, was ihr über Salomo zugetragen wurde, nicht nur richtig war, sondern bei weitem übertroffen wurde.

Die beiden finden Gefallen aneinander und König Salomo möchte die Königin von Saba noch näher an sich binden. Mit einem Trick verschafft er sich eine Liebesnacht mit ihr, in der Hoffnung, dass die Königin auf ewig bei ihm bliebe.

Aber leider – so erzählt zumindest die Geschichte – nimmt die Königin dem König den Trick sehr übel und verlässt König Salomo.

In meiner Interpretation von CRM ist diese Geschichte eine der ältesten CRM-Geschichten der Welt. Wir finden darin Definition und Konzept von CRM. Betrachten wir diese Geschichte mit den uns gewohnten Augen von CRM, so können wir folgendes analysieren.

Phase 1:

König Salomo hat einen ausgezeichneten Ruf – die Königin fühlt sich angezogen.

Wir nennen diese Phase: Initiierung, Akquisition

Phase 2:

Es kommt zu einem gegenseitigen Austausch von Leistungen, die Verbindung wird aufgebaut.

Wir nennen diese Phase Ausbau der Kundenbeziehungen oder wenn Sie wollen: Phase des Up and Cross Sellings

Phase 3:

König Salomo möchte die Königin emotional an sich binden.

Wir nennen dies die Phase der Kundenbindung

Phase 4:

König Salomo verliert die Königin.

Wir nennen diese Phase Kundenverlust oder Churn-Rate!

Da König Salomo ein weiser Mann war, können wir auch davon ausgehen, dass er wusste, dass sich in einem strategischen CRM-Ansatz zwei unterschiedliche Konzepte verbergen:

1. Konzept der Beziehungsentwicklung – mit dem Ziel der Schaffung von Vertrauen und emotionaler Bindung

2. Konzept der Kontaktoptimierung mit dem Ziel der Effizienzsteigerung und Kostenreduktion

Wenn wir nun uns die vier Phasen der Begegnung von König Salomo und der Königin von Saba vor dem Hintergrund der voran genannten zwei Konzeptionen ansehen, bemerken wir, dass der Einsatz eines jeweiligen Konzeptes und deren Instrumente vom jeweiligen Lebenszyklus der Beziehung abhängig ist.

So stehen in den Phasen der Akquisition und der Kundenbindung die Beziehungsentwicklung mit dem Ziel der Vertrauensgewinnung und der emotionalen Kundenbindung im Vordergrund.

In den Phasen des Ausbaues bzw. des Kundenverlustes forcieren wir die Kontaktoptimierung mit dem Ziel der Kostensenkung und Effizienzsteigerung. Dies sind auch die Phasen, wo eine ganzheitliche Beratung unserer Kunden ihren gerechtfertigten Stellenwert hat.

Quelle: Eigene Darstellung
Abbildung 1: *Produktverkauf vs. ganzheitliche Beratung im Vertrieb.*

Die Geschichte lehrt uns aber noch eines – das was wir üblicherweise unter operativem und analytischem CRM verstehen, ist nun wenig geeignet, Vertrauen und emotionale Bindung zu unseren Kunden zu mehren.

Nun fragen Sie sich vielleicht, warum Salomo die Königin verlor, obwohl er doch so ein weiser Mann mit vielen Vorteilen war. War es der Trick, mit dem Salomo die Königin in sein Bett lockte, oder war es die Tatsache, dass Salomo ein großer Frauenheld war, mit 300 Neben- und 700 Hauptfrauen und die Königin nicht eine von 1.000 Frauen sein wollte? Hier schweigt die Geschichte. Was wir jedoch aus der Geschichte lernen können, ist die Tatsache, dass Kundenbindung nicht eine Sache von rationalen Vorteilen ist, sondern eine Sache der

Emotionen; Emotionen, deren Ursachen in den Sehnsüchten und Wünschen unserer Kunden liegen.

Was ich mit dieser kleinen Geschichte zum Ausdruck bringen wollte, ist der Umstand, dass wir die ganzheitliche Beratung als Bestandteil und Instrument eines strategischen CRM-Konzeptes zu betrachten haben. Die ganzheitliche Beratung ist aus dieser Sicht ein Erfolg versprechendes Element – hier vor allem in der Phase des Aufbaues der Kundenbeziehung. Es ist aber eben nur ein Aspekt unserer Kundenbeziehung, die uns die anderen Erfolgsfaktoren nicht vergessen lassen sollten.

3.   Ganzheitliche Beratung und Kundenbindung
oder
Titanic-Marketing

Springen wir vom 1. Jahrtausend vor Christus in das Jahr 1912, konkret in die Nacht 15.April 23.40 Uhr. Dies war der Moment, wo die Titanic einen Eisberg rammte und damit eine der größten zitierten Schifffahrtskatastrophen seinen Anfang nahm, bei dem letztendlich 1495 Menschen ums Leben kamen.

Ich möchte Ihnen einen Eisberg vorstellen, von dem wir zweierlei wissen:

1. 1/3 des Eisberges ist sichtbar

2. 2/3 des Eisberges verbergen sich unter Wasser – das ist der gefährliche Teil des Eisberges; dieser Teil war es auch, der der Titanic das Verderben brachte.

Diesem Eisberg gebe ich nun den Namen „Marketing-Eisberg" und werde versuchen, zu erklären, was ich unter Titanic-Marketing verstehe und was dies mit Kundenbindungsprogrammen und ganzheitlicher Beratung zu tun hat.

In meiner Interpretation finden sich im Marketing-Eisberg sämtliche Elemente des strategischen und operativen Marketings. Begonnen bei der Basis, dem C.I. eines Unternehmens, wobei ich unter C.I. die drei Elemente: corporate behaviour, corporate communication und corporate design verstehe. Der strategische Teil führt uns über SWOT-Analyse letztlich zu einer BSC mit mittelfristiger Zielorientierung.

Auf Basis dieser BSC betreibe ich dann mein operatives Marketing – das ist der obere Teil des Eisberges und die Spitze – also der Teil des operativen Marketings, der am sichtbarsten ist und am weitesten leuchtet – wird durch die Umsetzung des konkreten operativen Marketing-Mix gebildet. Dies sind dann unsere konkreten Produkte und Dienstleistungen, unsere

Preise, unsere Vertriebsformen, unsere Mitarbeiter, unsere Kommunikation, unsere Promotions und natürlich auch unsere Kundenbindungsprogramme – so z. B. unsere Kundenkarten.

Quelle: Eigene Darstellung
Abbildung 2: *Der MARKEting Eisberg ©.*

Man könnte auch sagen, sämtliche Unternehmensleistungen, mit denen wir an unsere Kunden und Nichtkunden herantreten.

Im Marketing Eisberg sind natürlich auch die Elemente der Effektivität und Effizienz unserer Marketingarbeit abgebildet.

Der strategische Teil unserer Marketingarbeit, also der Teil unterhalb der Wasseroberfläche kann mit Effektivität gleichgesetzt werden – oder wenn Sie wollen:

Hier stellen wir sicher, dass wir die richtigen Dinge machen.

Oberhalb der Wasserlinie, finden wir dann die Effizienz unserer Marketingarbeit – oder wenn Sie wollen: hier stellen wir sicher, dass wir die Dinge richtig machen.

Unter Titanic-Marketing verstehe ich operative Marketingaktivitäten, denen die strategische Basis fehlt. Und ich meine auch, dass im Bereich der Kundenbindungsprogramme viele Titanics unterwegs sind.

Als Begründung für meine Interpretation möchte ich zwei Befunde anführen:

1. Empirische Befunde aus Literatur und Wissenschaft

2. den Unterschied zwischen rationaler und emotionaler Loyalität

Zunächst einige Highlights zu den empirischen Befunden:

Beispiel

- Kundenbindungsprogramme sind „in" – in Österreich z. B. haben rund 2/3 der Unternehmen Kundenbindungsprogramme; 81 Prozent erachten es als wichtiges Marketinginstrument

  (Quelle DMVÖ 2003/ Sandra Dullemond Wien)

- Bonusprogramme und Kundenkarten dominieren (8o Prozent)

- Kundenbindungsprogramme bleiben weit hinter ihren Erwartungen zurück

  (Roland Berger, München, Mai 2003)

- Kundenbindungsprogramme werden oft als Erfolgsgeschichte gefeiert, sind es aber nicht – Analyse von 170 Programmen

  (Ogilvy One worldwide, August 2004)

- Kundenkarten können Loyalität nur dann erhöhen, wenn sie – falls überhaupt – nur die Karte eines Anbieters derselben Branche besitzen

  (Mägi, Belizzi/Bristol 2004)

- obwohl oft bis zu zwölf Prozent des Marketingbudgets für Kundenbindungsprogramme aufgewendet werden, nehmen nur fünf Prozent der befragten Unternehmen eine umfassende Qualifizierung der Effekte vor

  (R. Berger, München 2003)

■ Es gibt natürlich auch empirische Befunde, die belegen, dass Kunden, die an Kundenbindungsmaßnahmen teilhaben, eine höhere Kauffrequenz oder höhere Umsätze aufweisen.

■ Dies lässt jedoch nicht unbedingt die Schlussfolgerung zu, dass Kunden durch Kundenbindungsprogramme wirklich stärker an die Leistungen des Unternehmens gebunden werden.

■ Nicht minder plausibel ist nämlich die Annahme, dass die Kunden, die am Kundenbindungsprogramm teilnehmen, sich schon vor Einführung des Kundenbindungsprogramms unterschieden haben, so z. B. durch eine stärkere Markenbindung, oder wenn Sie wollen, durch eine stärkere Vertrauensbasis, stärkere emotionale Bindung oder eben durch eine höhere emotionale Loyalität.

Und die nehmen nun z. B. die Kundenkarte aus rationalen Gründen??

Dies führt mich nun zum zweiten Befund – dem Unterschied zwischen rationaler und emotionaler Loyalität

Glaubt man den Ergebnissen quantitativer Marktforschungsergebnisse, sind wir alle rational gebundene Menschen. So antworten auf die Frage:

„Achten Sie beim Einkauf auf den Preis" mehr als 85 Prozent mit *„Selbstverständlich ".*

Von diesem Ergebnis geblendet stürzen sich dann viele Unternehmen in die Preisschlacht – der Kunde ist doch ein rationaler Käufer!

Haben wir vielleicht schon einmal in Erwägung gezogen, dass die Befragten aus Konvention mit „selbstverständlich" antworten. Gilt doch zunehmend in unserer Gesellschaft, dass derjenige, der nicht auf den Preis achtet, dumm ist – und wer vor uns möchte schon dumm sein?!

Oder aber wie interpretieren wir ebenfalls Marktforschungsergebnisse, die uns zeigen, dass Kunden weniger rational handeln, als sie es uns glauben machen wollen:

So können sich lediglich 20 Prozent der Inhaber von Kundenkarten – Bonusprogrammen an den gewährten Bonus erinnern und nur 14 Prozent informieren sich laut eigenen Angaben regelmäßig über aktuelle Preise (Pfeil etc. alt 2004)

Die Psychologie gibt uns auf die Frage der Wirksamkeit von Ratio und Emotion hinsichtlich Loyalität eindeutige Antworten:

Loyalität, die aus rationalen Gründen, wie z. B. Preisvorteile, Zeitersparnis, Gesundheit entsteht, ist weit weniger wirkungsvoller als die Loyalität, die aus emotionalen Gründen, wie z. B. Vertrauen und Sympathie, hervorgeht.

Die rationale Loyalität ist gleichzusetzen mit erzwungener bzw. unechter Bindung.

Die emotionale Loyalität hingegen kann als freiwillige bzw. echte Bindung bezeichnet werden. Ich spreche gerne in diesem Fall nicht von Kundenbindung, die mehr oder weniger eine Fesselung des Kunden bedeutet, ich spreche viel lieber von der Verbundenheit des Kunden mit einem Unternehmen.

Verbundenheit entsteht aber nur dort, wo es zu einer Verständigung über Werte, Einstellungen und Verhalten kommt. Und erst in der Folge dieses Austausches von Werten, Einstellungen und Verhalten entsteht Sympathie und Vertrauen – also starke positive Emotionen, die Basis der freiwilligen Loyalität.

Und noch etwas lehrt uns die Psychologie:

Echte emotionale Loyalität entsteht primär in Mensch-zu-Mensch-Beziehungen, also in unserem Fall zwischen den Mitarbeitern und den Kunden. Das sollte uns gerade im Finanzdienstleistungsbereich zu denken geben, wo wir oft Millionen in Kundenbindungsprogramme investieren und unseren wichtigsten Faktor – den eigenen Mitarbeiter – vernachlässigen.

Warum laufen also viele Kundenbindungsprogramme Gefahr, das Schicksal mit der Titanic zu teilen?

Aus meiner Sicht weisen viele Kundenbindungsprogramme zwei wesentliche Fehlerquellen auf:

1. Vielfach handelt es sich um „me-too" Programme, die austauschbar sind. Sie sind nicht strategisch ausgerichtet, in den Programmen spiegeln sich nicht die Einzigartigkeiten des Unternehmens. Sie helfen damit auch nicht, das Unternehmen noch stärker von der Konkurrenz zu differenzieren.

2. Emotionale Elemente kommen zu kurz; meistens stehen materielle Vorteile im Vordergrund. Damit wird aber die rationale Loyalität, nicht aber die emotionale Loyalität gestärkt.

Um in der Sprache unseres Marketingeisberges zu bleiben:

Viele Unternehmen setzen weder die richtigen Kundenbindungsprogramme ein, noch setzten sie diese richtig um.

Gesucht sind daher Kundenbindungsprogramme, die die Einzigartigkeit des Unternehmens hervorheben und die neben rationalen Vorteilen auch die emotionale Loyalität stärken.

Erst solche Programme laufen nicht Gefahr am Eisberg zu scheitern.

Auf diesen Marketingschiffen ist die Marke Kapitän und selbstverständlich bedient sich die Mannschaft modernster Navigationsinstrumente.

Erfolgreiche Strategien zur Kundenbindung bestehen daher aus zwei Säulen:

In der ersten Säule finden wir die Ziele der Markenführung

- Steigerung der Präsenz und Bekanntheit
- Erhöhung der Kompetenz und Glaubwürdigkeit
- Differenzierung zur Konkurrenz
- Forcierung der emotionalen Loyalität – des Vertrauens

In der zweiten Säule können wir die Ziele des operativen und analytischen Kundenbindungsmanagements lokalisieren:

- Kundenklassifikation
- Erhöhung des customer-lifetime-value
- Kostenreduktion durch abgestufte Vorgehensweise und Zielgruppen – und bedarfsorientierter Zielgruppenansprache
- Ganzheitliche Beratung

Diese beiden Säulen spiegeln auch unsere Definition und zwei Konzepte eines erfolgreichen Kundenbindungsmanagements wider:

■ Die 1.Säule steht für die Beziehungsentwicklung

■ Die 2.Säule steht für die Kontaktoptimierung

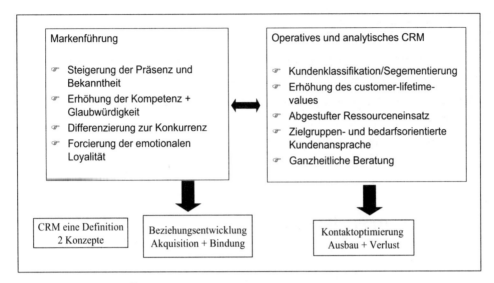

Quelle: Eigene Darstellung
Abbildung 3: *Erfolgreiche Strategien zur Kundenbindung – zwei Säulen.*

Es war Ogilvy, einer der Ikonen der Kommunikationsbranche, der sagte: *„a brand is your friend"*.

Warum ich Ogilvy an dieser Stelle zitiere hat folgende Überlegungen zum Grund:

Natürlich können wir mit sophistischen operativen und analytischen CRM Modellen besser auf die jeweiligen Bedürfnisse unserer Kunden eingehen. Und bestimmt trägt es zur Steigerung der Sympathie bei, wenn wir unseren Kunden zum Geburtstag gratulieren, zu einem VIP-Event einladen und ganzheitlich und bedarfsorientiert beraten.

Aber was machen wir, wenn unsere Konkurrenz die gleichen Instrumente und Maßnahmen einsetzt und unsere Produkte immer austauschbarer werden?

Was unterscheidet uns dann von der Konkurrenz?

Ich denke, es sind die Elemente unserer Marken, die letztendlich die gewünschte Unterscheidung herbeiführen können.

Marken stehen für den guten Namen eines Unternehmens und umfassen sämtliche Unternehmensleistungen mit denen wir an unsere Kunden und Nichtkunden herantreten. Mit Marken verbinden unsere Kunden aber auch eine bestimmte Unternehmensphilosophie, also Werte, Einstellungen und Verhalten.

Echte und freiwillige Loyalität entsteht dort, wo zunächst aus geschäftlicher Beziehung eine emotionale Verbundenheit entsteht. Emotionale Verbundenheit benötigt aber auch den Austausch von Wertvorstellungen. Damit es zu diesem Austausch kommen kann, müssen wir aber auch unsere Unternehmensphilosophie kommunizieren und natürlich auch leben.

Und das verabsäumen aus meiner Sicht viele Unternehmen. Diese Unternehmen werden sich auch schwer tun, Kunden als Freunde zu gewinnen.

Es ist kein Zufall, dass der CEO eines der erfolgreichsten Unternehmen mit nachgewiesener hoher Kundenloyalität sagte:

„Wir haben aufgehört, Motorräder zu verkaufen, wir verkaufen jetzt eine Lebensphilosophie, das Bike gibt es gratis dazu"

Diese Aussage stammt von Jeffrey Bluestein, dem CEO von Harley-Davidson.

4.   Zusammenfassung

Eine Schwalbe macht noch keinen Sommer – ganzheitliche Beratung allein ist noch kein Erfolgsrezept, ganzheitliche Beratung ist ein hinreichendes aber noch nicht ausreichendes Konzept für den Erfolg der Banken.

Auch die Verbindung eines ganzheitlichen Beratungskonzeptes mit herkömmlichen (Bonus) Kundenbindungsprogrammen führt noch nicht zu einer ausreichenden Differenzierung von Mitbewerbern und nachhaltigem Erfolg.

Ganzheitliche Beratungskonzepte sind im Rahmen einer operativen und analytischen CRM-Strategie in erster Linie wesentliche Pfeiler der Kundenkontaktoptimierung, die die Verbesserung der Effizienz (Steigerung der Kunden-Profilabilität) und Kostenreduktion (Sach- und Personalkosten) zum Ziel haben.

Nachhaltigen Erfolg verspricht ein ganzheitliches Beratungskonzept erst durch die Besinnung auf und Einbindung in eine strategische Markenführung (inkl. eines markengerechten Kundenbindungsprogramms) mit dem Ziel des Aufbaues von Vertrauen und echter emotionaler Beziehung zwischen Kunde und Bank.

Eine Außerachtlassung der strategischen Markenführungsarbeit lässt ein ganzheitliches Beratungskonzept zu einem seelenlosen und technischen Instrument verkümmern, das langfristig keinen Wettbewerbsvorsprung sichert.

Teil IV

Tipps zur richtigen Umsetzung

Part IV

Toward a Common Understanding

Woran scheitern Beratungskonzepte?

Wolfgang Ronzal

1.   Gründe für das Scheitern von Beratungskonzepten

Fast alle Banken versuchen heute, vom produkt- zum bedarfsorientierten Verkaufen zu kommen. Viele Konzepte wurden entwickelt, vom Finanzplan bis zum Finanzcheck, alle mit dem gleichen Ziel, durch kundenorientierte Beratung mehr zu verkaufen.

Diese Zielsetzung ist notwendig und steht außer Streit. Banken dürfen nicht nur versuchen, ihre eigenen Produkte an den Kunden zu bringen, sondern müssen deren Probleme, Bedarfe und Wünsche erkennen und lösen. Vor allem bei jenen Kunden, die heute nicht mehr oft, bzw. gar nicht mehr in die Bank kommen. Kundenbefragungen ergeben, dass im Durchschnitt etwa zwei Drittel der Kunden bemängeln, von ihrer Bank keine Informationen über für sie interessante und aktuelle Angebote zu bekommen.

Weitere Untersuchungen zeigen, dass viele Kunden eine unterdurchschnittliche Produktnutzung aufweisen, beziehungsweise Mehrfachbankbindungen haben. Genau das ist die Zielgruppe für Beratungskonzepte.

Die Realität sieht allerdings anders aus. Es ist immer wieder festzustellen, dass solche Konzepte nicht oder falsch umgesetzt werden und daher diese Zielsetzung nicht erreicht wird. Woran liegt das?

- Die Gründe für die Umsetzung eines solchen Konzeptes wurden den Mitarbeitern nicht ausreichend vermittelt. Es fehlt das Wissen und das Verständnis für den Nutzen einer solchen Vorgangsweise.

- Aus diesem Grund werden nur jene Kunden aktiv angesprochen, die von sich aus in die Bank kommen. Dies ist natürlich auch sinnvoll, aber meist werden diese Kunden ohnehin recht gut betreut. Das Potenzial der weniger bekannten Kunden wird hingegen nicht ausgeschöpft. Bei dieser Kundengruppe liegt aber die Chance für zusätzliches Wachstum und höhere Erträge.

- Die Mitarbeiter haben Ängste, wenig bzw. nicht bekannte Kunden anzurufen und zu einem Termin für ein Gespräch einzuladen. Die Angst ist darin begründet, dass der Mitarbeiter keinen konkreten „Gesprächsaufhänger" hat oder befürchtet, den Kunden durch seine Kontaktaufnahme zu stören. Die Folge könnten Ablehnung bzw. eine sogar negative Reaktion des Kunden sein, die der Berater von vorneherein vermeiden möchte.

- Es besteht Scheu, die meist sehr umfangreichen Beratungsunterlagen mit dem Kunden durchzuarbeiten. Der Mitarbeiter befürchtet auch hier negative Reaktionen seitens des Kunden.

- Die Zielvereinbarung in der Bank ist kontraproduktiv. Auf der einen Seite wird bedarfsorientierte Beratung gewünscht, auf der anderen Seite werden nach wie vor Stückziele für Produkte verlangt.

■ Die Konsequenz der Umsetzung ist mangelhaft, da Nachdruck, Steuerung und Controlling durch die Führungskräfte nicht oder nur ungenügend erfolgen. Die Umsetzung solcher Beratungskonzepte geht nicht automatisch von heute auf morgen, sondern bedarf intensiver Führungsarbeit.

Was können Sie also tun, um die Umsetzung zu fördern und sicher zu stellen?

2. Veränderungen und Neuerungen nicht gegen oder ohne, sondern MIT den Mitarbeitern umsetzen!

Sagen Sie Ihren Mitarbeitern, was sie wissen wollen und sollen!

Alles ändert sich immer schneller und dadurch kommen ständig Neuerungen auf uns zu. Es gehört heute fast schon zum Tagesgeschäft, Veränderungen in der Bank umzusetzen und Neuerungen einzuführen. Besonders schwierig sind jene, die Aufgabenbereiche der Mitarbeiter betreffen. In diesen Fällen gibt es viele Ängste, es gedeihen Gerüchte und somit entstehen Falschinformationen. Durch die damit verbundene gedankliche Beschäftigung sinkt die Produktivität und die geplante Aktivität wird „boykottiert".

Oft investieren Banken sehr viel Aufwand und Zeit in eine intensive Konzeptions- und Entscheidungsphase. Die getroffenen Beschlüsse werden aber dann in einer einzigen Veranstaltung an die Betroffenen kommuniziert. Auch wenn diese Veranstaltungen noch so sorgfältig und aufwendig geplant und durchgeführt werden, so schaffen sie nicht das sofortige Verständnis und die notwendige Akzeptanz bei den Mitarbeitern.

Unverständnis und Ablehnung sind die Folge. Dies wird zwar nicht offen gesagt, aber der Umsetzungsprozess läuft nicht wie gewünscht. Denn offen bleibt für die Mitarbeiter vor allem die Frage, WIE mache ich das in Zukunft. Und wenn das nicht klar ist, bzw. den Mitarbeitern dabei nicht geholfen wird, werden alle nur möglichen Vorwände und Einwände gebracht, warum das nicht gemacht wird, bzw. was alles dagegen spricht.

Die Ursache ist mangelnde Kommunikation. Mit der Entscheidung über die Veränderung (Neuerung) ist die Arbeit nicht beendet, sondern jetzt beginnt eigentlich erst die aufwendige Phase der Überzeugung und Hilfestellung.

Viele Gespräche sind notwendig, um den betroffenen Mitarbeitern Sinn und Notwendigkeit dieses Konzeptes zu vermitteln und vorhandene Ängste und Ablehnung zu überwinden. Eine entscheidende Aufgabe, die von den jeweils zuständigen Führungskräften wahrgenommen werden muss.

Planen Sie also bei der Einführung solcher Beratungskonzepte eine intensive Kommunikationsphase mit Ihren Mitarbeitern ein, bzw. holen Sie diese nach, wenn die Umsetzung des Konzeptes nicht wunschgemäß erfolgt. Diskutieren Sie vor allem folgende fünf Punkte:

- >Wie sieht die Veränderung (Neuerung) aus?

- >Warum ist die Veränderung nötig?

- >Wie wird die Veränderung die Arbeit der Mitarbeiter beeinflussen?

- >Welche neuen Möglichkeiten (Chancen) bringt die Veränderung den Mitarbeitern?

- >Wie wird die Veränderung bewertet (gemessen)?

„Wenn die Kommunikation das Verhalten ändert, dann handelt es sich um eine gute Kommunikation; wenn sie es nicht tut, ist es schlechte Kommunikation!"

3.   Suchen Sie Kunden für Ihre Angebote?
Oder suchen Sie Angebote für Ihre Kunden?

Wo liegt hierbei der Unterschied, werden Sie sich vielleicht fragen. Aus verkäuferischer Sicht ist das erstere *produktorientiertes Verkaufen*, das zweite hingegen *kundenorientiertes (=bedarfsorientiertes) Verkaufen*.

Was macht nun wirklich den Unterschied?

Beim produktorientierten Verkaufen setzen Sie sich das Ziel, eine bestimmte Anzahl von Produkten, z. B. Bausparverträge zu verkaufen. Es wird nun jeder Kunde darauf angesprochen, ob er Interesse dafür hätte. Eine entsprechende Quote der Angesprochenen schließt auch tatsächlich ab, dennoch verlieren Sie viel der vorhandenen Verkaufskapazität durch die hohe Zahl der angesprochenen Kunden, die nicht abschließen.

Die Abschlussquote können Sie verbessern, wenn Sie sich vor der Ansprache überlegen, welche Kunden besonders für dieses Angebot in Frage kommen könnten. Es wird nach bestimmten Kriterien eine Auswahl der Kunden vorgenommen. Die verkäuferische Effizienz verbessert sich zwar dadurch, aber dennoch bleibt auch in diesem Fall eine relativ hohe Zahl von Kunden ohne Abschluss.

Am produktivsten setzen Sie Ihre verkäuferische Zeit beim kundenorientierten Verkaufen ein. Sie nehmen sich jeweils einen Kunden aus Ihrem Kundenstock, analysieren die Kundenverbindung nach Produktbesitz und möglichen Bedürfnissen und sprechen dann diesen Kunden an. Der Kunde hat möglicherweise sogar Interesse an einem Bausparvertrag, aber insbesondere hat er Interesse hinsichtlich der Problemstellung „Absicherung des Lebensstandards im

Alter". Nun können Sie vielleicht sogar weitere Produkte abschließen. Diesen Ansatz des Zusatzverkaufs vergisst man hingegen beim produktorientierten Verkaufen leicht, weil man mit dem Abschluss des Primärangebots sein Erfolgserlebnis hat und zum nächsten Kunden übergeht. Ein anderer Kunde hat vielleicht nun gerade kein Interesse an einem Bausparvertrag, aber zu diesem Zeitpunkt den Wunsch, eine größere Anschaffung zu tätigen und benötigt daher einen Kredit.

Mit dieser Gegenüberstellung erkennen Sie deutlich den Unterschied zwischen den beiden Verkaufsmethoden. Beim produktorientierten Verkaufen möchten Sie möglichst rasch viele Bausparverträge verkaufen, beim kundenorientierten Verkaufen möchten Sie bei möglichst vielen Kunden verschiedene Produkte verkaufen, die ein gerade vorhandenes Problem lösen oder einen vorhandenen Wunsch erfüllen. Dies ist auch bezüglich des Einsatzes Ihrer Verkaufskapazität die effizientere Methode und bringt Ihnen über einen längeren Zeitraum auch eine insgesamt höhere Abschlussquote.

Ein Beispiel dazu. Stellen Sie sich folgenden Kunden vor:

> 35jähriger Angestellter, verheiratet, zwei Kinder, mittleres Einkommen
>
> Welche Wünsche und oder Probleme könnte dieser Kunde haben?
>
> - er wohnt in einer Mietwohnung und möchte in einigen Jahren ein Eigenheim
>
> - ein anderer hingegen lieber eine Eigentumswohnung
>
> - und wieder ein anderer würde gerne in eine schöne große Altbauwohnung einziehen
>
> - er möchte auf einem Bauernhof längerfristig eine Ferienwohnung mieten
>
> - er möchte die Wohnungseinrichtung erneuern
>
> - er denkt an die Ausbildung seiner Kinder
>
> - er denkt auch schon an Altersvorsorge, bzw. an die Absicherung seiner Ehefrau
>
> - die ersten Kredite sind zurück bezahlt, er beginnt zu sparen, Vermögen aufzubauen
>
> - er braucht ein größeres Auto, damit auch der neue Hund mit kann
>
> - vielleicht möchte er sich sogar selbständig machen etc.

Wenn Sie immer wieder mal mit Ihren Kunden über diese Themen ins Gespräch kommen, werden Sie feststellen, welches Problem oder welcher Wunsch gerade aktuell ist oder als Vorhaben in Planung ist.

Diesen Kunden werden Sie kaum zufrieden stellen, wenn Sie ihn wegen eines Bausparvertrags ansprechen. Vielleicht haben Sie sogar Glück und es passt, aber in der Regel ist es besser, mit diesem Kunden über seine Ziele zu sprechen und dann die passende Lösung anzubieten.

Beide Verkaufsmethoden sind sinnvoll und haben ihre Berechtigung. Wenn Sie viele Kunden rasch über ein neues Angebot informieren wollen, werden Sie eher produktorientiert vorgehen. Das ist die in der Praxis auch heute noch überwiegend angewendete Verkaufsmethode. Das kundenorientierte Verkaufen hingegen wird noch selten konsequent und systematisch eingesetzt. Eben aus den eingangs erwähnten Gründen.

4.   „Ich und der Kunde" oder „Der Kunde und ich"?

Die Banken sind heute fast ausschließlich damit beschäftigt, ihre eigenen Probleme zu lösen. Gewinnsteigerungsprogramme, Rationalisierungsprozesse, usw. führen zu einer starken Innenbeschäftigung. Erst dann kommt der Kunde und oft wird versucht, die Bankprobleme auf Kosten der Kunden zu lösen. Setzen Sie den Kunden wieder an die erste Stelle Ihrer Prioritätenliste. Sagen Sie also: „Der Kunde und ich". Denken Sie immer daran, was der Kunde will und erwartet.

Ein Großteil der Kunden möchte von ihren Bankberatern aktiv auf für sie relevante Themen angesprochen werden. Diese Ansprache erfolgt aber nur selten. Die Bankmitarbeiter haben noch immer eine eher passive Beratungskultur, d. h. sie warten bis der Kunde von sich aus kommt. Und wenn sie dann ansprechen, ist es der schon angesprochene produktorientierte Verkaufsansatz. Viele Kunden haben das Gefühl, dass die Mitarbeiter nur die Produkte der aktuellen Kampagne der Zentrale „an den Mann/die Frau" bringen müssen und wollen.

Eine Verkaufsaktion jagt die andere, ein Produktschwerpunkt den anderen. Filterlisten für die Kundenansprache werden erstellt, auf denen nach Bankkriterien Kunden für diese Produktaktionen selektiert werden. Manche Kunden stehen auf jeder Liste und werden daher immer wieder angesprochen, ohne Rücksicht darauf zu nehmen, ob sie dieses Produkt brauchen und haben wollen.

Es kann also sein, dass Sie einen Kunden in einem Monat wegen Bausparen ansprechen, im nächsten Monat wegen Versicherungen und drei Monate später vielleicht wegen einer Kreditkarte. Abgesehen davon, dass dies beim Kunden kaum einen professionellen und kompetenten Eindruck hinterlässt, setzen Sie auch Ihre Verkaufsressourcen nicht effizient ein. Beim kundenorientierten Verkaufsansatz hätten Sie das gleiche Ergebnis mit vielleicht nur einer einzigen Ansprache erzielen können.

Durch die produktorientierte Ansprache erreichen Sie also nicht alle Ihre Kunden, sondern nur jene, die für die jeweiligen Produktaktionen ausgewählt oder auf den Aktionslisten ausgefiltert wurden. Viele Kunden werden daher überhaupt nicht angesprochen und fühlen sich daher auch nicht betreut. Geringe Produktnutzung und Abwanderungsgefahr durch Unzufriedenheit sind die Folge.

Kundenorientierung bedeutet also, einen Kunden nach seinen Zielen und Wünschen zu fragen und ihm zu helfen, diese zu erreichen, unabhängig von den gerade aktuellen Produktschwerpunkten. Fragen Sie Ihre Kunden nach ihren Wünschen, Zielen, Problemen, Visionen, ohne gleich ein bestimmtes Produkt verkaufen zu wollen. Ihr Angebot ergibt sich dann von selbst und dazu noch bedarfsorientiert.

Ihr Ziel muss es sein, alle Ihre Kunden, einen nach dem anderen mit diesem ganzheitlichen Beratungsansatz zu kontaktieren.

5. „Unbekannte Gesichter"

Kennen Sie Ihre Kunden? Höchstwahrscheinlich werden Sie diese Frage schnell mit einem klaren „JA" beantworten. Doch es lohnt sich, ein wenig darüber nachzudenken. So klar wie diese Antwort sind die Kenntnisse über die Kunden in den seltensten Fällen.

- Sie kennen vor allem jene Kunden, die häufig die Bank aufsuchen

- Sie kennen Ihre besonders wichtigen und Ihre besonders guten Kunden

- Zwangsläufig kennen Sie wahrscheinlich auch Ihre schlechten Kunden

- Und sicher kennen Sie besonders schwierige oder unangenehme Kunden

Wie viele Kunden sind dies in Ihrem gesamten Kundenstock?

Untersuchungen haben gezeigt, dass die Bankmitarbeiter etwa fünfzig Prozent ihrer Kunden nicht oder zu wenig kennen, bzw. zu wenig von ihnen wissen. Und es gibt eine Vielzahl namentlich bekannter Kunden, „deren Gesicht" oder Aussehen von Ihnen nicht beschrieben werden kann.

Je größer der Kundenstock ist, je kürzer die Dienstzeit der tätigen Mitarbeiter ist, umso höher ist diese Kundenanzahl. Aber auch sonst ist die Quote meistens höher als Sie annehmen.

Das sind jene Kunden, deren Produktnutzung gering ist. Die Geschäftsbeziehung ist nicht intensiv und die Bindung an die Bank ist oft instabil. Auch die Zufriedenheit mit der Bank und der Kompetenz der Berater ist nicht allzu hoch. Diese Kunden sind wahrscheinlich noch nie aktiv angesprochen worden und ein ganzheitliches Beratungsgespräch wurde sicher auch noch nie mit ihnen geführt.

Bei diesen Kunden besteht für Sie ein großes Problem:

Sie sind abwanderungsgefährdet. Über neue Beziehungen, über neue Informationen, auf Grund des Gefühls der Vernachlässigung kann es plötzlich zu einem Wechsel der Bankverbindung kommen.

Bei diesen Kunden haben Sie aber auch eine große Chance:

Durch aktive Ansprache dieser Kunden und durch bessere Betreuung haben Sie die Möglichkeit für zusätzliche Geschäfte, erreichen damit eine bessere Kundenzufriedenheit und eine stärkere Bindung an Ihre Bank. Durch eine bessere Betreuung Ihrer bestehenden Kunden können Sie Ihre Verkaufszahlen und Ihre Erträge deutlich erhöhen.

Beginnen Sie damit, diesen Kunden „Gesichter" zuzuordnen. Lernen Sie diese Kunden und ihr Umfeld kennen und erfahren Sie mehr über deren Wünsche und Bedürfnisse.

Das ist ein wesentliches Ziel von Beratungskonzepten.

6.   Wovor haben Verkäufer Angst?

Immer wieder kann man beobachten, dass Bankmitarbeiter im Verkauf Scheu haben, einen Kunden anzusprechen. Eine ganze Menge an Gegenargumenten wird dann vorgebracht, um dies nicht tun zu müssen.

Wo liegen die Gründe für diese Scheu vor der aktiven Kundenansprache?

- Angst vor einer Ablehnung durch den Kunden, vor einem „Nein" des Kunden, vor einer ärgerlichen Reaktion, vor Ablehnung und Zurückweisung.

- Angst, auf Fragen des Kunden keine Antwort zu wissen.

- Angst vor Misserfolg, das ist die Befürchtung, die an den Mitarbeiter gestellten Erwartungen nicht erfüllen zu können. Man baut diesem möglichen Misserfolg schon durch Negativargumente vor, indem man Produktnachteile und andere Argumente vorbringt, weshalb der Kunde das Angebot ablehnen könnte.

- Angst vor Neuem, weil man unsicher ist, wie die Auswirkung ist und die Reaktion darauf ausfällt.

- Beim Telefonat mit einem unbekannten oder wenig bekannten Kunden wird diese Angst noch verstärkt, da man keine sichtbare Reaktion wahrnehmen kann.

Das sind natürlich keine Existenzängste, sondern es handelt sich um Angst vor Versagen oder Angst vor Zurückweisung. Beides wird mit Prestigeverlust (Gesichtsverlust) verbunden und deshalb versucht man, einer solchen Situation bereits vorweg auszuweichen, bzw. sie zu verhindern. Statt einen Kunden zu Hause anzurufen, wird argumentiert, dass die Kunden nicht erreichbar sind, nicht gestört werden wollen, ablehnend reagieren etc.

Diese *Ängste* äußern sich dann entsprechend im Verhalten des Mitarbeiters. Der Verkäufer wird nur zögernd und unsicher ansprechen, also keine Selbstsicherheit und Überzeugung ausstrahlen, weil er insgeheim diese Reaktion erwartet und fürchtet.

Was dann oft dazu führt, dass der Kunde wirklich ablehnt oder vielleicht sogar ungehalten reagiert, was den Verkäufer wiederum in seinen Ängsten bestätigt. Es kommt damit zu einer „sich selbst erfüllenden Prophezeiung". Die Bereitschaft zur aktiven Ansprache, zum aktiven Telefonat bei Beratungskonzepten, wird damit immer geringer.

Wo liegen die Ursachen für diese Ängste? Im mangelnden Wissen und Können!

- Wie spreche ich einen Kunden an?

- Wie mache ich den Einstieg am Telefon?

- Welche Argumente verwende ich zum Gesprächsbeginn?

- Wie antworte ich auf Ablehnung oder Einwände des Kunden?

Beheben Sie dies, indem Sie mit Ihren Mitarbeitern nicht nur das *WAS* besprechen, sondern vor allen das *Wie* üben. Das bedeutet:

- gemeinsames Erarbeiten von Argumenten

- die Vorbereitung auf ein Gespräch oder ein Telefonat

- die Begleitung bei den ersten Versuchen

- Erfahrungsberichte zwischen den Mitarbeitern austauschen

und vieles anderes mehr.

7. Warum sind Ziele wichtig? Neue Ziele beim Beratungskonzept!

Wenn Sie mit Ihren Mitarbeitern über Ziele sprechen hören Sie ebenfalls oft Widerstände. Manche Mitarbeiter wehren sich gegen Ziele, sprechen von Druck und Stress, fürchten sich vor der Kontrolle, zweifeln die Erreichbarkeit an etc.

Dieses Verhalten entsteht meist dann, wenn sich die Führungskraft im Zielprozess falsch verhält und die auch in diesem Bereich vorhandenen Ängste der Mitarbeiter nicht berücksichtigt.

Grundsätzlich ist es für jeden Menschen positiv, wenn er sich ein Ziel setzt. Er tut dies ja im privaten Umfeld auch, ob er sich ein Haus baut, oder am Wochenende einen Ausflug machen möchte; beides sind Ziele, die angestrebt werden.

Wer ein Ziel vor Augen hat, der strengt sich mehr an und leistet mehr. Und wer sein Ziel erreicht, hat ein Erfolgserlebnis. Erfolgserlebnisse brauchen wir auch im Berufsalltag. Deshalb sind Ziele auch hier wichtig. Was wird durch Ziele im Arbeitsprozess bewirkt?

- ich werde meine Arbeitskraft rationeller einsetzen

- ich überlege selbst, wie ich dieses Ziel erreichen kann

- ich identifiziere mich mit meinem Ziel

- ich bin aktiver und agiere selbständiger

- ein Ziel ermöglicht eine objektivere Kontrolle meiner Leistung

- ich kann eigene Freiräume nützen

- bei Zielerreichung habe ich ein Erfolgserlebnis

Ziele sind auch Ausdruck von Fairness gegenüber Ihren Mitarbeitern. Jeder Mitarbeiter soll wissen, welchem Ziel seine Arbeit dient. Der Mitarbeiter soll im Rahmen seiner Funktion an dieser Zielsetzung mitwirken und über die beabsichtigte Wirkung Klarheit haben. Durch eine klare Zielsetzung wird eine gerechtere Beurteilung der Leistung ermöglicht. Ohne Ziel ist nur eine rein subjektive, nicht an Kriterien orientierte, oft willkürliche Beurteilung möglich, was niemandem nützt.

Wenn dies so klar ist, warum wehren sich Mitarbeiter dann?

- weil meistens keine klare Erwartung besprochen wird

- weil keine Vereinbarung versucht wird

- weil die eventuell nötigen Rahmenbedingungen zur Zielerreichung nicht diskutiert werden

- weil unklar bleibt, was bei Nichterreichung eines Zieles passiert (Angst vor Sanktionen)

- weil eine eventuell nötige Hilfestellung ausbleibt

Alles Aufgaben, die Führungskräfte wahrnehmen müssen. Vor allem reicht es nicht, nur die Zahlen zu fixieren. Viel wichtiger ist die Diskussion mit den Mitarbeitern, wie und mit welchen Aktivitäten und Maßnahmen das Ziel erreicht werden kann und soll. Dies ist eigentlich der wichtigste Teil im gesamten Zielprozess.

Ziele sollen nur für jene Arbeitsbereiche festgelegt werden, die der betroffene Mitarbeiter auch tatsächlich selbst beeinflussen und für die er in der Durchführung von Maßnahmen auch verantwortlich sein kann. Ein Ziel muss also in einer konkreten Aktivität formuliert sein. Dafür sind vier Kriterien erforderlich:

- Quantität festlegen (Art, Stück, Zahl müssen exakt formuliert werden)

- Zeitraum festlegen, in welchem (bis wann) das Ziel erreicht werden soll

- Erreichbarkeit prüfen (nur wenn eine subjektiv realistische Chance besteht, das Ziel erreichen zu können, wird sich der Mitarbeiter anstrengen)

- Kontrollierbarkeit sichern (Ziele müssen messbar sein)

Wenn diese Kriterien nicht erfüllt werden, handelt es sich um so genannte Neujahresvorsätze (*„ich werde im nächsten Jahr mit den Rauchen aufhören“*).

Falsche Zielsetzung bei Beratungskonzepten:

- ich werde nächste Woche einige unbekannte Kunden anrufen

Richtige Zielsetzung:

- ich rufen jeden Tag einen unbekannten Kunden an

Bei der Umsetzung von Beratungskonzepten ist auf die richtige Zielsetzung besonders zu achten. Ausschließlich Produktziele führen zu der angeführten Produktorientierung. Denn man versucht, sein Produktziel möglichst rasch zu erreichen, indem man dieses Produkt wahllos einem Kunden nach dem anderen und meist mit *etwas Nachdruck* oder *Hochdruck* anbietet.

Vereinbaren Sie bei der Umsetzung von Beratungskonzepten Gesprächsziele. Das heißt, mit wie vielen Kunden soll in einem bestimmten Zeitraum ein Telefonat mit dem Ziel einer Terminvereinbarung geführt werden? Mit wie vielen Kunden soll in welchem Zeitraum ein Gespräch über ihre Ziele und Wünsche geführt werden.

Daraus sollte als weiteres Ziel nicht der Abschluss von zum Beispiel 50 Bausparverträgen resultieren, sondern eine Anzahl von Abschlüssen im Verhältnis zu den Gesprächen, aber egal in welcher Produktsparte, sondern als Ergebnis einer bedarfsgerechten Problemlösung für Ihre Kunden.

Richtige Zielsetzung bei Beratungskonzepten:

X Anrufe > X Termine und Gespräche > X Abschlüsse (egal welche Sparte)

8.   Was bringt und nützt ein Beratungskonzept

8.1   Zielsetzung des Konzeptes für die Bank

- Steigerung von Wachstum und Ertrag, sowie Sicherung von Marktanteilen
- Durch die systematische und konsequente Vorgangsweise werden die Ziele leichter erreicht, da wesentlich mehr Kunden beraten und betreut werden
- Durch den kundenorientierten (bedarfsgerechten/ganzheitlichen) Verkauf, an Stelle des produktorientierten Verkaufs, erhöht sich die Beratungskompetenz der Bank und damit Kundenzufriedenheit und Kundenbindung

8.2   Gründe für die Umsetzung

- Die Bank braucht auf Grund steigender Kosten höhere Erträge und zusätzliches Wachstum. Insbesondere im Provisionsgeschäft sind zusätzliche Anstrengungen nötig
- Aus Kundenbefragungen ist bekannt, dass sich etwa zwei Drittel der Kunden nicht aktiv betreut fühlen
- Viele Kunden sind unzufrieden und wechselbereit
- Viele Kunden haben eine unterdurchschnittliche Produktnutzung
- Mehr als fünfzig Prozent der Kunden sind unbekannt oder wenig bekannt. Darin liegen das Potenzial und die Chance
- Die Bank verkauft zu stark (einseitig) produktorientiert, die Kunden wünschen aber eine bedarfsgerechte Beratung und Betreuung
- Durch eine bessere Kundenbetreuung wird eine höhere Kundenbindung erreicht, was Folgegeschäfte ermöglicht und erleichtert
- Beratung alleine ist zu wenig, es muss auch verkauft werden. Nur mit einem bedarfsgerechten Abschluss hat sowohl der Kunde als auch die Bank einen Nutzen

8.3   Nutzen für die Mitarbeiter

▤ Durch mehr Abschlüsse erfolgreicher

▪ Leichtere Erreichung der Jahresziele

▪ Positives Feedback durch die Kunden

▪ *Arbeitserleichterung* durch die Systematik des Konzeptes

9.   Was ist bei der Umsetzung eines Beratungskonzeptes zu berücksichtigen?

Welche Fragen stellen sich bei der Vorbereitung:

▤ Welche Kunden sollen angesprochen werden?

▤ Wie erreichen und kontaktieren wir diese Kunden?

▤ Vorbereitung des Kundenkontaktes!

▤ Wie argumentieren wir das Gespräch?

- Gesprächseröffnung am Telefon
- Gesprächsaufhänger
- Welche Einwände sind möglich und wie antworten wir darauf?
- Wie kommen wir zu einem Termin?

▤ Wie setzen wir die Beratungsunterlagen ein?

▤ Wie verarbeiten wir das Gespräch?

- Kundenkartei (-datei)
- Terminevidenz

▤ Was können wir im Umfeld, beim Arbeitsablauf verbessern?

▤ Welche Hilfsmittel setzen wir ein (Checklisten)?

▤ Was wollen wir erreichen?

- Anzahl Telefonate
- Anzahl Termine und Gespräche

- Anzahl Abschlüsse
- Anzahl Verkaufshinweise (für später)
- Anzahl Folgetermine

■ Konkreter Zeitplan für die Umsetzung

■ Wie überprüfen wir die Zielerreichung?

■ Wie organisieren wir einen regelmäßigen Erfahrungsaustausch?

10. Was können Sie tun, um die Umsetzung eines Beratungskonzeptes zu fördern und sicher zu stellen?

■ Intensive Information Ihrer Mitarbeiter über die Zielsetzung eines Beratungskonzeptes und Aufzeigen des Nutzens für die Kunden, die Bank und die Mitarbeiter. Anschließend eine ausführliche Diskussion, wie das Konzept umgesetzt werden kann und soll.

■ Erarbeiten der Argumentation für die Telefonate mit den Kunden, um die Ängste vor dem Anruf zu mindern. Wichtig ist der Gesprächseinstieg, also der Grund für den Anruf und den angebotenen Gesprächstermin, sowie Antworten auf mögliche Fragen und Einwände des Kunden.

■ Probeweises Ausfüllen der Beratungsunterlagen, um dies zu üben. Erarbeiten der Argumentation für das Kundengespräch, welchen Nutzen das Ausfüllen für den Kunden hat. Hinweis an die eigenen Mitarbeiter, dass Kunden bei Gesprächen mit Mitarbeitern von freien Finanzdienstleistern dies sehr wohl tun.

■ Vereinbaren Sie mit Ihren Mitarbeitern nicht nur Produktziele (die natürlich nach wie vor auch notwendig sind), sondern in diesem Fall zusätzlich Gesprächsziele. Der Mitarbeiter soll in einem bestimmten Zeitraum eine bestimmte Anzahl von Gesprächen führen und dabei soll eine Abschlussquote von X Prozent erreicht werden, egal welches Produkt. Formulieren Sie plakative Ziele, da sich diese besser einprägen. Zum Beispiel: Zehn Anrufe = fünf Termine = drei Abschlüsse! 10 – 5 –3 !

■ Vereinbaren Sie mit Ihren Mitarbeitern konkrete Umsetzungsmaßnahmen. Diese müssen realistisch sein, also zum Beispiel 1 Beratungsgespräch pro Tag im Sinne des Konzeptes. Das bedeutet 10 Anrufe in der Vorwoche zur Terminvereinbarung.

■ Laufende Begleitung, Unterstützung und Kontrolle. Erstellen Sie eine Liste mit jenen Kunden, die kontaktiert werden sollen und vermerken Sie darauf die erfolgten Telefonate und Gespräche. Zu Beginn der Umsetzungsphase sprechen Sie jeden Tag ein paar Worte mit jedem Mitarbeiter. Wie laufen die Kundentelefonate? Vielleicht gibt es anfangs Probleme bei der Gesprächsargumentation, wo Sie helfend eingreifen müssen. Damit reduzieren Sie ein wenig die Scheu der Mitarbeiter und gleichzeitig ist dies der notwendige Nachdruck, dass die Telefonate auch tatsächlich geführt werden. Später kontrollieren Sie wöchentlich, besprechen die Terminquote, sowie die Erfahrungen beim Ausfüllen der Beratungsunterlagen. Weiter die Ergebnisse aus den Beratungsgesprächen und mögliche Folgeaktivitäten.

Das ist sicher sehr zeitaufwendig, aber aus meiner Sicht notwendig, damit erstens die schwierige Anfangsphase der Umsetzung bewältigt wird und daraus dann die Routine und Gewohnheit für die ständige Umsetzung von Beratungskonzepten entsteht.

Denken Sie daran, dass so eine Veränderung nicht von heute auf morgen erfolgen kann. Alles braucht auch seine Zeit, um zu verstehen, zu akzeptieren, zu lernen, zu üben, und schließlich dauerhaft anzuwenden. Das ist auch Ihre Zeit, die Sie dafür einsetzen müssen, wenn Sie haben wollen, dass Beratungskonzepte nicht scheitern, sondern die beabsichtigte Zielsetzung erreichen.

Literaturverzeichnis

GEYER, G./RONZAL, W.: Führen und Verkaufen, Wiesbaden, 2002.

GEYER, G./RIEDMÜLLER, B./RONZAL, W.: Monatliche Praxistipps, Nürnberg, 1986 bis 2006.

RONZAL, W.: Filialen aktivieren und führen, in: Schmoll A./Ronzal W. (Hrsg.); Neue Wege zum Kunden, Wiesbaden, 2001, S. 327 – 349.

RONZAL, W.: Wie Sie Kunden zu Partnern machen, 5. Auflage, Wien, 2002.

RONZAL, W.: Den Wettbewerb der Banken gewinnt, wer die besseren Verkäufer hat, in: Effert D./Köhler V. (Hrsg.); Wettbewerb der Vertriebssysteme, Wiesbaden, 2004, S 391 – 402.

RONZAL, W.: Zehn Prognosen und Trends für den Bankvertrieb der Zukunft, in: Effert. D./Ronzal W. (Hrsg.); Erfolgreiche Vertriebsstrategien in Banken, Wiesbaden 2005, S 305 – 321.

RONZAL W.: Mitarbeiter motivieren – Kunden begeistern – mehr verkaufen, in: Hans-Uwe L. Köhler (Hrsg.); Best of 55 – Die Olympiade der Verkaufsexperten, Fischerhude, 2005, S 206 – 210.

Verkaufen Systematisch Praktizieren (V.S.P.)

Markus Wunder

In fast allen Publikationen der Banken- und Sparkassenwelt finden sich aktuell verschiedenste Abhandlungen zu Vertriebsstrategien, Vertriebswegen oder Empfehlungen, wie eine Bank oder Sparkasse denn ihre Vertriebskraft steigern kann. All diesen Abhandlungen gleich ist das Wort „Vertrieb" oder „vertreiben".

Ist das tatsächlich ernst gemeint? Sollen Kunden und potenzielle Kunden vertrieben werden? Oder fehlt hier das Verständnis für „Verkauf"?

Im Blickwinkel der nachfolgenden Ausführungen stehen deswegen die Veränderungen in der Banken- und Sparkassenwelt der letzten Jahre (vom Vertreiben zum Verkaufen) und wie es gelingt, die FDUs und Kundenberater „fit" für den Verkauf zu machen.

Dabei ist es wichtig das Verständnis für „Kunden" nicht nur zu dokumentieren oder zu publizieren sondern zu leben. Meist ist es jedoch so, dass der Vorstand einer Bank oder Sparkasse nicht unmittelbar im täglichen Kundenkontakt steht. Das ist auch nicht zwingend notwendig; allerdings zeigt sich in der Verkaufs- und Unternehmenskultur sehr schnell, ob KUNDEN-Service nur Leitsätze sind oder tatsächlich dem eigenen Denken und Handeln entsprechen.

Deswegen spielt natürlich eine wesentliche Rolle, welche Bedeutung die Leitung einer Bank oder Sparkasse dem „Verkauf" gibt.

Vor diesem Hintergrund wird immer wieder deutlich, dass viel über Aufbau- und Ablauforganisation, IT-Unterstützung oder Marketing im Vertrieb, nein im Verkauf gesprochen wird. Aber wer handelt auch konkret danach?

Das nachfolgende Schaubild zeigt, wie der Verkauf in der Regel „funktioniert", d. h. welchen Stellenwert dieser in der Prozesskette einer Bank oder Sparkasse einnimmt. Ausgehend vom Blickwinkel der Unternehmensleitung gibt meist der Stab vor was der Markt zu tun hat.

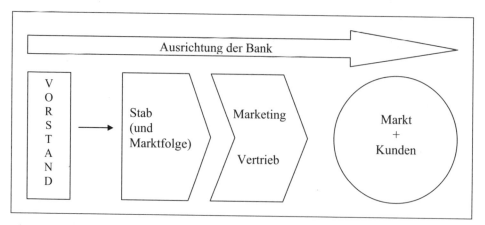

Quelle: in Anlehnung an T. Stoklassa, Vertriebsmanagement in Sparkassen.
Abbildung 1: *Prozesskette in einer Bank.*

Haben wir schon mal versucht den Blickwinkel zu ändern? Was passiert wenn wir „arabisch" lesen würden, d. h. von rechts nach links?

Dann ist der „Kunde" plötzlich an erster Stelle der Prozesskette und steht dort wo er eigentlich zu stehen hat, am Anfang.

Wenn wir uns dessen bewusst sind, dann können wir umso mehr unser Denken und Handeln auf die Bedürfnisse und Wünsche der Kunden ausrichten. Das geht aber nur, wenn wir unseren Kunden zuhören und nicht versuchen selbst in die Kundenrolle zu schlüpfen.

Hören was der Kunde sagt, miteinander reden (im Dialog) und verstehen was der Kunde will, so wie in einer privaten Paarbeziehung. Dazu bedarf es keiner „blind dates" sondern der Nutzung einer Vielzahl von Kundenkontakten, die jede Bank oder Sparkasse täglich hat.

Wenn wir dazu z. B. in ein Call Center schauen, so gibt es dort bei mittelgroßen Banken und Sparkassen jeden Tag mindestens 1.000 Kundenkontakte, die immer auch eine Chance für den Verkauf sind. Doch wer macht sich dies zu Nutze?

Genau hier setzen die weiteren Ausführungen an; denn es geht nicht um eine Abhandlung über Kundenservice, sondern über systematisch und erfolgreich praktizierten Verkauf. Erfolg hat dabei verschiedene Facetten, jedoch fokussiert sich der erfolgreiche Verkäufer immer darauf, dass er aus Leidenschaft verkauft. Die Erfolgsformel heißt deswegen: Verkaufen macht Spaß!

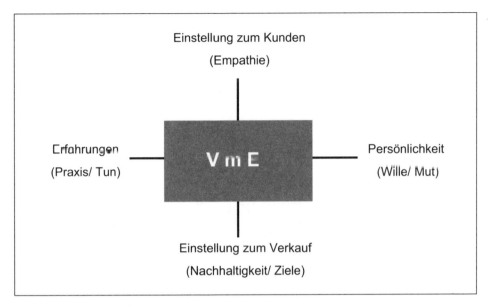

Quelle: Eigene Darstellung.
Abbildung 2: *Erfolgsfaktoren im Verkauf – Verkaufen mit Erfolg (VmE).*

Das Schaubild zeigt die Erfolgsfaktoren, die nicht isoliert zu sehen sind, sondern im Mix zum Erfolg führen. Gleichwohl sind die Faktoren auch Elemente eines Gesamtsystems, welches nachfolgend als V.S.P. dargestellt wird.

Jedes System definiert sich aus seinen Elementen und ist als Subsystem ein Bestandteil des Gesamtsystems. Das Gesamtsystem hier ist die Bank oder Sparkasse als Ganzes, eingebettet in den Geld- und Kapitalmarkt, den Markt von Kunden und Wettbewerbern und einem internen Funktionssystem aus Betrieb und Vertrieb, das den Geschäftsprozess sicherstellt.

Das Vertriebs- oder Verkaufssystem ist ausgerichtet auf eine Optimierung der Kundenkontakte um ein Maximum an Absatzvolumen und Kundenzufriedenheit zu erzielen. Daraus erklärt sich, dass über den Erfolg im Verkauf die ausgewogene Mischung zwischen Absatzvolumen und Kundenzufriedenheit entscheidet.

Deswegen ist „VSP" kein Verkaufssteigerungsprogramm zur Maximierung der Kundenkontakte, sondern ein „V.S.P.", d. h. ein Verkaufen Systematisch Praktizieren. Im Fokus steht dabei eine dreistufige Vorgehensweise, die den Verkaufsprozess aufteilt in die aktive Kundenansprache (Presale), den Verkauf im engeren Sinne (SALE) und die Erfolgsmessung (Aftersale). Getreu dem Motto „miss es oder vergiss es" bedarf es einer Einbettung des Verkaufssystems in das Gesamtsystem der Bank oder Sparkasse und damit auch des Controllingsystems.

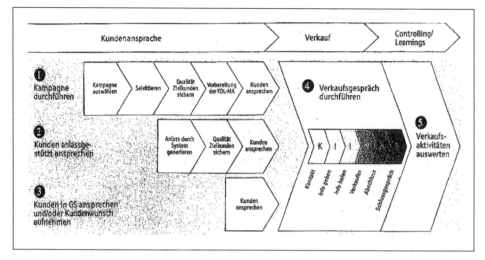

Quelle: Eigene Darstellung.
Abbildung 3: *Verkaufen Systematisch Praktizieren (V.S.P.).*

In der ersten Stufe bzw. Phase werden mögliche Kundenkontakte so systematisiert, dass eine aktive Kundenansprache von Seiten der Bank oder Sparkasse stattfindet. Wie dargestellt kann dies über Aktionen und Kampagnen oder eben am point of sale direkt erfolgen.

Die Kundenkontakte werden so optimiert, dass weder die Kunden einer Bank oder Sparkasse noch deren Mitarbeiter im Kundenkontakt überfordert werden und ein ausgewogenes Ergebnis erzielt wird.

Optimum an Kundenkontakten ⇔ Verkaufserfolg (maximieren von Absatzvolumen im Verhältnis zur Kundenzufriedenheit)

Exkurs

Die Anfang der neunziger Jahre in der dt. Sparkassenorganisation praktizierten Vertriebs-steigerungsprogramme hatten das Ziel in einem vorgegebenen Zeitraum (meist ein Jahr) die Anzahl der Kundenkontakte und das Absatzvolumen zu maximieren, orientiert daran dass der DB je Kunde und kumuliert je Kundenberater von einem Basiswert um mind. X Prozent zu steigern war. Innerhalb des Zeitraums der Maßnahme wurde den Kunden fast alles verkauft was nur zu verkaufen war, eben um den DB zu steigern. Nach der Maßnah-me war der Kunde quasi ausgequetscht, so wie eine Zitrone. So waren die VSPs meist auch verpönt und wurden als „Zitronenausquetschprogramm" bezeichnet. Ende der neun-ziger Jahre regierten dann meist die Kostensenkungsmaßnahmen in Banken und Sparkas-sen, so dass VSP von PSP oder BPR abgelöst wurde. VSP leistete jedoch seinen Beitrag für die Entwicklung vom „vertreiben zum verkaufen". War vor Jahren eben „Verkaufen" noch ein Unwort so fanden VKF und VKT in der Folge doch Einzug bei dt. FDUs. Allerdings fand i. d. R. keine Abstimmung zwischen Marketing (VKF) und Personal (Training) statt, so dass Verkaufsmaßnahmen meist nur punktuell Erfolg hatten.

Somit erklärt sich der wichtige Entwicklungsschritt, der „Verkaufen" als Bestandteil der Unternehmenskultur definiert, so dass nicht nur Führungs- und Unternehmensleitsätze die CJ prägen, sondern auch Richtlinien für Service und Verkauf.

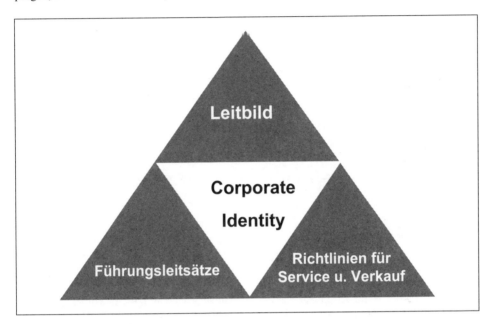

Quelle: Eigene Darstellung.
Abbildung 4: *CI-Bestandteile.*

Wie jedoch anfangs beschrieben ist es nicht damit getan, diese Leitsätze nur zu dokumentieren und zu publizieren, sondern zu leben; von jedem Einzelnen in der Bank oder Sparkasse, vom Hausmeister bis zum Vorstand, im Betriebsbereich ebenso wie im Marktbereich. Gleichsam wird auch die Zukunft im Bankgeschäft abgebildet, die Bank oder Sparkasse wird zum „Multi Sales-Store".

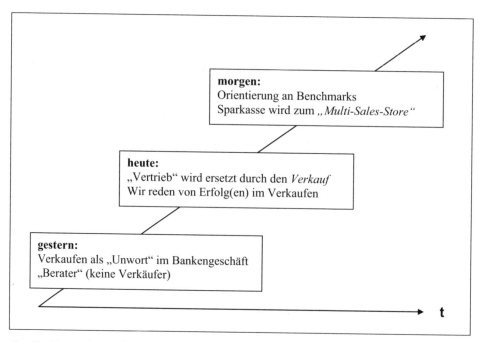

Quelle: Eigene Darstellung.
Abbildung 5: *Vom Vertreiben zum Verkaufen.*

Nach diesen einleitenden Ausführungen wird nun im Folgenden dargestellt wie Verkaufen erfolgreich praktiziert werden kann und wie sich KIV zu KIIVAS entwickelt hat. In diesem Beitrag ist der Fokus auf KII gelegt und dem geistigen Vater von KIIVAS vorbehalten seine Verkaufsformel als ganzes in einem gesonderten Artikel darzustellen.

KII steht in diesem Zusammenhang für Kontakt und eine doppelte Informationsphase, die zum einen dazu dient dem Kunden nicht nur Informationen zu geben sondern durch geschicktes Fragen vom Kunden auch Informationen zu bekommen, die für ein entsprechendes individuelles Finanzangebot für den Kunden notwendig sind.

Dreh- und Angelpunkt ist natürlich erst einmal, dass der Kunde auch ein Beratungsgespräch wahrnimmt. Deswegen findet in der Regel ein Kontakt zuvor (Presale) statt, um den Kunden zum Beratungsgespräch einzuladen.

In der Praxis hat sich dabei die telefonische Terminvereinbarung etabliert, nachdem das klassische Mailing nicht zwingend zum Beratungsgespräch oder Verkaufsabschluss führt.

Der Kundenberater hat es dabei in der Hand, ob er seinen Kunden selbst anruft oder in seinem Auftrag ein Kontakt stattfindet. Unabhängig davon ist es entscheidend, bestimmte Regeln zu beachten, da z. B. Killerphrasen schnell einen Kundenkontakt beenden können.

Deswegen sind die WpA`s bei der telefonischen Terminvereinbarung so wichtig, d. h. Worte persönlicher Anerkennung, die dem Kunden ein gutes Gefühl im Gespräch mit einer Bank oder Sparkasse geben.

Beispielhaft wird in Abbildung 6 dargestellt, wie ein erfolgreicher Terminverkauf ablaufen kann.

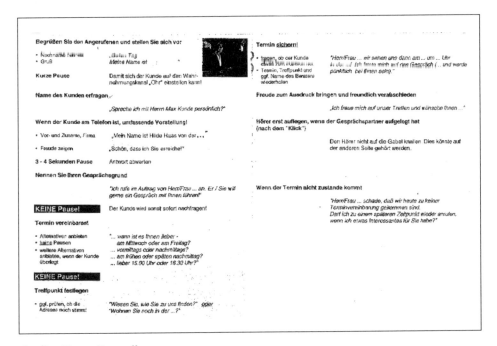

Quelle: Eigene Darstellung.
Abbildung 6: *Roter Faden zum Telefonieren.*

Ist ein Termin damit vereinbart und bestätigt bietet es sich an, nochmals kurz vor dem Termin mit dem Kunden in Kontakt zu treten, damit sichergestellt ist, dass der Kunde den Termin für sein persönliches Beratungsgespräch auch wahrnimmt.

Im konkreten Beratungsgespräch ist dann relevant, in welcher Beziehung der Berater zu seinem Kunden steht. Da die überwiegende Mehrzahl der Kundenberater keinen täglichen Kontakt mit allen ihren Kunden haben, ebenso nur die wenigsten Kunden täglich bei ihrer Bank oder Sparkasse sind, ist der „erste" Kontakt in der Filiale oder dem KompetenzCenter zwischen Kunde und Berater sehr wichtig.

Diese Kontaktphase entscheidet über den weiteren Gesprächsverlauf, so dass auch in dieser Phase wichtige Regeln zu beachten sind. Die (erweiterte) Visitenkarte ist ein Medium mit dem der Kundenberater diesen Erstkontakt steuern kann. Für die Kontaktphase gilt es sich als Kundenberater darüber zu freuen, dass der Kunde heute da ist. Ebenso ist es wichtig Vor- und

Zunamen zu nennen und die eigene Visitenkarte dem Kunden zu überreichen (Hören und Sehen). Mit der erweiterten Visitenkarte zeigt der Kundenberater nachfolgend kurz und prägnant seine persönlichen Kompetenzfelder auf, um den Grund für das nunmehr folgende Kundengespräch zu untermauern.

Sobald sich der Berater erfolgreich vorgestellt und dem Kunden einen Sitzplatz (und etwas zu Trinken) angeboten hat, ist die nachfolgende (doppelte) Informationsphase zu steuern. Hat der Kunde bereits ein spezifisches Anliegen bietet es sich an diesen Kundenwunsch zu notieren, und darüber hinaus auch weitere Wünsche systematisch abzufragen. Eigens entwickelte Verkaufshilfen erleichtern diese Abfragen. Hat der Kunde kein spezifisches Anliegen, besteht die Zielsetzung für den Kundenberater mit der Verkaufshilfe die Finanzziele und Wünsche des Kunden geschickt abzufragen. Hier muss der Kundenberater die richtigen Fragen stellen und gut zuhören. „Wer frägt der führt" gilt nicht nur für Führungskräfte, sondern auch für erfolgreiche Berater bzw. Verkäufer.

Zumeist ist ein Einwand zu entkräften mit der Formulierung „ Sie haben sich sicherlich gefragt warum wir uns heute treffen...". Der Einstieg in die SALES-story gelingt i. d. R. mit „Viele unserer Kunden stellen sich oftmals die Frage, wie ..., geht es Ihnen auch so?". Wenn es dann möglich ist einen offenen Dialog mit dem Kunden über seine Träume und Wünsche zu führen, lässt sich eben durch geschicktes Fragen und eine trainierte Gesprächsführung ein Kundendiagramm entwickeln, dass beispielsweise als Zeitstrahl gemalt wird. Bei jeder Dokumentation sollte das OK des Kunden eingeholt werden, damit die richtigen Informationen im Kundendiagramm stehen.

Entscheidend ist dann zum Abschluss der KII-Phase, dass der Kunde gefragt wird: „Und wie viel GELD bist DU bereit für eine Realisierung deiner Träume und Wünsche einzusetzen?". Die Antwort auf diese Abschlussfrage gibt vor, in welchem finanziellen Rahmen sich ein Finanzangebot für den Kunden bewegen darf.

Mit KII endet der erste Teil des Beratungsgespräches; Kunde und Verkäufer vereinbaren einen nächsten Termin. Der Kundenberater erstellt auf der Basis aller Informationen, die er von seinem Kunden erhalten hat, ein persönliches Finanzangebot, welches dann im Folgegespräch/-termin mit dem Kunden besprochen wird. Am Ende steht der erfolgreiche Abschluss, der meist mehrere Produkte umfasst und nicht nur auf ein Lock- oder Sonderangebot hin fixiert ist.

Dieser idealtypische Verlauf eines Kunden- bzw. Verkaufsgesprächs entspricht jedoch nicht der täglichen Praxis. So oder ähnlich formuliert sich der häufigste Einwand in den auf diese Vorgehensweise abgestimmten Trainingsmaßnahmen.

Dies ist richtig, wenn Argumente zugelassen werden wie *„soviel Zeit hat der Kunde nicht"* oder *„ich bin doch auch bisher ein erfolgreicher Verkäufer"*.

Allerdings sind diese Argumente schnell überholt wenn sich ein mehr an Erfolg für den Kundenberater einstellt. Dies gelingt aber auch nur dann, wenn die Beziehungsebene zwischen Kunde und Berater/Verkäufer im Vordergrund steht. Neudeutsch heißt dies CRM, mit dem Ziel die Kundenbeziehung langfristig zu sichern und Kunden zufrieden zu stellen. Damit ist das eingangs beschriebene duale Zielsystem erklärt, was eben Kundenzufriedenheit und Verkaufsergebnis in ein ausgewogenes Verhältnis bringen soll.

Dabei wird in keinerlei Form negiert, dass sich das Kundenverhalten in den letzten Jahren deutlich verändert hat. Der Porschefahrer der zu Aldi fährt soll deutlich machen, wie sich Kunden auch gegenüber FDUs verhalten.

Dies erzeugt jedoch keinen Widerspruch im Verkauf, sondern bietet die einmalige Chance mit jedem Kunden ein persönliches Beratungsgespräch zu führen, denn „jeder Kunde hat ein Gesicht". Finanzangebote von der Stange sind dabei nicht gefragt, sondern der Mix aus Sonderangebot und persönlichem Finanzkonzept. Damit ist auch die Frage beantwortet, was ist erfolgreicher: Konzeptverkauf oder Ruck-Zuck-Verkauf. Der Mix ist es und vor allem die Fähigkeit des Verkäufers sich auf seine Kunden einzulassen. Deswegen gibt es auch nicht nur zwei oder drei Säulen für die Zukunft im Verkauf, sondern ein Mehrfaches. Das in Abbildung 7 dargestellte 7-Säulen-Modell steht dafür nur beispielhaft.

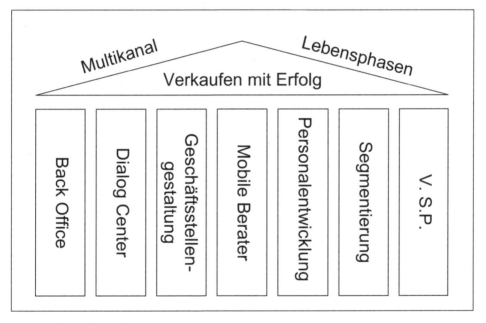

Quelle: Eigene Darstellung.
Abbildung 7: *Das 7-Säulen-Modell.*

In diesem Modell hat „Multikanal" ebenso seine Bedeutung wie die Lebensphasen des Kunden. Dies sind jedoch mittlerweile Basis- und Rahmendaten, die für alle FDUs gelten.

Erfolgreich ist derjenige, dem es gelingt, die individuellen Bedürfnisse eines Kunden so zu erkennen, dass der Kunde über alternative Finanzangebote gar nicht erst nachdenkt.

Dies gelingt nicht bei allen Kunden, jedoch sollte es erklärtes Ziel sein, nicht nur Kunden zufrieden zu stellen, sondern die Beziehung zu den Kunden so zu pflegen, dass ein Höchstmaß an Kundenbindung erreicht wird.

Der Kunde ist dabei auch nicht „König" oder steht im „Mittelpunkt" sondern steht für **K**ontakt **u**nd **N**ähe sowie **d**ifferenzierte **E**mphatie (KuNdE).

Dieses Kundenverständnis unterscheidet den erfolgreichen Verkäufer von dem weniger erfolgreichen und die erfolgreiche Bank von der weniger erfolgreichen.

Erfolg ist jedoch Bestandteil des Gesamtsystems einer Bank oder Sparkasse und im Zielsystem subsumiert. Dies wiederum erfordert eindeutige Ziele und klare Strategien. Strategien und Ziele sind Aufgaben der Unternehmensleitung. Damit sind wir wieder am Anfang der Ausführungen.

Für den Vorstand bedeutet dies: Welche Bedeutung hat „verkaufen" in einer Bank oder Sparkasse und wie wird real verkauft. Erst wer diese zentralen Fragen beantworten kann ist in der Lage „**V**erkaufen **S**ystematisch *und erfolgreich* zu **P**raktizieren.

Stichwortverzeichnis

Die Herausgeber

EFFERT, Detlef, Diplom Ökonom,
Geschäftsführender Gesellschafter der Firmen
GTM – Gesellschaft für Neue Technologien und
Direkt-Marketing mbH, Hamm (Westf.),
mediale welt gmbH, Dübendorf / Zürich, DMA
– Direkt-Marketing-Akademie für Finanzdienst-
leistungen GmbH.

Nach dem Studium der Wirtschafts-
wissenschaften an der Ruhr Universität Bochum
war er von 1978 bis 1984 Leiter Unter-
nehmensplanung / Marketing in einer Genossenschaftsbank. 1984 Gründung der GTM.
Tätigkeitsgebiet Strategienentwicklung und
Vertriebsintegration zwischen Filialen und
medialem Vertrieb. Seitdem Projekte bei über
400 Finanzdienstleistern in Deutschland,
Schweiz und Österreich. 1990 Gründung der
DMA mit dem Schwerpunkt Forschung, Lehre,
Kongresse, Tagungen. 2002 Gründung der mediale welt gmbH in Zürich mit dem Schwerpunkt medialer Vertrieb und Aufbau von Vertriebs- und Service Centern als Generalunter-
nehmer.

Dr. Wilfried Hanreich, Raiffeisenlandesbank NÖ-Wien AG, Abteilungsdirektor Marketing, Wien

Dr. Hanreich absolvierte ein Studium der Psychologie, Philosophie und Pädagogik sowie einen Lehrgang an der Wirtschaftsuniversität Wien zum akademisch geprüften Werbekaufmann.

1976 begann Dr. Wilfried Hanreich seine berufliche Karriere bei der Ersten Österreichischen Spar-Casse Bank, wo er schwerpunktmäßig mit den Funktionen Marketing, Markt- und Standortforschung betraut war. 1983 wechselte er zur Österreichischen Länderbank, wo er für die gesamte Marketing- und Kommunikationsplanung und für den Vertrieb Retail Österreich verantwortlich war.

Im Zuge der Fusion von Österreichischer Länderbank und Zentralsparkasse zur Bank Austria (1991) war Dr. Wilfried Hanreich Mitglied des Fusionsteams mit den Aufgaben Namens- und Logofindung, CI/CD-Programm, Positionierung, mittelfristige strategische Ausrichtung sowie Vertriebsrestrukturierung für die neue Bank. Von 1991 bis 1995 war er Marketingleiter der Bank Austria sowie bis 1998 Marketingverantwortlicher bei der Wiener Holding.

Seit 1998 ist Dr. Wilfried Hanreich Leiter der Marketingabteilung in der Raiffeisenlandesbank NÖ-Wien AG und vertritt diese in verschiedenen Bundesgremien bzw. bei diversen strategischen Projekten, wie z.B. Entwicklung der Markenleitlinien, Internetstrategie sowie Mitgliedschaft und Kundenbindung.

Er ist Vorstandmitglied DMVÖ Direct Marketing Verband Österreich, Gründungsmitglied des Finanzmarketingverbandes Österreichs, Lehrbeauftrager am WIFI-Wien, an der Werbeakademie und an der Fachhochschule/Kommunikationswirtschaft sowie an der Donauuniversität Wien, Steinbeis MBA.

Die Autoren

Ute Appuhn,
Sparkasse Hildesheim, Referentin Vertriebsmanagement

Ute Appuhn durchlief die Ausbildungsstationen von der Bankkauffrau bis zur Diplom-Sparkassenbetriebswirtin bei der Sparkasse Moers und der Kreissparkasse Hildesheim. Ihr Tätigkeitsschwerpunkt lag in den vergangenen Jahren im Produktmanagement mit dem Aufbau der Bereiche Beteiligungsgeschäft, Vermögensverwaltung, Stiftungen und Testamentsvollstreckung. Seit dem Jahr 2003 steht das Management von Zielgruppen im Vordergrund ihrer Tätigkeit. Als Referentin im Vertriebsmanagement erarbeitet sie konzeptionelle und operative Maßnahmen für die Bereiche Geschäftsstellen, Vermögensmanagement und Privat Banking in der Sparkasse Hildesheim.

Prok. Mag. Bernd Färber,
Leiter des Bereichs Marketing/Vertrieb in der Raiffeisenlandesbank Vorarlberg reg.Gen.m.b.H. in Bregenz

Bernd Färber, geboren 1968, trat 1993 nach erfolgreichem BWL-Studium an der Universität Innsbruck als Wertpapierberater ins Unternehmen ein. Im Jahre 1996 wechselte er in den Bereich Marketing/ Vertrieb, dessen Leitung er 1999 übernahm. In seine Zuständigkeit fällt dabei die Bankenberatung in den Themenstellungen Vertriebsplanung, CRM, Vertriebscontrolling, Verkaufsförderung, Internet und neue Medien. Im Jahre 2002 wurde er Mitglied in der erweiterten Geschäftsleitung der RLB. Weiter ist er Geschäftsführer in der Raiffeisen Direkt Service GmbH, dem hauseigenen Telefon-Service-Center.

Sabine Hildebrand,
geboren in 1964, wechselte nach Ihrer Ausbildung zur Bankkauffrau vor 19 Jahren zur VR-Bank Schwalm-Eder. Im Service und der Kundenberatung erzielte Sie eigene Beratungs- und Verkaufserfolge. Durch Aus- und Weiterbildungen zum Verkaufs- und Verhaltenstrainer, genossenschaftlichen Bankbetriebswirt und zum Dipl. system. Coach hat sie immer wieder neue Aufgaben im Vertrieb, in der Führung und in der Personalentwicklung wahrgenommen. Aufbauend auf Ihren eigenen Vertriebserfolgen unterstützt sie heute die Marktmitarbeiter im Verkauf. Sie begleitet weiterhin als Trainer die VR-Finanzplaner der VR-Bank Schwalm-Eder und ist somit auch verantwortlich für die Qualität der durchgeführten Beratungen.

Dr. Josef Holböck,
Geschäftsführer   New   Marketing BeratungsgesmbH, Wien

Geboren 1950, studierte Josef Holböck an der Universität Linz Betriebswirtschaft und dissertierte 1976 mit einer Arbeit im Bankmarketing. Er war 18 Jahre in Großbanken (Erste Bank, Bank Austria) tätig und leitete die Bereiche Marketing, Werbung und Vertriebsunterstützung. Seit 1994 baute er sein eigenes Consulting-Unternehmen auf, das auf die Umsetzung von Marketing- und Vertriebsprojekten in Banken und Versicherungen in Österreich, Deutschland und Osteuropa fokussiert ist. Er verfügt über eine mehr als zehnjährige Erfahrung im Kundenbeziehungsmanagement, das auf einer Fülle von CRM-Projekten (Einsatz der CRM-Tools und -Strategien in der Marketing- und Vertriebspraxis) für bedeutende Finanzdienstleister beruht. Holböck hat viel Know-how in unterschiedlichen Finanzsparten – Banken, Versicherungen, Leasing, Karten – und Kundensegmenten gesammelt und kann daher den ganzheitlichen Beratungsansatz kritisch bewerten.

Vorstandsdirektor Betr.oec. Wilfried Hopfner,
Vorstandsvorsitzender-Stellvertreter der Raiffeisenlandesbank Vorarlberg reg.Gen.m.b.H. in Bregenz

Wilfried Hopfner, geboren 1957, absolvierte nach dem Uni-Lehrgang „Angewandte Betriebswirtschaft/Vertiefungsrichtung Organisation/Informatik" die Unternehmensberaterprüfung. Er war zunächst als Bilanzbuchhalter tätig und wechselte dann als Innenrevisor zur Raiffeisenbank in Wolfurt. Seit 1988 ist er für die Raiffeisenlandesbank (RLB) Vorarlberg tätig, zunächst als Leiter der Stabstelle Organisation, dann als Leiter des Teams für bankwirtschaftliche Beratung. 1993 wurde Wilfried Hopfner in die Geschäftsleitung/den Vorstand der RLB Vorarlberg berufen und ist seit dem Jahr 2000 der Stellvertreter des Vorstandsvorsitzenden. In seiner Zuständigkeit liegt das Privatkundengeschäft sowie die Organisation/Informatik. So ist er als Geschäftsführer auch verantwortlich für drei Tochtergesellschaften der RLB Vorarlberg (Raiffeisen Informatik, Raiffeisen Direkt Service, Raiffeisen Immobilien) und vertritt die RLB Vorarlberg in wesentlichen bundesweiten Gremien.

Bernard Kobler,
CEO Luzerner Kantonalbank, Schweiz

Bernard Kobler ist seit 1. Januar 2004 Präsident der Geschäftsleitung (CEO) der Luzerner Kantonalbank (LUKB). Vorher war er seit 1999 als Mitglied der Geschäftsleitung der LUKB verantwortlich für das Departement Individual- und Gewerbekunden ("Retail Banking"). Bernard Kobler (Jahrgang 1957) startete nach Abschluss der Matura bei der ehemaligen SBG (heute UBS), wo er nach verschiedenen Positionen im Firmenkundengeschäft im Jahre 1991 Leiter der Niederlassung Wetzikon und 1992 Leiter Privatkundengeschäft der Region Zug und später Zürich wurde. 1995 bis 1996 war er Stabchef des Retailgeschäftes der UBS, Region Schweiz. 1998 wechselte er zur Luzerner Kantonalbank, wo er während zwei Jahren den Regionalsitz Luzern leitete, bevor er im Oktober 1999 in die Geschäftsleitung berufen wurde. Er ist Absolvent der Swiss Banking School und des Advanced Management Program (AMP) am INSEAD in Fontainebleau, Frankreich.

Manfred Köhler,
Kreissparkasse Aschersleben-Staßfurt, Vorstandsvorsitzender

Manfred Köhler ist seit 1971 im Sparkassenbereich und mit Abschluss des Sparkassenbetriebswirts 1975 in verschiedenen Führungspositionen, später als Vorstandsmitglied und seit 1995 als Vorstandsvorsitzender der Kreissparkasse Aschersleben-Staßfurt tätig. Als Marktvorstand ist er verantwortlich für das Firmenkunden- und Privatkundengeschäft, für den Marketingbereich, für die Öffentlichkeitsarbeit, für den Personalbereich und den Eigenhandel. Manfred Köhler arbeitet aktiv in verbandsweiten Gremien mit, welche sich mit den aktuellen betriebswirtschaftlichen Fragestellungen in der Sparkassenorganisation auseinandersetzen.

Markus Ott,
geboren 1971 absolvierte er ein Studium der Handelswissenschaften. Seine erste Tätigkeit hatte er von 1993 bis 2001 bei der OGM der Österreichischen Gesellschaft für Marketing. Zuletzt tat er dies als stellvertretender Geschäftsführer. Von 2002 bis 2004 hatte er die Leitung Bereich Marketing/Werbung der Österreichischen Postbus AG inne. Seit dem 01. April 2004 ist er bei der Raiffeisen Bausparkasse Gesellschaft m.b.H., Wien und hat dort die Leitung Hauptabteilung Marketing übernommen.

Wolfgang Ronzal,
Erfolgstrainer und Experte für den Bankvertrieb

Über 30-jährige Tätigkeit in leitenden Funktionen bei der Erste Bank der österreichischen Sparkassen AG, Wien, u.a. als Filialleiter, Marktbereichsleiter, Direktor für den Filialvertrieb Wien. Seit 1998 selbständige Tätigkeit als Trainer und Berater, sowie als Veranstalter von Seminaren und Kongressen für Banken. Spezialist für Servicequalität und Kundenbetreuung, Verkaufsförderung und Vertriebssteuerung, Mitarbeiterführung und Mitarbeitermotivation. Er hat bisher Vorträge und Seminare für mehrere hundert Banken und mehr als 50.000 Personen gehalten.

Wolfgang Ronzal war mehrere Jahre bis 2003 Universitätslektor am Institut für Kreditwirtschaft an der Wirtschaftsuniversität Wien. Heute ist er Dozent an mehreren Bankakademien in Österreich und Deutschland. Er ist Expertenmitglied im Club 55, der Vereinigung Europäischer Marketing- und Verkaufsexperten, sowie "Professional-Mitglied" bei der German Speakers Association, und gehört zu den "Trainern der neuen Generation". 1999 wurde Wolfgang Ronzal in Deutschland als Trainer des Jahres ausgezeichnet und ist Redner bei zahlreichen Kongressen und Symposien.

Wolfgang Ronzal ist Herausgeber und Autor zahlreicher Bücher u.a.:

- "Wie Sie Kunden zu Partnern machen", Ronzal, Signum Verlag Wien 2000 (5.Auflage)

- "Neue Wege zum Kunden", Hrsg. Schmoll/Ronzal, Gabler Verlag Wiesbaden 2001

- "Führen und Verkaufen", Hrsg. Geyer/Ronzal, Gabler Verlag Wiesbaden 2002

- "Erfolgreiche Vertriebsstrategien in Banken", Hrsg. Effert/Ronzal, Gabler Verlag Wiesbaden 2005

- >"Erfolgsstrategien für Bankverkäufer", Hrsg. Ronzal, Gabler Verlag Wiesbaden 2006

Sowie zahlreiche Veröffentlichungen in Fachzeitschriften, wie Bankmagazin, BANKinsider, bestbanking, Bankinformation, u.a.

Werner Schediwy,
Raiffeisenlandesbank NÖ-Wien AG, Leiter der Abteilung MARKEting Privatkunden, Wien

In der von Werner Schediwy seit 2003 geleiteten Abteilung MARKEting Privatkunden vereinigen sich Aufgaben des strategischen und operativen Marketings, der Segmente vom Nachwachsenden Markt über das Privatkundengeschäft bis Private Banking. Innovative Vertriebswege werden genauso entwickelt, wie der strukturierte Einsatz der Datamining-Anwendungen zur Optimierung der Direktmarketing-Aktivitäten. Standortanalysen und klassische Marktforschung liegen dabei ebenso in seiner Verantwortung wie die erfolgreiche Weiterentwicklung des Jugend- und Studentenbindungs-Programms. Seit 1988 ist Werner Schediwy in unterschiedlichen Großbanken in Österreich und Deutschland in leitenden Marketingpositionen beschäftigt. Als Geschäftsführer einer Marketingberatungsfirma für das Segment der Jugendlichen konnte er die Wertschöpfungskette zwischen Sponsoring, Veranstalter, Ticketvertrieb und Kundennutzen schließen.

Bernhard Steck,
Mitglied des Vorstands der Sparkasse Heilbronn

Bernhard Steck machte eine Ausbildung zum Bankkaufmann bei der Badischen Kommunalen Landesbank Mannheim und war bei der Südwestdeutschen Landesbank Mannheim in verschiedenen verantwortungsvollen Positionen im Vorstandssekretariat und in der Anlage- und Vermögensberatung tätig. Nach dem Studium am Lehrinstitut der Sparkassen in Bonn kam Steck zur Sparkasse Heilbronn und übernahm dort die Leitung der Abteilung Anlage- und Vermögensberatung. In den folgenden Jahren baute der gebürtige Schwetzinger die Hauptabteilung Anlageberatung und Immobilien und die Abteilung Treasury und Handel auf und wurde 1997 zum stellvertretenden Mitglied des Vorstands bestellt. Seit 01.01.2000 ist Steck Vorstandsmitglied bei der Sparkasse Heilbronn und für die Bereiche Vertriebsmanagement Privat- und Individualkunden, Treasury und Handel, Private Banking und Vermögensberatung, Privatkunden bei der Regionaldirektion Heilbronn sowie Privat- und Individualkunden bei den Regionaldirektionen im Landkreis verantwortlich.

Rüdiger Szallies,
Dipl.-Kfm., Studium an der Universität Erlangen-Nürnberg.

Berufsstart 1973 bei der GfK als wissenschaftlicher Mitarbeiter im Bereich der Umfrageforschung; von 1984 bis Mitte 1993 Geschäftsführer der GfK Marktforschung, zuständig für die Ressorts Wirtschafts- und Konjunkturforschung, Finanzmarktforschung, Investitionsgüter Marktforschung und Regionalforschung. Seit 1993 Geschäftsführer, ab 2003 Chairman der icon brand navigation group GmbH jetzt ICON ADDED VALUE GmbH in Nürnberg. Besondere Forschungsgebiete: Analyse und Projektion gegenwärtiger bzw. zukünftiger Verbrauchereinstellungen und Verhaltensweisen; zu diesem Thema zahlreiche Publikationen. Verantwortlich für den Aufbau der Finanzmarktforschung in Deutschland seit 1973.

Mag. iur. Georg Wildner,
Erste Bank der österreichischen Sparkassen AG OE 460/Filialen Österreich

Geboren am 18. September 1966 absolvierte Herr Wildener das Jus-Studium in Innsbruck. Nach dreijähriger Anwaltspraxis wechselte er in die Großkundensanierungsabteilung der GIRO GREDIT AG (damaliges Spitzeninstitut der Sparkassen). Nach der Fusion GIRO CREDIT mit der Erste Bank im Jahr 1997 übertritt in die Sparkassenstrategieabteilung, wo er für die Erarbeitung eines weit reichenden Zusammenarbeitsmodells aller Sparkassen in Österreich betraut war. Seit dem 1. Januar 2003 ist er Abteilungsleiter des Salesmanagement, verantwortlich für die operative Filialsteuerung. Daneben arbeitet er in diversen Gruppenprojekten mit den CEE-Töchtern und im Retailbereich der österreichischen Sparkassengruppe.

Matthias Wolpers,
Sparkasse Hildesheim, Vorstandsvertreter

Als Bereichsleiter Vertriebsmanagement hat Matthias
Wolpers die Vertriebsstrukturen im Fusionsprozess der
Kreissparkasse und der Stadtsparkasse Hildesheim mit
gestaltet, die Vertriebsstrategie formuliert und aktuell
begleitet er deren Umsetzung. Dabei kam ihm die vor-
herige Tätigkeit als Filialleiter, die mehrjährige
Erfahrung als Firmenkundenbetreuer und die
Wahrnehmung der Aufgabe des Bereichsleiters Privat-
und Vermögenskunden in der Stadtsparkasse Hildesheim
zu Gute.

Markus Wunder,
Kreissparkasse Ludwigsburg, Abteilungsdirektor,
Ludwigsburg

Nach Bankausbildung und Studium der Wirt-
schaftswissenschaften ist Markus Wunder seit
1992 in der Sparkassenorganisation tätig. Bis
1995 war Markus Wunder als stellvertretender
Leiter des Vorstandssekretariats bei der
Kreissparkasse Waiblingen für die zentrale Unter-
nehmensplanung/-steuerung zuständig, danach als
Leiter des Privatkundensekretariats der Sparkasse
Karlsruhe für Grundsatzfragen im Privatkundengeschäft, Marketing und Werbung bzw. die
Koordinierung des Verbundgeschäftes verantwortlich.

Anfang 2000 wechselte Markus Wunder als Leiter der zentralen Kundenbetreuung und Pro-
kurist zu einer Genossenschaftsbank bevor ihn Ende 2001 der Weg wieder zurück in Sparkassenorganisation führte. Seither leitet Markus Wunder bei der Kreissparkasse Ludwigsburg das
Privatkundensekretariat.

Banking im 21. Jahrhundert

Erfolgsfaktoren für ein Börsenlisting und nachhaltige Börsenstrategie

Nachdem in den Jahren nach dem großen Aktienboom kaum Börsengänge zu verzeichnen waren, haben sich in letzter Zeit doch wieder einige Unternehmen auf das „Parkett" getraut. Insgesamt bietet das veränderte Umfeld zahlreiche neue Chancen. Das vorliegende Buch stellt die Erfolgsfaktoren, die im Rahmen eines Börsenlistings zu beachten sind, dar und schafft Transparenz – mit Beispielen aus der Praxis.

Christoph Schlienkamp / Michael Müller / Roland Gumbart (Hrsg.)
Kapitalmarktstrategie
Erfolgsfaktoren für börsennotierte Gesellschaften
2006. 568 S. Mit 40 Abb. u. 4 Tab.
Geb. EUR 69,90
ISBN 3-409-12288-5

Rating zur Finanzierung über den Kapitalmarkt

In dem Sammelband „Kapitalmarktrating" geben renommierte Fachleute einen praxisnahen Einblick in den Prozess des Kapitalmarktratings, Voraussetzungen für eine gute Bewertung, Instrumente und Methoden der Risikoerkennung und -steuerung.

Oliver Everling, / Jens Schmidt-Bürgel (Hrsg.)
Kapitalmarktrating
Perspektiven für die Unternehmensfinanzierung
2005. 322 S. Mit 66 Abb. u. 5 Tab.
Geb. EUR 59,90
ISBN 3-409-14242-8

Für Kreditpraktiker: Handwerkszeug für den Umgang mit Unternehmensrisiken

Das Buch verknüpft Auflage alle juristisch und wirtschaftlich relevanten Aspekte zur Krisenprophylaxe, Krisenbewältigung und Abwicklung – praxisgerecht aufbereitet für die Anwendung im Tagesgeschäft. Es enthält leicht einsetzbare Instrumente zur Früherkennung von Krisen, Konzepte für erfolgreiche Gegenmaßnahmen und Handlungsempfehlungen für den Insolvenzfall. Die zweite Auflage ist aktualisiert und erweitert um das Thema Verkauf von Distressed und Non-Performing Loans.

Christian Lützenrath / Kai Peppmeier / Jörg Schuppener
Bankstrategien für Unternehmenssanierungen
Erfolgskonzepte zur Früherkennung und Krisenbewältigung
2. Aufl. 2006. 286 S., 56 Abb., 23 Tab.
Geb. EUR 54,90
ISBN 3-8349-0028-1

Änderungen vorbehalten. Stand: Juli 2006.
Erhältlich im Buchhandel oder beim Verlag.

Gabler Verlag · Abraham-Lincoln-Str. 46 · 65189 Wiesbaden · www.gabler.de **GABLER**

Für Führungskräfte der Finanzwirtschaft

Bankmagazin

- **Wissen im Überblick**
  Seit über 50 Jahren vermitteln Experten fundierte Informationen und Trends aus der Bankbranche und geben Anwendungsbeispiele aus der Praxis.

- **Erfolgreiche Vertriebskonzepte**
  Vertrieb und Beratung sind die **Gewinnfaktoren der Zukunft** und deshalb ein regelmäßiges Schwerpunktthema im Bankmagazin.

- **Rechtssicherheit**
  Die neuesten Urteile und **Kommentare zum Bankenrecht**. Damit Sie sich sicher entscheiden.

- **Bankmagazin erscheint 12x im Jahr.**

Wenn Sie mehr wissen wollen: **www.bankmagazin.de**
Mit ausführlichem Archiv für alle Abonnenten.

Mit kostenlosem wöchentlichen E-Mail-Newsletter.

GABLER